CW00820934

ZAMENHOF

AŬTORO DE ESPERANTO

Lazaro Ludoviko Zamenhof (1859-1917)

ZAMENHOF
AŬTORO DE ESPERANTO

Marjorie Boulton

Esperanto
-Asocio de Britio

First published in 1962.

ISBN 978-0-902756-37-3

Esperanto Association of Britain, Station Road, Barlaston, Stoke-on-Trent, ST12 9DE | esperanto.org.uk

Scanning and optical character recognition by Ian Carter. Page-setting and cover design by Tim Owen.

POR
EVELYN MAUD BOULTON
ANIMA PARENCINO DE ZAMENHOF

KAJ

PERFEKTA PATRINO

DANKE

ENHAVO

ANTAŬPAROLO

Dum jardekoj havendis, sed malhaveblis ĉi tiu libro, verkita de Marjorie Boulton. Ĝi konservis la reputacion esti la plej elstara el la ĝistiamaj biografioj pri Ludoviko Zamenhof, sed dumlonge estis malfacile por esperantistoj konatiĝi kun ĝi.

Okaze de la centjara jubileo de la morto de Zamenhof, kaj koincide la mortojaro de Marjorie Boulton mem, la Esperanto-Asocio de Britio nun republikigas la libron.

Kie ni rimarkis tajperarojn ni ilin ĝustigis, sed lasis neŝanĝitaj asertojn, kiuj ne (plu) estas ĝustaj. Foje tiuj eroj estos tuj rimarkeblaj, kie Marjorie Boulton parolas pri la nuntempo, kiel ĝi tiam estis. Ekzemple, 'la nuntempaj beatniks' (stereotipo pri tiamaj ribeluloj) ne plu ekzistas, kaj 'Montagu Butler (nun konata kiel la sindediĉinta bibliotekisto de la B.E.A.)' mortis en 1970.

Pli malfacile rekoneblaj estas kelkaj malĝustaj informoj, ekzemple, pri la dato, kiam la straton Dzikan oni renomis strato Zamenhof; posta esplorado indikas, ke okazis tio en 1930 kaj ne en 1937, kiel raportas la libro. Simile, Leo Belmont mortis ne en kelo post bombardo de lia hejmo, sed en la varsovia geto en 1941. Aliajn tiajn erarojn ni ne ĝustigis; seriozaj esploristoj konsultu la elstaran biografion *Homarano* de Aleksander Korĵenkov, nun la pintan verkon zamenhofologian.

TIM OWEN

Esperanto-Asocio de Britio, Septembro 2017

7-a de Majo 1924 – 30-a de Aŭgusto 2017

Marjorie Boulton, la aŭtorino de ĉi tiu libro, mortis dum la jubilea jaro de la morto de Zamenhof en la aĝo de 93 jaroj. Ŝi estis poeto kaj en 2008 estis nomumita por la Nobela premio pri literaturo.

Ŝi naskiĝis en 1924 en Teddington, sud-okcidente de Londono, solinfano de Evelyn (fraŭline Cartlidge) kaj Harry Boulton. Ŝia patro estis lernejestro ĉe Barton-on-Humber en Lincolnshire, kie Marjorie mem edukiĝis. Ŝi licenciiĝis unuklase de la universitato de Oksfordo, kie ŝi studis la anglan, en 1944. En 1949, ŝi eklernis Esperanton, kredante, ke per ĝi ekestos paco kaj frateco inter la homaro.

Poststude ŝi fariĝis instruistino kaj en 1962 enposteniĝis kiel la estrino de la kolegio Charlotte Mason en Ambleside. Ŝi verkis en-kondukajn tekstojn pri literaturo, unue per *The Anatomy of Poetry* (1953), kiuj pli ol sesdek jarojn poste daŭre troviĝas en studentaj legolistoj. Ŝi revenis al Oksfordo en 1971 por doktoriĝi, post kiam ŝi fariĝis plentempa esploristino kaj verkistino. Ŝi instruis Esperanton ĉe la plurtaga ĉiujara *Somerlernejo* en Barlastono, de la 70-aj ĝis la 90-aj jaroj.

Ŝia unua poeziaro *Kontralte* publikiĝis en 1955. Sekvis ĝin pluraj volumoj de altkvalitaj verkoj, sume ĉirkaŭ 18.000 linioj dum la vivo.

Konata ekde la 70-aj jaroj kiel *Onklino Marjorie* al membroj de Junularo Esperantista Brita, Marjorie loĝis en Oksfordo kaj amis katojn. Ŝi estis la longtempa prezidanto de la Esperanta Kat-Ami-karo kaj la plej longdaŭra membro de la Akademio de Esperanto.

ENKONDUKO

Tiu ĉi biografio estas frukto de laboro farita kun amo; sed nur la verko intencita, ne la verko plenumita, povus mezuri mian amon, kaj eĉ la verko intencita ne povus indi la temon.

Iu ajn kompetenta esperantisto povus proponi la nomojn de pluraj esperantistoj pli spertaj, pli erudiciaj kaj pli dediĉitaj, kiuj povus verki pli bonan biografion pri Zamenhof. Multaj legantoj eble kredos, ke mi iom nedece entrudiĝas sur terenon al multaj sanktigitan. Pravigebla estus tia hezitado, kaj ian klarigon mi ŝuldas. En 1958, altprestiĝa brita eldonejo interkonsentis kun mi pri serioza anglalingva biografio de Zamenhof. Mi konas kelkajn britajn esperantistojn, kies meritoj por tia tasko multe superas la miajn; tamen, estis mi, pro antaŭaj anglaj verkoj, kiu akiris tiun kontrakton; kaj la eventuala valoro de tia projekto por la renomo de Zamenhof kaj la prestiĝo de Esperanto estis tiel granda, ke mi sentis devon ordonantan, ke mi kaptu tian okazon.

Laŭ la kontrakto, mi devis fari ĉiujn esplorojn, verki kaj poluri la libron, en nur naŭ monatoj; subskribante tiun kontrakton, mi diris al mia agento: 'Estas tute neeble; tamen, mi faros!' Tiun laboron mi devis fari paralele kun preme plena profesia vivo, kaj dum malsano, kiu komencis aflikti min en 1957, plifortiĝadis. Mi finverkis la anglalingvan libron preskaŭ akurate, inter svenoj. Ĝi aperis, bele bindita kaj presita; la anglalingvaj recenzoj estis ĝenerale favoraj; kompreneble estis inter esperantistoj, ke oni xvi | *Marjorie Boulton*

rimarkis la mankojn. Mia laboro estis ja tasko de amo. Ne decus priskribi tie ĉi, kiom al mi kostis tiu laboro; sed ĉiu amo postulas prezon, kaj mi esperas nur, ke ĉio, kion dum dek ok monatoj mi devis poste pagi, ne tute vane perdiĝis. Zamenhof mem oferis centoble kaj plendis nur centone.

Miaj esploroj estis faritaj kaj la multa materialo pli-malpli organizita; Ivo Lapenna unue instigis min verki la biografion ankaŭ esperante. La longan malfruiĝon inter la angla verko kaj tiu ĉi esperanta verko kaŭzis ĉefe mia malsano kaj plena mensa elĉerpiteco; ĉar, eĉ dum mi verkis angle, mi jam projektis, eĉ parte prilaboris, la esperantan verkon. Nun mi finfine povas proponi ĝin al la esperantistaro, bone sciante, ke ĝi ne estas tiu verko, kiun mi volis proponi al mia diligenta kolegaro aŭ al la senmakula memoro de Zamenhof mem, en kiu troviĝis samtempe altruismo tiel pura kaj intelekto tiel larĝa kaj profunda. Mi tamen permesas al mi esperi, ke ĝi iom utilos en nia Movado, ĉar ĝi almenaŭ enhavas multajn faktojn, kiujn oni alie trovas nur pene, kaŝitajn en mal-novaj gazetoj kaj dokumentoj. Eble iu venonto iam komencos ĉe mia verko, por verki pli profundan, erudician kaj belan biografion, indan de Zamenhof.

La nuna verko ne estas nura traduko el la angla; kelkloke mi preskaŭ tradukis, sed mi nenie tradukis nur maŝinece. Mi multe modifis la libron por la nuna esperantista kaj internacia legantaro, denove kontrolis faktojn, aldonis detalojn kaj divers-maniere ĝisdatigis miajn esplorojn. Mi kredas, ke tiu ĉi esperanta libro estas iom pli bona ol la angla; kaj mi scias, ke ĝi estas tute reverkita.

Nun mi verkas por la esperantistaro. Tamen, la biografio de Zamenhof valoras ne nur kiel parto de la historio de Esperanto. Ĝi estas dokumento valora al la homaro kiel tuto, car ĝi kontribuas al nia scio pri homaj ebloj, pri vivostilo vere altruisma kaj matura. Ĝi temas pri homo, kiu, turmentite eĉ ekde infaneco per la abomenaĵoj de rasa, genta kaj religia malamoj, ne kontentiĝis nur per decaj bedaŭresprimoj, sed dum suferoplena vivo faris, kuraĝe, praktike, persiste, pozitivan kontribuon al la forigo de tiaj malamoj. Ĝi temas pri homo malaltstatura, miopa, fizike malforta, psike sentema kaj tre suferkapabla, sed kiu superis siajn multajn malavantaĝojn kaj montris preskaŭ miraklecan laborforton, preskaŭ superhoman paciencon. Ĝi temas pri homo, kiu, kvankam dum la tuta plenkreskula vivo li servadis siajn elektitajn celojn dediĉite, postulante de si mem grandajn oferojn, evitis la oftajn erarojn de dediĉitoj: la akrecon de fanatikulo; la certecon, ke kontraŭuloj estas intence malbonaj; la detruan, brueman malpaciencon; la senfruktan dogmemon aŭ sinaprobemon, en kiujn religio kaj etiko tiel tragike facile koaguliĝas kaj glaciiĝas; la perdon de personaj amoj kaj amikecoj, de varmkora normaleco. Tiel malfacile estas atingi tiel altan nivelon de racio kaj karitato, sindediĉo kaj purmotiveco, ke la ekzemplo de Zamenhof dum jarcentoj restos valida kaj valora.

Spaco mankas, por danki al ĉiuj, kiuj helpis min pri tiu ĉi libro. Esperantistoj havigis al mi multajn valorajn informojn. Al ĉiuj mi dankas ĝenerale; sed al kelkaj elstaraj helpantoj mi tamen nepre devas aparte danki: al Internacia Esperanto-Instituto, kiu permesis al mi – senkondiĉe, senlime kaj senpage – citi el la originalaj verkoj de Zamenhof; al Gaston Waringhien kaj al Sennacieca Asocio Tutmonda, kiu same malavare permesis al mi citi el la jam presitaj leteroj de Zamenhof; al inĝeniero Ludoviko Zamenhof, la nepo de la lingvokreinto, ĉar li pacience, ĝentile, ĉiam tre helpeme respondis al miaj ofte dolorigaj demandoj; kaj al ĉiuj aliaj malpli proksimaj geparencoj de Zamenhof, kiuj ĝentile helpis min per diversaj memoroj kaj informoj; al Andrzej Rajski kaj aliaj anoj de Asocio de Esperantistoj en Pollando, kaj al mia malavara pola amiko Marian Niewiarowski, kiuj respondis tre utile kaj ĝentile al miaj multaj demandoj, kaj sendis al mi valorajn fotaĵojn kaj dokumentojn; al la Belga Esperanto-Instituto, kiu donacis al mi serion de historie valoraj bildkartoj; al tiuj ĉi, kiuj sendis al mi speciale valorajn informojn, ne facile troveblajn sen helpo de fakuloj: Prof. D-ro Giorgio Canuto (al kiu, ho ve! mi iam esperis sendi mian libron, sed kiu jam forlasis nin, postlasante noblan ekzemplon kaj belajn memorojn); Cecil Capp, Saldanha Carreira, D-ro Wilhelm Herrmann, Hans Jakob, Teo Jung, F. Kolobanov, Poul Thorsen kaj Francesc Vilà.

Speciale mi dankas al Montagu C. Butler, kiu dum multaj jaroj loĝigis kaj prizorgis la Bibliotekon de Brita Esperantista Asocio. Kiam mi laboris super la biografio, S-ro Butler ankoraŭ estis bibliotekisto. Dum tempo mi eĉ loĝis ĉe li, laborante longajn tagojn; kaj lia helpo estis io tiel grandskala, tiel bonkora, ke ĝi restas unika en miaj multaj memoroj pri la kolegeca helpemo de veraj libroamantoj.

Prof. D-ro Edmond Privat pruntis al mi valoregajn Zamenhof-dokumentojn, kaj eĉ pli kortuŝis min per sia perfekta ĝentileco al mi; li montris sin vera modelo de tiu bonkoreco, tiu modesteco, kiujn mi ĉiam trovis ĉe homoj vere grandaj.

Mi devas konigi tie ĉi la mirindan grandanimecon, la noblecon vere zamenhofecan, de Norman Williams, kiu, mem projektinte tian biografion, jam grandparte preparinte ĝin, sed ankoraŭ ne trovinte eldoniston, kvankam tian sukceson lia laboro plene meritis, tiel heroe akceptis realaĵojn, ke li disponigis al mi ĉiujn informojn, kiujn li mem jam kolektis, kaj konstante helpis min dum mia propra laboro. Se tiu ĉi verko havas ian ajn valoron, la nomo de Norman Williams devas ricevi honoron pli grandan ol mi mem rajtas ricevi; la esperantistaro neniam scios pri la grandeco de lia ofero aŭ la bela oferpreteco, kiun li tuj montris.

Mi ankaŭ dankas tre kore al D-ro Marek Wajsblum, kiu ne nur legis mian unuan malneton kaj donis multajn valorajn konsilojn, sed el sia pli fidinda erudicio kaj el personaj memoroj tre helpis min pri la historia fono de la biografio. Li dediĉis multan tempon por helpi min, kiam estis tre malfacile por li.

Mi ŝuldas dankon al Gaston Waringhien, Raymond Fiquet kaj *La Nica Literatura Revuo*, pro prunto de tiutempe nepublikigitaj artikoloj kaj afabla permeso citi el ili. Al Gaston Waringhien, nia dediĉita vortaristo, literaturamanto kaj multjara Zamenhof-fakulo, mi ŝuldas pli. Tiu erudiciulo, spitante sian ĉiam preman okupitecon, oferis multan tempon – kaj lia tempo estas ja

valora – por tralegi mian manuskripton; li klarigis al mi multajn
detalojn kaj proponis diversajn plibonigojn. Mi longe memoros,
ne nur liajn altajn kriteriojn, lian eksterordinare detalan scion,
lian erudiciemulan veramon, sed ankaŭ la perfektan ĝentilecon,
la delikatan atenton al miaj sentoj, la ĉarman spritecon, kiuj
karakterizas mian grandan francan frato-kolegon.

Laste mi volas danki al du grandanimaj homoj, kies helpo
estis alispeca kaj unika. Meze de la longa kaj parte malgaja his-
torio pri la disvolviĝo de tiu ĉi verko, malantaŭ nubvualo, kiun
mi ankoraŭ ne kuraĝas forigi, staris Ivo Lapenna, vera amiko,
korsangige kaj neforgeseble grandanima; kaj mi devas diri, ke
iam lia grandanimeco savis tiun ĉi libron. Dum longa tempo li
silente portadis por mi ŝarĝon, sub kiu mi mem estus falinta;
kaj al tiu sinofero ni ŝuldas la ekziston de la nuna libro. Kaj sur
la tuta vojo min akompanis modesta dommastrino, sinjorino
Florence Brownlee, kiu tre atente, tre pacience kaj sen adekvata
rekompenco maŝinskribis la tutan manuskripton. Ŝia laboro ne
estis komerca afero, sed nobla laboro de altruisma sindediĉo al
amikeco kaj al Esperanto.

Estas ja tre taŭge, bele kaj kortuŝe taŭge, ke al biografio
pri Zamenhof tiel multe kontribuis, de diversaj homoj, lojaleco,
sinoferado kaj altruismo; ke tiu ĉi biografio estas fakte monumento
al kunlaborado kaj vera kolegeco. Pri tiuj homaj ecoj Zamenhof
donis neforgeseblajn ekzemplojn, kaj tiujn ecojn li precipe deziris
vidi en la Esperanto-Movado.

Marjorie Boulton

Hexham, Anglujo, oktobro 1961.

RACIO KAJ AMO

La paro, kies unuiĝo donis al la homaro Lazaron Ludovikon Zamenhof, ŝajnis strange malkongrua, kvankam la troveblaj atestaĵoj ĝenerale indikas, ke la geedzoj kunvivis harmonie kaj eĉ feliĉe. Marko Zamenhof ŝajnis esti tute intelekto, racio, laboremo kaj malvarmo; Rozalia Zamenhof, naskite Sofer, ŝajnis, male, amo, sentemo, sindediĉo, kompato kaj karitato, vere patrineca pacienco kaj intuicia komprenemo.

Kiam la unua infano, Lazaro, naskiĝis, la 15an de decembro 1859, Marko estis dudekdujara, Rozalia deknaŭjara. La hejmo ĉe 6 ulica Zielona (Verda Strato), Bjalistoko, estis triĉambra apartamento, la supra etaĝo de malbela ligna dometo. Komforto multrilate mankis; la stratsurfaco el grandaj rondaj ŝtonoj kaŭzis konstantan bruadon; internaj akvotuboj ne ekzistis en la urbo, kaj oni devis porti la akvon supren laŭ kruta ligna ekstera ŝtuparo, simile porti malsupren sitelojn plenajn de malpuraĵoj. Manĝaĵoj ne abundis; kaj la vivkondiĉoj vere necesigis severan ordemon, vivon tro disciplinitan.

Marko Zamenhof, kies patro, Fabiano, estis iam lingvoinstruisto kaj klerigo-pioniro en Bjalistoko, mem estis lingvoinstruisto. Judo, kiu maturiĝis en la subprema epoko de la caro Nikolo I-a, kaj jam amariĝis, kvankam Lazaro naskiĝis dum la pli liberala epoko de Aleksandro II-a, Marko opiniis, ke la hebrea religio estas malutila superstiĉo, kaj ke asimiliĝo estos la plej bona solvo al la problemoj de la judoj. Judo en la 'Pola Reĝolando', aŭ rusa Polujo, povis prosperi nur per eksterordinara diligenteco, laborado kaj korekta konduto; parte tial, Marko tro alte taksis la gravecon de laboremo kaj obeemo. Oni rajtas almenaŭ suspekti pri aliaj faktoroj, kiuj kontribuis al lia kelkfoje preskaŭ patologia severeco: homo tre inteligenta kaj entreprenema, kiu trovis sin ano de raso malprivilegiita, eble sentis apartan bezonon ie kaj iel gravigi sin; kaj Marko estis malalta, malbela, portis okulvitrojn; tial korpaj difektoj eble ankaŭ stimulis reagan, kompenseman apetiton al potenco.

Grandparte aŭtodidakta, Marko estis vere erudicia pri la hebreaj lingvo, historio kaj religio, kaj elstare bona lingvisto. Li estis tre purema, ordema ĝis pedanteco, atentema, preciza, rutinema. Li tenis sin tre rekte; la malgranda barbo estis ĉiam tute simetria; la butonoj de la uniformo ĉiam brilis; inkmakuloj ne malbeligis liajn manuskriptojn. Tre konscience li laboris. Bedaŭrinde, li rigidigis ankaŭ la familian intimecon per kore-

ktemo kaj rigoreco. Lia preferata metodo por puni miskondu-
tintan infanon estis malpermesi al ĝi la venontan manĝon; kaj la
peto de panpeco inter manĝoj estis 'miskonduto'. Marko instruis
bonkonduton per severaj riproĉoj kaj punado. Kiam, post kelkaj
jaroj, li havis apartan studĉambron, la infanoj timis tiun pune-
jon. Liaj gefiloj respektis lin, obeis al li kaj montris al li, dum la
vivo, eble pli noblan lojalecon, ol li meritis; kisis lian manon, ĉar
tiun geston – tiel bela, se spontanea – li ordonis; sed dum multaj
jaroj ili timegadis lin. Li estis patriarko, rigora juĝemulo, homo
gvidata per reguloj.

Dum multaj jaroj Marko permesis al si montri, kaj eble eĉ
senti, korkaresemon nur al sia belega edzino, Rozalia. Judino,
koninte la solecon de la subpremitaj, ŝi iel lernis, ne amarecon,
sed vastan karitaton. Ŝi kapablis trovi ian sekretan dignon kaj
intiman liberecon en familia amo kaj sindediĉo.

Se ni rajtas juĝi laŭ la restantaj portretoj, ni povas priskribi
Rozalian per la vortoj de Heine[1]:

'Tiu vizaĝo estis kortuŝe bela, kiel ĝenerale la beleco de la
hebreinoj havas karakteron specife kortuŝan; la konscio pri la pro-
funda mizero, pri la maldolĉa malhonoro kaj pri la maltrankviligaj
danĝeroj, en kiuj vivas iliaj parencoj, metas sur iliajn ĉarmajn
trajtojn de vizaĝo ian suferan sincerecon kaj observeman amo-
plenan timon, kiuj strange ensorĉas niajn korojn.' Kontraste al
la formalaj, pedantaj trajtoj de la edzo, Rozalia havis grandajn
malhelajn okulojn, lumplenajn pro amo kaj zorgemo; larĝan,

---

1   *La Rabeno de Baĥaraĥ*, laŭ la traduko de L. L. Zamenhof.

emociomontran buŝon kaj abundan noktecan hararon. Ŝi kredis, kaj instruadis al siaj gefiloj, ke ĉiuj homoj estas gefiloj de unu Dio amanta. Ŝi estis profunde religiema, profunde amema.

Kiam, iam dum postaj jaroj, en Varsovio, iu ploranta infano sidis sola, punekzilite al alia ĉambro laŭ ordono de Marko, dum la ceteraj familianoj manĝis, la pola servistino Maria eble alŝteliris kun manĝaĵo, kaj flustris: 'Sed Panjo diras, ke tio ĉi devas esti la lasta fojo.' Kiam ploranta infano palpis la vojon el la studoĉambro post puno, Rozalia troviĝis ekstere, kaj kisoj pli ol la puno helpis la infanojn al pli bona konduto. La infanoj ĉiuj adoris la patrinon.

Ĝenerale la familio Zamenhof estis dotita per intelekta kapablo: ĉiuj filoj kaj nepoj de Marko iĝis kompetentaj profesiuloj, kelkfoje iom elstaraj. Oni eĉ asertas, kvankam ne tre fidinde, ke la granda rusa sciencisto N. N. Semenov, Nobelpremiito, estis malproksima parenco de Zamenhof.

La nomoj de la gepatroj iom taŭgis aŭgure: Zamenhof estis formo de la germandevena nomo Samenhof, kiu signifas 'korto de semoj' aŭ 'bieno de semoj'.[2]

Ni semas kaj semas, neniam laciĝas,
Pri l' tempoj estontaj pensante.
Cent semoj perdiĝas, mil semoj perdiĝas,
Ni semas kaj semas konstante.

(La Vojo)

Sofer estas hebrea nomo, kies originala signifo estas 'skribisto' – t.e. skribisto kvalifikita kopii la hebreajn Librojn de la Leĝo

---

2   Zamenhof definitive transiĝis al la Z-formo nur post la ekesto de Esperanto, kaj por eviti fonetikajn konfuzojn.

por rita uzado.

Ekde sia naskiĝo, Lazaro Zamenhof estis malgrandstatura kaj malfortika. Baldaŭ la gepatroj eksciis, ke li estas ankaŭ miopa: dum la tuta vivo li devis porti okulvitrojn. Juda etulo, miopa etulo, kaj malforta etulo, tiu infano tre frue konatiĝis kun humiligoj kaj malsupereco, korpaj suferoj kaj psikaj vundoj.

Fratino, Sara, naskiĝis en 1860; dua fratino, Fania, en 1862; tria fratino, Augusta, en 1864; jam Lazaro scipovis legi kaj skribi facile. Frue ŝarĝite per la tasko ekzempli al la pli junaj familianoj, precipe post la naskiĝo de Felikso en 1868 kaj Henriko en 1871, Lazaro iĝis obeema, eble eĉ tro. La severa patro baldaŭ komencis kvazaŭ estimi sian unuan filon, tiel seriozan kaj bonkondutan. Sed la knabo ne obeis pro nura timo; li kelkfoje montris strange maturan dignon kaj esence sendependan kuraĝon.

Ekzemple: rompado de objekto en tiu hejmo estis grava krimo. Iam, dum infana ludado, ŝtona paperpremilo hundforma falis de sur la skribotablo, kaj la bazo rompiĝis en du pecojn. La infanoj ne certis, kiu kulpis. Marko, kun sia kutima glacia severeco, envenis kaj demandis al la tremantaj infanoj:

'Kiu rompis tion?'

Strange estiminda, eta Lazaro sin izolis per paŝo, kaj firme diris:

'Mi.'

Tiuokaze puno malestis: la patro sentis tro grandan estimon al tiu honesteco kaj kuraĝo. Pli malfrue, kiam Lazaro estis ĉe la lernejo en Varsovio, kie la vigla frateto Felikso ĵus lernejaniĝis,

Felikso kuris en la stabĉambron, kun ĉapo sur la kapo. Kolera inspektoro tuj konfiskis la ĉapon, kaj Felikso timis hejmeniri. Sed baldaŭ la pli aĝa knabo aperis antaŭ la inspektoro, pardonpetis, klarigis, ke Felikso estas tute novico tie, kaj ĝentile petis la ĉapon. Kaj, kiel multfoje dum lia posta vivo, lia trankvila kuraĝo kaj modesta sed racia pledado venkis. La inspektoro redonante la ĉapon, diris al Felikso:

'Danku pro tio ĉi vian fraton Lazaron – kaj penu simili al li, ĉar la lernejo fieras pri li!'

Lazaro gajnis ian indulgemon eĉ de la patro; ekzemple, oni rakontas, ke iam li kondukis bruantan amason da gejunuloj en la studoĉambron, kie la patro laboris, kaj ĉiuj dancis, kantis kaj ridis sen puno aŭ riproĉo. La plej bona pruvo, ke tiu fruma-tura, bonkonduta knabeto ne estis stulta kerubeto el gipso aŭ neŭroza troperfektiĝemulo estas, ke ĉiuj gefratoj tre amis lin. Li iĝis iasence ilia dua patro; li donis tiun iom da amo, karesemo kaj simpatio, kiun Marko ne donis. Li volonte dancis, kantis aŭ promenis, aranĝis etajn ekskursojn. Ĉe la lernejo oni nomis lin 'la Barono', sed, verŝajne, ne moke, sed admire, pro lia sereneco kaj ĝentileco.

La laciga tasko prizorgi kreskantan familion en malgranda, nekomforta hejmo frue komencis detrui la sanon de Rozalia; eĉ kiel infano, Lazaro ofte flegadis sian patrinon, kun sindediĉo kvazaŭ religiema. En 1870, nur dekjara, li vidis en la tro plena apartamento ĉiujn detalojn de la fatala malsano, kiu forportis la fratineton Saran. Li ankaŭ vidis la suferojn de la patrino. Sed malriĉeco, rigora disciplino, spacomanko, malsanoj kaj la sufero de aliaj, en la intimeco de la hejmo, ne estis la solaj doloroj, kiuj muldis la menson de la inteligenta, sentema knabo. Ekster la hejmo, li vidis kaj spertis suferojn, kiuj frue trudis al li la demandon: kial homoj malamas unu la alian, eĉ sen personaj konfliktoj?

Ĉie en la 'Pola Reĝolando' ekzistis tiranado kaj maljusteco, sed ili plej subpremis en la 'litvaj provincoj'; Bjalistoko troviĝis en la provinco de Grodno, en regiono, kie loĝis precipe poloj, blankrutenoj kaj judoj. Kompreneble la regnaj kadroj estis rusaj; germanoj havis gravan lokon en la kreskanta industria vivo; kaj litovoj loĝis kampare en la norda parto de la regiono.[3]

La carista reĝimo multrilate subpremis eĉ rusojn, sed pli subpremis polojn. La pola ribelo de 1863 okazis, kiam Ludoviko estis infano. La firenoma 'Murajev la Pendigisto' sufokis polan naciecon kaj trudis malklerigan formalismon en la lernejojn. Oni fermis la Polan Universitaton en Varsovio kaj anstataŭigis ĝin per rusa universitato. Ĉie en la 'Pola Reĝolando' oni iom malhelpis polan kulturon: ekzemple, ĉiuj prelegoj en la Universitato de Varsovio, eĉ pri la pola literaturo, devis esti en la rusa lingvo; ĉie, instruado en lernejoj estis ruslingva kaj tial kvinono de la pola popolo senrimede restis analfabeta; la belegaj polaj naciaj kostumoj, la nacia flago, polaj kantoj kaj naciaj emblemoj, estis malpermesitaj – eĉ en teatroj. Multaj gravaj polaj libroj estis haveblaj nur kontrabande. La pola lingvo estis permesita nur en

3 Gaston Waringhien konsilas, ke ni uzu *Litvo* (kiun uzis Grabowski) por tiu regiono. Kiam Zamenhof parolis pri 'mia kara Litovujo' li ja ne parolis, pri tiu regiono, kiun ni nuntempe nomas 'Litovujo' sed pri tiu iama granddukejo, la 'litvaj provincoj'.

teatraj prezentadoj. Sed en la litvaj provincoj la pola lingvo ne havis eĉ tiun rajton. En Vilno eĉ la uzo de la pola lingvo surstrate estis malpermesita; sed en Bjalistoko la reĝimo estis pli milda.

Kiel ĉie sub carista tiranado, intelekta vivo estis sufokata per kapricema, malklera kaj malkleriga cenzuro. Kiam la fama dana erudiciulo Georg Brandes vizitis Polujon inter 1880 kaj 1890, li trovis, ke la doganisto ĉe la pola landlimo devis sendi iun ajn ne al li konatan libron al la cenzuristo en Varsovio; ke, kiam li faris publikan prelegon, oni ne nur cenzuris la tekston antaŭ la prelego, sed sendis al la halo mem cenzuriston, kiu sidis kun notlibro kaj kontrolis, ke la preleganto ne modifis la aprobitan tekston; ke ĉiu ĵurnalo aŭ gazeto sendita al Ruslando estis forprenita el la kovrilo kaj atenteme kontrolita. Aŭtoroj kaŝadis siajn pensojn per alegorioj, perifrazoj, kaŝaludoj; kaj tiujn ĉi la cenzuristoj serĉis tiel groteske rigore, ke iam la vortoj 'kaj kuiri super libera fajro' estis forstrekitaj el kuireja receptlibro, ĉar oni neniam rajtis uzi la vorton 'libera'.

Sed pli malfeliĉaj ol la poloj estis la hebreoj. Dum la me-zepoko, multaj persekutitaj judoj rifuĝis en Pollandon, kie oni tiutempe permesis al ili labori kiel komercistoj aŭ manlaboristoj. Ili kunportis hebreajn tradiciojn, la judan lingvon, siajn apartajn kostumojn kaj morojn. Bjalistoko troviĝis en la tielnomita 'juda Loĝolando', difinita la unuan fojon en 1791; nur tie rusaj judoj rajtis, ordinare, ekloĝi. La polaj judoj, ekzemple en Varsovio, estis iom pli liberaj.

Ankaŭ germanparola grupo loĝis en la Grodno-provinco; tial

Lazaro povis aŭdi, sur la stratoj de Bjalistoko: la rusan – la oficialan lingvon kaj sian hejman lingvon – la polan, germanan kaj la jidan[4]; en la sinagogo kun Rozalia li ankaŭ aŭdis la hebrean.

La sorto de la hebreoj variadis laŭ la sinteno de la registaro, sed ili estis konstante, pli-malpli, viktimoj kaj pekkaproj. La plej bona rimedo por atingi relativan sekurecon kaj prosperon estis fariĝi kuracisto. Post 1861, judo, kiu estis doktoro pri medicino, aŭ posedis unu el la diversaj difinitaj universitataj diplomoj de doktoro, magistro aŭ kandidato, rajtis ekloĝi ie ajn en la Rusa Imperio, kun sia familio kaj eĉ kelkaj dungitoj. Diplomitoj de la mezlernejoj rajtis forlasi la 'Loĝlandon' por daŭrigi la studojn. Tiaj cirkonstancoj grandparte pravigis la preskaŭ kruelan insistadon de Marko pri premega studado eĉ ĉe infanetoj.

Per la laciĝemaj, fiksiĝemaj miopaj okuloj, per la freŝaj, impreseblaj okuloj de knabeto, Lazaro Zamenhof vidis infanojn ĉasi unu la alian, bati unu la alian, ĵeti ŝtonojn unu kontraŭ la aliajn, ĉar kelkaj estis judaj, kelkaj nejudaj. Li vidis, kiel rusaj soldatoj malpermesas al poloj paroli pole, minacante ilin, sakrante, kelkfoje arestante aŭ batante tiujn, kiuj malplaĉis al ili. Sur la strato oni ofte kriis post la knabeto 'Ajlo!', ofendan aludon al la juda kuirado. Li vidis homojn, kiuj kraĉis, kiam judo preterpasis; kiuj forpuŝis aĝajn judajn kadukulojn de sur la trotuaro.

Li aŭdis flustrojn pri la abomena 'Sanga Akuzo' – tiu tute kalumnia akuzo, ke judoj murdas kristanajn infanojn por specialaj ritoj, kiu inter 1859 kaj 1900 kaŭzis dudeknaŭ kontraŭjudajn

---

4   *Jida*: komuna germandevena lingvo de la judoj. Ĝi havas sian propran literaturon.

amasfuriozojn. Iun tagon, en Bjalistoko mem iu kristana infano malaperis, kaj la tie loĝantaj judoj travivis tempon de angora timo ĝis la retrovo.

La patrino de Lazaro instruis al li, ke ĉiuj homoj estas gefiloj de amanta Dio; malsimilegis la leciono de la stratoj. Kaj Lazaro longe meditadis pro tiu enigmo.

En la konata letero, probable skribita en 1895, al la rusa esperantisto N. Borovko, la matura homo skribis tiel pri siaj travivaĵoj:

'Mi naskiĝis en Bjelostoko[5], gubernio de Grodno. Tiu ĉi loko de mia naskiĝo kaj de miaj infanaj jaroj donis la direkton al ĉiuj miaj estontaj celadoj. En Bjelostoko la loĝantaro konsistas el kvar diversaj elementoj: rusoj, poloj, germanoj kaj hebreoj; ĉiuj el tiuj ĉi elementoj parolas apartan lingvon kaj neamike rilatas la aliajn elementojn. En tia urbo pli ol ie la impresema naturo sentas la multepezan malfeliĉon de diverslingveco kaj konvinkiĝas ĉe ĉiu paŝo, ke la diverseco de lingvoj estas la sola, aŭ almenaŭ la ĉefa, kaŭzo, kiu disigas la homan familion kaj dividas ĝin en malami- kaj partoj. Oni edukadis min kiel idealiston; oni min instruis, ke ĉiuj homoj estas fratoj, kaj dume sur la strato kaj sur la korto, ĉio ĉe ĉiu paŝo igis min senti, ke homoj ne ekzistas: ekzistas sole rusoj, poloj, germanoj, hebreoj ktp. Tio ĉi ĉiam forte turmentis mian infanan animon, kvankam multaj eble ridetos pri tiu ĉi "doloro pro la mondo" ĉe la infano. Ĉar al mi tiam ŝajnis, ke la "grandaĝaj" posedas ian ĉiopovan forton, mi ripetadis al mi,

---

5   *Bjelostoko*: rusa formo de la nomo.

ke kiam mi estos grandaĝa, mi nepre forigos tiun ĉi malbonon.'

Familiano rakontas, ke iam Lazaro Zamenhof vidis kverelon sur la strato: kamparano terure kriaĉis kaj sakris blankruse, dum komercisto simile kriaĉis kaj sakris jide; ili videble estis pretaj bati unu la alian; kelkaj polaj kaj rusaj knaboj alkuris … Subite, el alta fenestro, aŭdiĝis kanto, per tre bela vira voĉo. La kantado baldaŭ sorĉis ĉiujn al silento; jes, muziko estas speco de universala lingvo.

Kompreneble, la ideo, ke, se ĉiuj homoj parolus unu lingvon, malamo intergenta ĉesus, estis naiva; sed nur neordinare talenta infano povus sendepende rezoni tiel bone. La lingvaj malsimilecoj, kaj la malsimilecoj pri religio kaj la konformaj moroj estis simple la plej videblaj al knabeto en Bjalistoko. Lazaro tiam sciis nenion pri la pli grandaj historiaj problemoj; pri alispecaj imperioj kaj kolonioj; pri ekonomiaj rivalecoj kaj konfliktoj; pri klaskonfliktoj; pri la realaj komplikaĵoj de ĉiuj mondskalaj organizoj; aŭ pri tiuj tre nigraj, sulfurfumaj nekonsciaj timoj kaj envioj, kiuj kaŝiĝas sub rasa malamo. Lia milda, amema temperamento sciis, tiutempe, relative malmulte pri la misteraj detruemaj, eĉ sindetruemaj, inklinoj, kiuj troviĝas en multaj homaj psikoj: tiu ĝoja malaltigo de si mem al la plej malalta moralo, dum vera amasfuriozo; tiu terura kapablo konvinki nin, ke malamo povas esti virto, gratuli sin, pro siaj plej malhumanaj pensoj; kaj tiu volupto de krueleco, kiu anstataŭas la pli gajajn kaj vivestimajn voluptojn, kiu estas multe pli danĝera, ĉar oni povas ĝui ĝin sen satiĝo kaj ofte kun la aprobo de multaj aliaj. Eĉ la plenaĝa Zamenhof ofte miris pri la malbonfaremo de kelkaj homoj. Tamen, kvankam universala lingvo ne estas, kiel kredis la infano, universala kuracilo kontraŭ malamo, ĝi ja estas tre valora kuracilo inter diversaj aliaj.

Tiu ideo pri universala lingvo komencis preskaŭ obsedi Lazaron. Lia lingvoscio estis tre bona: tiutempe, iu ajn klera ruso scipovis tri-kvar lingvojn. La rusa estis lia hejma lingvo; li aŭdis la hebrean en la sinagogo kaj probable ricevis ankaŭ privatajn lecionojn pri ĝi; Marko instruis al li la francan kaj germanan, kiujn li ankaŭ studis en la lernejo; la jidan li aŭdis surstrate, ankaŭ la polan, kiun li pli malfrue parolis perfekte.

En aŭgusto 1869, iom antaŭ la deka naskiĝdatreveno, laŭleĝa aĝo por tiu promocio, Lazaro eniris la reallernejon en Bjalistoko. Tie oni ne studis la grekan aŭ preparis sin por universitato, sed judo povis pli facile lernejaniĝi. Lazaro konscience studis, inter ses aliaj familianoj dense loĝantaj en tri ĉambroj, kaj kiam Felikso estis ankoraŭ plorema bebo. Post kelkaj tiaj semajnoj li iĝis tiel malsana, ke li devis resti hejme ĝis januaro 1870. Dum tiu periodo li multe legis, provis ruslingvan versfaradon kaj verkis 'kvinaktan tragedion'. Dume, Marko devis konstati, ke la spaco ne sufiĉas por malsana patrino kaj kvin geknaboj; baldaŭ la familio transloĝiĝis al Varsovio, kie li serĉis pli enspezigan laboron.

Iam, en Varsovio, Lazaro Zamenhof alprenis la nejudan nomon Ludoviko, por vivi pli trankvile inter kristanoj. Ŝajnas, ke poste Ludoviko, aŭ la karesa formo Lutek, iĝis lia kutima nomo, eĉ inter familianoj.

LERNEJANO KREAS LINGVON

En decembro 1873, la familio ekloĝis en apartamento ĉe 28 Nowolipie Strato, Varsovio; tio estis, en la juda kvartalo, malproksima je dudek-minuta piediro de la Hebrea Tombejo kaj tre proksima al Tłumackie Strato, kie troviĝis sinagogo. Homplena estis tiu juda kvartalo; tamen la bone pavimita strato estis malpli bruoplena ol tiu strato en Bjalistoko; kaj antaŭ la domego estis ĝardeno. Ludoviko malpermesis al siaj pli junaj gefratoj difekti la ĝardenajn florojn.

Laŭ la vidpunkto de judo el la 'litvaj provincoj', Varsovio estis relative libera; tie la rusaj oficiroj ofte estis ĝentilaj kaj humanaj; belaj konstruaĵoj kaj eleganta kulturo ekzistis; novaj industrioj pligrandigis la urbon.

Marko Zamenhof unue iĝis inspektoro de privata lernejo; kelkaj lernantoj eĉ loĝis ĉe li; iom poste li iĝis profesoro ĉe la re-allernejo en Varsovio; sed li ankaŭ ricevis postenon, kiu, kvankam eble plaĉa al lia aŭtoritatema temperamento, kaj enspeziga, ne estis prifierinda: li iĝis cenzuristo en hebrea kaj jida lingvoj por Varsovio. La carista cenzuro estis ne nur stulta kaj malkleriga, sed ofte eĉ kruela; ekzemple la administracio kelkfoje monpunis, malliberigis aŭ ekzilis verkiston pro vortoj, kiuj neniam publikiĝis, ĉar la cenzuristo jam forstrekis ilin; tian maljustaĵon oni faris sen proceso, eĉ neniam informante la verkiston pri la kaŭzo. Multaj gravaj libroj estis tute malpermesitaj; ĉiuj ĵurnaloj estis cenzuritaj ĉe la presprova stadio. Tiaj kontraŭkulturaj burokrataĵoj poste malhelpadis al L. L. Zamenhof dum lia tuta vivo.

Post la ribelo de 1863, la malnova, klera pola aristokrataro preskaŭ detruiĝis; poste la kultura avangardo konsistis grandparte el la urbaj intelektuloj, kiuj emis turni sin al scienco kaj tekniko. Post kelkaj generacioj de profesiaj lingvistoj, la filoj de Marko interesiĝis pri la sciencoj.

Marko cenzuris hebreajn kaj jidajn librojn kaj gazetojn; pli altranga cenzuristo en Varsovio kontrolis lian laboron, sub kontrolo de eĉ pli altranga cenzuristo en Sankt-Peterburgo, kiu mem estis kontrolita de superuloj. Ĉiu cenzuristo sciis, ke, se li ne rimarkos ion tielnomite 'danĝeran', la malatenton eble rimarkos superulo – kun katastrofaj sekvoj.

Marko lasis ĉe Nahum Sokolov, redaktoro de la hebrea ĉiusemajna gazeto *Hacefira* (Tagiĝo) la impreson de homo severa, rutineca, pedanta, sed tre kapabla kaj konscienca. Li tute ne ŝajnis aŭtodidakta tipo; sentimentaleco kaj nebulaj ideoj tute mankis; por li nur reguloj kaj leĝoj ekzistis. Lia voĉo estis tre monotona. Aliaj judoj ofte malamegis la judajn cenzuristojn, kiel ilojn de tiraneco; tamen Marko verŝajne estis, inter tiuj malesti-mindaj homoj, estimata pro siaj helpemaj konsiloj, sia honesteco kaj sia aŭtentika klereco.

En 1874, post iom da studado hejme, Ludoviko eniris la kvaran klason ĉe la Dua Filologia Gimnazio. Feliĉe, li travivis siajn le-rnejajn jarojn dum la relative liberala epoko, kiam judoj rajtis, multe pli facile ol iom poste, vizitadi la gimnaziojn. La lernejo, en Nowolipki Strato, estis alta konstruaĵo; antaŭ ĝi troviĝis ar-bustaro, kie la infanoj ludadis dum la paŭzoj. Sed Ludoviko restis en la domo kaj studadis lingvojn. Lia gimnazia kurso konsistis el rusaj lingvo kaj literaturo; latina, greka, germana, franca lingvoj; historio, geografio, matematiko kaj iom da naturscienco. Li jam sentis ian malkontenton pri historio, tia, kiel oni lin instruis, ĉar li iom perceptis tiun falsigadon, karakterizan de multaj oficialaj historio-kursoj. Tamen, la lernejo ankaŭ havis fortan tradicion de pola-hebrea patriotismo, kaj tre verŝajne estis tie, ke – spite la malpermesojn de la registaro – Ludoviko lernis la polan lingvon kaj komencis ami la polan literaturon.

Liaj ideoj pri la interlingva problemo evoluis paralele kun lia ĝenerala lingvoscio. Li jam vidis, kiel la rusoj malpermesis la polan kaj litovan kaj tial poloj kaj litovoj malŝatis la rusan, sed ili, kaj ankaŭ rusoj, ne volis aŭskulti la germanan aŭ la jidan;

liaj lernolibroj instruis lin pri militoj inter francoj kaj angloj, hispanoj kaj nederlandanoj. Tre frue li konkludis, ke la sola lingvo, kiun ĉiuj nacioj eble akceptos kiel internacian devos esti lingvo, kiu apartenos egale al ĉiuj nacioj, kiu estos nek lingvo de subpremantoj nek lingvo de subprematoj.

Studinte la latinan kaj grekan, li admiris ilian belecon kaj la klasikajn verkojn, kaj ekdeziris revivigi mortan lingvon kiel neŭtralan lingvon por ĉiuj. Tiutempe lia favorata revo estis pri mondvojaĝo misia, pri belegaj paroladoj, kiuj persvadus ĉiujn, ke ili ekstudu la latinan, la grekan aŭ la hebrean kaj helpu tiel al la interfratigo de la homaro. Fakte Zamenhof ne estis riĉe dotita kiel oratoro; lia voĉo estis malforta kaj iom monotona.

Sed baldaŭ li komencis vidi gravajn malavantaĝojn ĉe la mortaj lingvoj. Kvankam ili estis ja majestaj, belsonaj kaj nuancitaj, iliaj vortprovizoj estis tute neadekvataj por moderna vivo; kaj ili estis tre malfacilaj. Tiu nefortika knabo, kiu, laŭ fotoportreto tiutempa, aspektis maldika kaj zorgema, kun la hararo platigita, kun miopaj okuloj, kiuj ŝajnis malgrandaj sub liaj densaj brovoj, ĉiam atingis la unuan lokon ĉe la gimnaziaj ekzamenoj; sed interesis lin la destino ne nur de intelektuloj, aŭ de relative riĉaj homoj, kiuj povis pagi instruistojn, aĉeti librojn kaj studadi dum abundaj liberaj horoj; la malriĉaj manlaboristoj, la kudristinoj, la vendistoj ankaŭ estis por li gravaj. Li konkludis, ke, ĉar vivanta nacia lingvo neniam estos akceptita de ĉiuj popoloj, kaj ĉar la mortaj lingvoj estas tro malfacilaj kaj arkaikaj por nekleruloj, la sola ebla solvo estos: krei novan lingvon.

Dekkvinjara, li komencis provi. Kvankam li bone scipovis jam plurajn lingvojn, kaj havis neordinare fidindan estetikan intuicion pri lingvaj aferoj, li ne havis ian instruitecon pri kompara filologio, lingva historio, fonetiko kaj parencaj fakoj. Tiutempe li sciis nenion pri la pli fruaj, nesukcesaj provoj krei lingvon. Li havis, tamen, krom valoraj lingvoscioj, fortan frumaturan intelekton, bonan rezonkapablon kaj tre persistan laboremon. Li komencis skizi lingvoprojektojn. Ĉe la komenco, li volis imiti la lingvojn, kiujn li scipovis, kaj kreis komplikajn konjugaciojn kaj deklinaciojn; sed tiu parto de la tasko ne ŝajnis malebla ̂o.

La problemo pri vortprovizo pli ĝenis Ludovikon. Ĉiuj adekvataj vortaroj estis dikegaj libroj; kiel li povos krei vortojn por ĉiuj esprimendaj konceptoj? Eĉ se li povos krei tiom da vortoj, kiel aliaj homoj enkapigos ilin?

Nova stadio komenciĝis, kiam li eniris novan stadion de lerneja lingvostudado: iam dum 1875, en la kvina klaso ĉe la gimnazio, li ekstudis la anglan lingvon, kaj eksciis, ke liaj pli fruaj konceptoj pri lingvoj estis nekorektaj. Malfacilaj paradigmoj ne estis esenca parto de lingvo, sed kvazaŭ historiaj akcidentoj. La angla lingvo enhavis tre malmultajn kazajn finaĵojn; la verboj estis pli simplaj ol en multaj aliaj lingvoj: kvankam la ortografio kaj prononcado estis tro malfacilaj en la angla, kaj anomaliaj idiotismoj abundis, la simpleco de la baza gramatiko estis io nova kaj stimula. Ludoviko ellaboris gramatikon, kiu kovris nur kelkajn paĝojn en kajero.

Restis la problemo pri vortprovizo. Unue Ludoviko opiniis, ke la plej mallongaj vortoj estos plej senpene memoreblaj; li kreis serion de arbitraj unusilabaj vortoj: *ab, ac, ad, ba, ca, da, e, eb, ec*, ktp. Sed li preskaŭ tuj rimarkis, ke eĉ li mem ne povas bone memori tiajn vortojn: ili tro similis unu al la alia, kaj ne enhavis helpajn asociojn. Sekvis la stadio de kompreno, ke internacia vortprovizo devos baziĝi sur jam ekzistantaj vortoj. Ludoviko komencis elekti radikojn el la latina, germana kaj rusa lingvoj, kelkfoje el aliaj, kaj aldoni siajn gramatikajn finaĵojn. Tiun vortaron li facile parkeris.

Ne mirige, ke lernejano provis krei lingvon; inteligentaj lernejanoj ofte amuzas sin per io tia, dum kelkaj tagoj aŭ semajnoj; la miriga eco en la nuna historio estas, ke Ludoviko penadis tiel serioze, sisteme, sindediĉe, dum multaj jaroj. La psika energio por tia laborado ne fontis el pure intelekta intereso: pelis lin la malnova doloro, la impresoj de la infanaj jaroj, la preskaŭ obseda sento, ke la homoj devus esti gefratoj, kun la certeco, ke ili ne estas.

Tamen la oftaj ekscesoj de nesana fanatikulo ne troviĝis ĉe Ludoviko. Li ankoraŭ ĝuadis dancadon, muzikon, ŝercojn; li restis amema kaj helpema inter la junaj gefratoj; li ankoraŭ adoris sian belan patrinon, kaj tute ne nehomiĝis.

Je la 31a de oktobro 1875, Leono Zamenhof naskiĝis; la lasta frato, Aleksandro, naskiĝis en 1877. Se ni forte koncentrigas niajn pensojn ĉe unu temo, kelkfoje nia observemo aŭ penskapablo tiurilate tiel intensiĝas, ke la rezulto ŝajnas preskaŭ revelacia; kaj kelkfoje la nekonscia menso laboradas super nia temo eĉ dum ni dormas. Ambaŭ fenomenoj kontribuis al Esperanto.

Iun tagon, dum 1876 aŭ eble 1877, Ludoviko, en sia lerneja uniformo kun arĝentaj butonoj, soldateca zono kaj ĉapinsigno, promenis surstrate kaj rimarkis ordinaran vorton sur tabulo: *Ŝvejcarskaja*, t.e. 'pordistejo' en la rusa lingvo.[6] Sed tiun ĉi ordinaran vorton li vidis strange intense. Poste li rimarkis alian tabulon kun la vorto: *Konditorskaja*, t.e. 'sukeraĵejo'. Subite Ludoviko ekkomprenis, ke la sufikso *-skaja* troviĝas en tiuj du vortoj kaj ke multaj aliaj rusaj vortoj, kiuj indikas lokon, finiĝas per *-skaja*. Fulme, kvazaŭ mirakle, li elpensis la ideon, ke li povos malgrandigi la bezonatan vortaron per afiksa sistemo. *Lerni* (tiutempe *lernare*) donis la vorton *lernejo*; simile kreiĝis *lernema*, *lerninda*; *patro* ebligis ankaŭ *patrinon, bopatron, patrecan*; *amiko* havis sian malon simple per *malamiko*. Malrapide la knabo ellaboris tutan serion de afiksoj.

Sonĝo solvis alian problemon. La difina artikolo ne ekzistas en la pola aŭ la rusa; Ludoviko, trovinte ĝin en la franca, angla kaj germana, demandadis al si, ĉu li bezonas ĝin en sia internacia lingvo. Unu nokton, li sonĝis, ke li estas sur kampo kun kelkaj aliaj personoj, apud arbaro. Unu el liaj kunuloj avertis lin, ke io terura okazos, se tri ruĝaj knabinoj eliros el la arbaro. Dum la homoj rigardis la arbaron, subite tri ruĝaj knabinoj ja aperis el ĝi; kaj la avertinto, timigite, ekkriis: 'Jen *la* tri ruĝaj knabinoj!'. La nekonscia menso de la knabo solvis la problemon dum dormo: Ludoviko perceptis, kian nuancon la difina artikolo

---

6   Tiaj surskriboj devis esti en la rusa, kvankam oni permesis la aldonon de pola traduko.

povas distingigi.

Almenaŭ unu frazo en la unua ekzercaro rezultis de lerne-jknaba ŝerco. Dum Ludoviko iun tagon rigardadis la karajn kaje-rojn kaj penadis trovi frazojn, kiuj bone ekzempligus la korektan uzon de la lingvo, la frateto Leono alproksimiĝis kaj komencis ĝeni lin, ĝis Ludoviko senpacienciĝis kaj kriis, 'Leono, vi estas besto!' Jen la origino de tiu al ĉiuj esperantistoj konata frazo *Leono estas besto.*

Kiam, en 1878, Ludoviko estis en la oka klaso ĉe la gimnazio, li jam havis preta ion, kio estis esence kohera lingvo lernebla, skribebla, eĉ parolebla. Li provis ĝin diversmaniere. Li tradukis kelkajn tekstojn; li verkis kelkajn versaĵojn; li provis pensi en la nova lingvo. Li konfidis sian sekreton nur al kelkaj amikoj – al Aleksandro Waldenberg, al la frato Felikso, al kelkaj aliaj; kaj al la gepatroj, kiuj admiris kaj simpatiis. La patro kapablis ŝati lian lingvosenton kaj logikan lertecon; la patrino ŝatis lian eti-kan celon. Kelkaj lernejanoj plimalpli bone lernis la lingvon kaj sukcesis iom paroli ĝin.

Je la 17a de decembro 1878, oni kvazaŭ konsekris la lingvon. Rozalia Zamenhof bakis specialan torton, kvazaŭ por la naskiĝdatrevena festo de Ludoviko – ĉiuj publikaj kunvenoj estis tiutempe malpermesitaj. La knaboj staris ĉirkaŭ tablo, sur kiu ili vidis la torton kaj la kajerojn de Ludoviko: etan gramatikon, etan vortaron, kelkajn tradukojn. La knaboj faris etajn paroladojn en la nova lingvo, kaj kantis himnon de frateco, kies rekantaĵo estis:

Malamikete de las nacjes,

Kadó, kadó, jam temp' está!
La tot' homoze in familje
Konunigare so debá.

('Malamikeco de la nacioj, falu, falu, jam temp' estas! La tuta homaro en familion kununuigi sin devas.')

Tiu tago estis verŝajne inter la plej feliĉaj en la vivo de Ludoviko Zamenhof. Belega estis lia revo: la ses aŭ sep knaboj donos al la homaro novan lingvon, kaj liberigos la tutan mondon de malamo.

Tro rozkolora estis la revo; sed la jama atingo havis objektivan valoron; Zamenhof ja kreis lingvon.

Li tiam estis deknaŭjara.

PATRO KAJ FILO

La lingvo de Ludoviko, kvankam ne en si mem forigonte malamon, es-
tis io utila kaj senofenda, kaj kontribuonta al homa interkompreniĝo.
Sed carista Rusujo ne estis favora naskiĝlando por io tia. Io ajn nova
estis tuj suspektinda. Tiu registaro ne deziris vidi unuigitan, fratecan
homaron: ĝi regis per naciaj kaj rasaj konfliktoj intence stimulitaj.
Sekreta lingvo havis eblojn kiel lingvo de konspirantoj; kaj tiu regis-
taro, same kiel preskaŭ ĉiuj tiranregistaroj, ekflaris komplotojn ĉie.
Sub tiu reĝimo, jam iom nesekura, povus esti danĝere eĉ posedi doku-
mentojn en lingvo nekonata. Tute reale eblis, ke la valora elpensaĵo de
Ludoviko kostos al li karieron, liberecon, eble eĉ vivon.

Dum eble ses monatoj lia patro ne malhelpis, ke Ludoviko sin
amuzu per sia nova ludilo. Mokoj kaj timoj de la plenkreskuloj
detruis la entuziasmon de la lernejaj geamikoj kaj la juna kre-

into restis sola kun sia lingvo. En junio 1879 la gimnazia kurso finiĝis, kaj Ludoviko, kiu intencis fariĝi kuracisto, devis pensi pri universitataj studoj.

Dume, kolego de Marko, vantema amatora psikologo, kiu per stoko da duonkomprenataj fakterminoj imponis al homoj eĉ pli neinstruitaj pri psikologio, insistis al Marko, ke la 'fiksa ideo' de la filo pri internacia lingvo estas timiga simptomo, avertanta pri ebla freneziĝo.

Tiu ĉi diagnozo estis des pli absurda, ke ni povos al ĝi kontrastigi la raporton, kiun Ludoviko portis el la lernejo al la universitato en Moskvo:

'Tiu ĉi estas donita al Lazaro Zamenhof, de la hebrea konfesio, filo de oficisto, naskiĝinta en la u. Bjelostok, gubernio Grodna, la 3an de decembro 1859a jaro[7], lerninta en Bjelostoka Reala Gimnazio 3 jarojn, en Varsovia 2a vira Gimnazio 5 jarojn kaj estinta unu jaron en la VIII-a klaso pri tio:

'Unue, ke sur bazo de observoj dum la tuta tempo de lia lernado en Varsovia 2a vira Gimnazio, lia konduto ĝenerale estis tre bona, la akurateco pri vizitado kaj preparado de lecionoj, kaj ankaŭ pri plenumado de la skriblaboroj estis tre bona, la diligenteco tre bona kaj la scivolemo pri ĉiuj ĝeneralaj objektoj kaj precipe pri la greka lingvo estis tre bona, kaj due, ke li evidentigis la subesekvantajn sciojn:

---

7 La dato estis laŭ la rusa malnova stilo.

	Notoj starigitaj en la Ped- agogia Konsilantaro sur la bazo de paragrafo 45 de la reguloj:	Ĉe la ekzameno okazinta la 7, 14, 15, 16, 17, 28 kaj 30 de majo kaj ankaŭ la 1, 4 kaj 7 de junio 1879 jaro:
en Dia Leĝo	—	—
en Rusa lingvo kaj lit- eraturo	4 bone	4 bone
en Logiko	4 bone	—
en Latina lingvo	4 bone	4 bone
en Greka lingvo	4 bone	5 tre bone
en Matematiko	4 bone	5 tre bone
en Fiziko kaj Matematika Geografio	4 bone	—
en Mallonga Natur- scienco	—	—
en Historio	4 bone	4 bone
en Geografio	4 bone	4 bone
en Germana lingvo	5 tre bone	—
en Franca lingvo	5 tre bone	—

'Kun atento pri la konstante tre bona konduto kaj diligenteco kaj pri la tre bonaj sukcesoj en la sciencoj kaj precipe en la Greka Lingvo – la Pedagogia Konsilantaro decidis rekompenci lin per arĝenta medalo kaj doni al li la Ateston, prezentantan ĉiujn rajtojn, difinitajn en la par. 129-132 de l' Imperiestro konfirmita la 30an de julio 1871a jaro Statuto de la gimnazioj kaj progimnazioj.'

Subskribis tiun 'ateston pri matureco' la direktoro, la inspektoro, la sekretario de la konsilantaro kaj dek tri instruistoj; kaj eĉ tra tiu peza, pedanteca stilo de oficiala paperaĵo oni klare vidas, ke Ludoviko certe ne kondutis malsaĝe aŭ neglektis siajn studojn. Tamen Marko ŝajne inklinis atenti la fakterminojn de sia aroganta pseŭdoklera kolego.

La junulo (kiu en la multaj formalaj dokumentoj, kiujn li devis prezenti, aperis sub sia rusforma nomo, Lazar Markoviĉ Zamenhof), finfine sukcesis plenumi ĉiujn tedajn postulojn de la tiutempaj burokratoj kaj estis akceptita kiel studento ĉe la Universitato de Moskvo. Sed ĉe tiu stadio en lia kariero, Marko devis averti lin kontraŭ la danĝeroj de la lingva projekto. Paperoj en 'sekreta lingvo', ĉe judo sen amikoj en Moskvo, povus vere endanĝerigi lin. Plue, liaj profesiaj studoj dum tiu tempo postulos lian tutan energion. Marko do ordonis, ke Ludoviko tute forlasu la aferon, ĝis li estos plene kvalifikita. Kvankam tiu patra ordono ĉagrenis la filon, en tiuj cirkonstancoj ĝi estis saĝa kaj racia. Reala estis la danĝero. Deknaŭjarulo apenaŭ povus interesigi la mondon pri sia projekto; kvalifikita kuracisto eble akiros monon kaj influon. La lingvon mem oni povus plibonigi; tempo abundis. Marko promesis, ke li zorge gardos la kajerojn. La junulo donis al la patro ĉiujn manuskriptojn: la gramatikon, la vortaron, kelkajn strofojn, kelkajn traduketojn. Tiuj paperoj reprezentis la dediĉitan laboron de pluraj jaroj. La patro pakis la manuskriptojn en paperon, ligis la pakaĵon per dika ŝnureto kaj enŝlosis ilin en ŝrankon.

Ludoviko faris en kvarklasa vagonaro sian tuttagan vojaĝon al Moskvo. Tiutempe, lia vizaĝo estis serioza, iom malgaja; kaj la tre densaj, altaj brovoj donis al li mienon de konstanta miro kaj konfuzo, emfazitan per la karakteriza fiksa rigardo de miopeco. Liaj griz-bluaj okuloj rigardis la mondon tra ovalkadraj okulvitroj. La rufa hararo havis dislimon meze; la lipharoj estis netaj super la sentema buŝo. Fizike li estis nek bela nek impona; sed ia humana, serena fido elrigardis el tiu juna vizaĝo.

Proksimume 8.000 judoj loĝis en Moskvo tiutempe. Ludoviko ekloĝis en Moskvo iun tagon de aŭgusto 1879, ekluinte meblitan ĉambron je numero 27, ĉe Tverskaja Strato, en hotelo de iu Miklaŝevski. Tiu hotelo situis ĉe stratangulo; tial la malgranda kaj tre senluksa ĉambro ne estis tre kvieta por studado.

Ĉe la universitato li laboris ege diligente; sed, pro manko de mono, devis kelkfoje fari aliajn laborojn. Li neniam ĝuis festetojn aŭ amuzojn; ofte li ne sufiĉe nutris sin. Li skribis al la hejmanoj gajajn leterojn, fanfaronis pri la malgrandeco de sia elspezo, diris nenion pri malsato, malvarmo, manko de komforto, ĉar nova bebo, Ida, ĵus naskiĝis, kaj Marko volis sendi aliajn filojn al la universitato. Ludoviko multe serĉis pagitan laboron: unu ruslingva poemo lia aperis en *Russkij Jevrej* (Rusa Judo); ĝi estis poemo al la judoj, preskaŭ cionista; sed tiu redaktoro ne pagis lin. Li sukcesis iomete gajni per anonimaj kontribuaĵoj al *Moskovskije Vjedomosti* (Moskva Informilo). Oni opinias, ke verŝajne tiuj kontribuaĵoj estis kelkaj recenzoj pri germanaj libroj, kun la subskribo *Z*.

Tiu Moskvo, en kiu Ludoviko Zamenhof studis, estis malkvieta kaj esperoplena. La malklerig a, monotona reakciemo, kiu grandparte ankoraŭ restis sub la carista reĝimo, incitis revoluciajn movadojn: la kreskantan emon de rusaj intelektuloj 'iri inter la popolon' kaj helpi al la liberigo de la kamparanoj; la novan movadon, kies celo estis agrikultura socialismo; kaj sekretajn konspirojn, kies celoj estis, inter aliaj, la mortigo de subpremantoj. Multaj konspirantoj estis universitataj studentoj, kaj multaj revoluciemaj kunvenoj kaj manifestacioj okazis inter la studentoj – la nova generacio de intelektuloj. Politikaj aferoj ĉe la universitato havis pli larĝan signifon: ili reprezentis la ĝeneralan deziron de la rusaj intelektuloj pri penslibereco kaj pli libera vivo.

Tial la registaro mem kelkfoje intervenis en konfliktoj ĉe la universitato. Ekzemple, en decembro 1880 multaj studentoj subskribis – kun aprobo de la stabanoj – petskribojn.

La Rektoro akceptis studentajn reprezentantojn kaj promesis iom modifi la regularon. La studentoj, kiuj deziris ne plu submetiĝi kiel infanoj al troa disciplino, petis: ke pri kelkaj aferoj ili disciplinu sin mem; ke ili rajtu libere kunveni, libere eldoni prelegojn; ke ili havu studentajn manĝejon, helpkason kaj kelkajn stipendiojn; kaj ke oni starigu ian organizon, por ke stabanoj kaj studentoj povu pridiskuti siajn konfliktojn. Ne la Rektoro rifuzis tiujn ĉi moderajn postulojn, sed tiu ministerio, kiu portis la ironian nomon Ministerio por Popola Klerigado. Kiam telegramo pri la afero aperis en la *Registara Informilo*, la moskvaj studentoj, precipe en la medicina fakultato, tre malkvietiĝis, kredante, ke la Rektoro trompis ilin. La embarasita Rektoro plaĉis al la registaro, sed ne al la studentoj, kiam en deklaro li aludis al 'mallumaj fortoj, kiuj neebligas kontentigon ...' Tiam okazis tia studenta tumulto, ke la Rektoro eksigis kelkajn medicinajn studentojn; onidiroj disflugadis; finfine la studentoj faris grandan manifestacion antaŭ la universitato. Policanoj sur ĉevaloj forpelis la studentojn kaj arestis kvardek, kvankam post du tagoj ili liberigis la plimulton.

Kolektiva letero al la *Moskovskije Vjedomosti* klarigis la dezirojn de la medicinaj studentoj. Laŭ la subskribo *Z*, kaj iom laŭ la stilo, ĝi povus esti verkita de Zamenhof, sed la probableco ne estas granda.

Dum la jaro 1881 liaj malfacilaĵoj pri studado en Moskvo, kie li devis pagi la loĝejon, iĝis ne plu elteneblaj, kaj Ludoviko petis permeson translokiĝi al la universitato de Varsovio, kie li povos loĝi en la familia hejmo. En la raporto, tiucele necesa, la Rektoro de la universitato en Moskvo priskribis lian konduton kiel 'tre bona'. En la unua ekzameno Ludoviko ricevis 5, la plej altan noton, en ĉiu fako: zoologio, mineralogio, botaniko, anatomio de sana homo, enciklopedio de la medicino, neorganika kemio, germana lingvo, fiziko. En la dua ekzameno li ricevis tiujn ĉi notojn: histologio, embriologio kaj kompara anatomio, 3; zoologio, 5; mineralogio, 5; neorganika kemio, 5; organika kemio, 4; fiziologio, 4; ekzercoj super kadavroj, 5; botaniko, 5; farmacio kaj farmakologio 5; fiziko, 5. 'Pri nenio malaprobinda li estis rimarkita.'

Ludoviko, akceptite kiel medicina studento en la universitato de Varsovio, denove ekloĝis en la domo 28, ĉe Nowolipie Strato. Li revenis hejmen post du jaroj da streĉa studado, kun tre kontentigaj rezultoj; li ja plene pruvis, ke li serioze priatentas sian karieron kaj ke la gepatraj oferoj ne perdiĝis.

Dum la restado en Moskvo, li rigore plenumis sian promeson al la patro, kaj ne laboris super sia kara lingvo. Sed nenio povis forigi ĝin el liaj pensoj. Li parolis intime kun la patrino. Lia vera vivocelo restis sama: helpi al la interfratigo de la homaro, per internacia lingvo. Li obeadis al la patro, sed tia obeado suferigis lin. Nun, dum la libertempo, ĉu li ne rajtos iom rerigardi siajn kajerojn? Ĉu la patrino ne povos elekti taŭgan momenton por peti permeson, ke li iomete laboru pri sia lingvo?

Kun multaj larmoj, Rozalia konfesis, ke Marko jam bruligis la pakaĵon.

Ludoviko restis timige trankvila, kaj iris tuj al la studĉambro de la patro. Oni ne scias, pri la detaloj de tiu intervjuo inter filo, kiu plenumis promeson, kaj patro, kiu perfide malplenumis promeson; sed ŝajnas, ke tiu perfido detruis la patran aŭtoritaton. Ludoviko liberiĝis. Li promesis nur, ke li daŭre sekretos pri la lingvo, ĝis la universitata kurso finiĝos.

La sekvonta tasko estis rekrei la tutan lingvon laŭ memoro.

DOKTORO ZAMENHOF

'*La kaŝeco turmentis min; devigita zorgeme kaŝadi miajn pensojn kaj planojn mi preskaŭ nenie estadis, en nenio partoprenadis, kaj la plej bela tempo de la vivo – la jaroj de studento – pasis por mi plej malgaje. Mi provis iafoje min distri en la societo, sed sentis min ia fremdulo, sopiris kaj foriradis, kaj de tempo al tempo faciligadis mian koron per ia versaĵo en la lingvo, prilaborita de mi.*'

Tiel Zamenhof mem priskribis tiun periodon.

Li vere reverkis la tutan lingvon, rememoris aŭ nove kreis ĝian vortaron; poste, li daŭre kaj memkritikeme modifadis kaj poluradis ĝin, konstante provante la lingvon per tradukoj kaj versaĵoj. Li volis eviti ĉiun sencodubon kaj aldoni ĉion novan, kio ŝajnis necesa. Kelkrilate la modifoj estis grandaj.

Kiel lernejano, li jam elektis radikojn el lingvoj ekzistantaj, sed iom kaprice; nun li elektis ilin laŭ multe pli sistema principo de maksimuma internacieco: kiam eble, li prenis radikon jam konatan – iaforme – en la plej granda nombro de la lingvoj, kiujn li scipovis. Tiel li faciligis al iu, kiu scipovas eĉ unu el tiuj lingvoj, la parkerigon de la vortprovizo.

Ekzemple, en 1881 li tradukis strofon el Heine tiel:

> *Mo bella princino il sonto vidá*
> *Ko ẑuoj malseśaj e palaj,*
> *Sul dillo, sul verda no koe sidá*
> *Il armoj arniẑaj e kalaj.*

La traduko en 1887 tekstis:

> *En sonĝo princinon mi vidis*
> *Kun vangoj malsekaj de ploro,*
> *Sub arbo, sub verda ni sidis*
> *Tenante sin koro ĉe koro.*

Ideoj, kiuj venis al li nur dum tiu stadio de eksperimentado kaj provado, inkluzivis inter aliaj: la universalan prepozicion *je*; la finaĵon *-aŭ*; la utile elastan vorton *meti*. Tiutempe li trovis sian unuan projekton peza kaj mallerta; li elpensis formojn pli koncizajn, pli nuancitajn, pli elastajn; li celis krei lingvon, kiu estos ne iu pala ombro de alia lingvo, sed lingvo kvazaŭ aŭtonoma, kun propra stilo kaj propraj karakterizoj. Jam lingvo tia ekevoluis. Li provadis la lingvon per multa laŭtlegado; kaj li komencis senti en si mem kapablon paroli kaj skribi ĝin spontanee, senti ĝin natura. Estis dum tiu ĉi stadio, ke li jam provis kaj rejetis multajn ideojn, kiujn diletantaj reformuloj poste proponis, kaj kiuj plurfoje reaperis en aliaj abortaj lingvoprojektoj. Dum li tiel laboris super sia lingvoprojekto, li ankaŭ persistis en siaj studoj pri medicino.

Sed, dum Ludoviko Zamenhof tiel sindediĉe laboris kun la duobla celo de sinpreparado helpi suferantajn homajn korpojn kaj por interkomprenigi diversgentajn homajn korojn, homoj de mala speco subpremis kaj teroris. Ekde la morto, pro bombo de nihilisto, de la caro Aleksandro II-a, je la 13a de marto 1881 – ĝuste tiam, kiam la caro pretigis projektojn por nova pli liberala konstitucio – kaj la cariĝo de Aleksandro III-a, venis periodo de reakciemo kaj subpremado. La registaro persekutis intelektulojn; la polico konstante spionadis studentojn, kiuj, pro tute bagatelaj 'politikaj krimoj', povis ekziliĝi, monpuniĝi aŭ iri en karceron – post proceso aŭ sen proceso, kaj eble, post tia puno, daŭre suferi pro malpermeso studi en iu ajn rusa universitato aŭ alia klerigejo. Oni povis ankaŭ ordoni al ili resti dumvive en la naskiĝloko, kiu, laŭ rusa leĝo, estis la vera 'loĝloko'. Ne estis do absurde, ke Marko timis pro sia filo, kies celo estis neordinara kaj progresiga.

La carista registaro penis inciti la popolamason, pretekstante religion, patriotismon kaj respekton al la caro, la 'Patreto', kontraŭ la judoj kaj la studentoj. En Pollando ne eblis instigi la polojn ataki la studentojn, kiujn oni ligis kun pola iredentismo; sed estis eble stimuli antisemitismon.

Fakte la mortigintoj de Aleksandro II-a ne estis judoj; sed onidiro, ke judoj rolis en tiu komploto, traflugis la imperion.

Epoko de pogromoj komenciĝis. Beste kruelaj antisemitaj tumultoj okazis en 166 urboj de la imperio en 1881.

Je la 25a de decembro, dum la kristanoj de Varsovio estis en la preĝejoj, iu faris stultan trompŝercon, sonigante incendialarmon en eksterurba katolika preĝejo. Paniko rezultis, kaj en la prema amaskonfuzo ĉe la pordo de la preĝejo dudek mortis, multaj aliaj vundiĝis. Kelkaj kanajloj ekster la preĝejo akuzis la judojn; kaj laŭ tiu ĉi preteksto multaj el la plej krimulaj homoj en Varsovio kuradis kaj tumultis sur la stratoj por ataki la judojn. La Zamenhof-familio, same kiel multaj aliaj, devis rifuĝi en la kelon. Rozalia Zamenhof tenis dujaran bebon en la brakoj, dum ŝi penis kvietigi etajn Leonon kaj Aleksandron; ŝi antaŭvidis abomenan sorton ebla por la junaj filinoj; kaj tiujn horojn ankaŭ travivis Ludoviko Zamenhof, ekde la dimanĉa mateno ĝis proksimume la tagmezo marda.

En Varsovio loĝis sufiĉe da rusaj policanoj kaj soldatoj, por tuj facile kaj firme ĉesigi la tumultojn – sed tiaj ne estis iliaj instrukcioj ... La solaj protektoj de la judoj en tiu plenega Nalevki-kvartalo estis kelkaj fortikaj judaj portistoj, kiuj batalis tiel kuraĝe kontraŭ la fiuloj, ke ili plejparte savis tiun kvartalon. Kiam la pogromo estis finita, kaj la timelĉerpitaj judaj familioj kuraĝis denove aperi el keloj kaj subtegmentoj, ili eksciis, ke dek du judoj estis murditaj (unu per ŝtonumado); proksimume dudek kvar estis grave vunditaj; la kanajloj seksperfortis multajn judinojn; kaj 1.500 judaj hejmoj kaj butikoj estis detruitaj.

La hejma vivo de Lazaro Ludoviko ne tre stimulis judan naciismon: la patro estis asimiliĝisto kaj servis la rusan registaron; la pieco de la patrino emfazis karitaton kaj homfratecon pli ol la ekskluzivajn aspektojn de hebreismo. Tamen, la judoj el la litvaj provincoj, la tielnomitaj *litvakoj* [8], estis senhejma, soleca popolo. Dum la vere polaj judoj simpatiis kun pola kulturo kaj pola patriotismo, la litvakoj parolis ruse, inklinis kulture al Rusujo kaj sentis sin fremdaj al la pola iredentismo kaj tradicia pola kulturo. Ili ofte eĉ sentis, ke la poljudan patriotismon malbonfaras al la ĝeneralaj interesoj de la ruslanda judaro. Ilia prononcado de la hebrea kaj la juda havis apartajn trajtojn; ekzemple, oni ofte ŝercis pri ilia intermiksado de la sonoj *s* kaj *ŝ* [9]. Ili ĝenerale pli emis al modernismaj, raciecaj konceptoj, ol la pli mistikismaj polaj judoj, kaj fondis la modernan hebrean literaturon.

Tamen, la lojaleco de la litvakoj al la carista registaro ne savis ilin. La caristaj registaroj ja utiligis ilin kontraŭ la poloj, sed ankaŭ utiligis ilin kiel propekajn kaprojn, laŭ la taktiko de tiu intenca stimulado de rasaj konfliktoj, kiu faciligis la subpremadon. Ŝajnis, ke la sola ebla elirvojo por la malfeliĉaj litvakoj estis reala eliro el la lando. Jam en 1881, en Moskvo, L. L. Zamenhof kunvokis dek kvin studentojn kaj kune kun ili fondis etan hebrean organizon, kiu diskutis la eblojn krei hebrean kolonion en iu alia parto de la mondo.

Post la ŝoko de la pogromo, li turnis sin multe pli al la suferoj de sia propra popolo, kaj dum kelka tempo estis fervora cionisto. Estis probable li, kiu, kiel varsovia raportisto por la

---

8 Laŭ la pola kaj jida vortoj.
9 Zamenhof mem iom intermiksis tiujn sonojn, eĉ en Esperanto.

rusjuda gazeto *Rassvjet*, skribis kuraĝan leteron, kiu aperis en la kvindekunua numero tiujare: li ne nur priskribis la kruelaĵojn, sed protestis pri la sinteno de la policanoj kaj soldatoj.

Ĝenerale du skoloj troviĝis inter la judoj, kiuj antaŭvidante epokon de persekutoj, volis elmigri. La 'cionistoj' volis migri al Palestino, la tradicia 'Promesita Lando'; la 'amerika' grupo volis iri al ankoraŭ ne koloniigita regiono en Usono. Migremaj rifuĝintoj jam kolektiĝis ĉe la aŭstra landlimo. Ludoviko Zamenhof mem partoprenis kelkajn tiujn urĝajn diskutojn inter la kleraj judoj de Varsovio. La judaj verkistoj Simon Dubnov ('amerikano') kaj Moses Leib Lilienblum ('cionisto') verkis artikolojn por *Rassvjet*. En la sama gazeto, n-roj 2, 3, 4 kaj 5, frue en 1882, aperis longa artikolo, *Kion ni devus fari?*, kun la subskribo 'Gamzefon' – anagramo de la rusa formo de Zamenhof.

La opinioj, kiujn Zamenhof esprimis en tiuj ĉi artikoloj, estis tre karakterizaj por lia tuta pensmaniero. Li verkis emocie pri la suferoj de judoj en la Rusa Imperio; li forĵetis la ideon de asimiliĝo, pri kiu oni ne plu rajtis esperi; kaj li aprobis la naciistan projekton pri amasa elmigrado. Tiel parolis la sanganta koro; sed la kapo restis malvarma por konsideri la praktikajn eblojn.

Li vidis, ke Palestino ne taŭgas, malgraŭ la juda sopirado al lando iam propra. Palestino apartenis al la turkoj, kiuj ne rezignus pri ĝi; ĝi estis lando iom primitiva; en ĝi jam troviĝis gravaj sanktejoj de kristanoj kaj islamanoj kaj tial ĝi estis lando de religia fanatikismo; la deziro de multaj judoj rekonstrui tie la salomonan Templon kaj eĉ oferkulti laŭ la malnovaj tradicioj provokus novan ondon de sangavida fanatikismo. Laŭ Zamenhof, se Palestino prezentus la solan eblan solvon al la problemo de la turmentita juda popolo, la judoj rajtus kaj devus eĉ batali pro tiu teritorio. Sed ĝi ne estis la sola solvo; kaj en Palestino la judoj ne estus vere sekuraj.

Se, male, la juda popolo laboregus, kolektus grandan kapitalon kaj per ĝi aĉetus grandan teritorion en tiam neloĝata regiono de Usono – kie, tiutempe, terspaco estis ja aĉetebla – la rifuĝintoj povus koncentriĝi sur tiu teritorio kaj fondi novan komunumon, ekzemple en la regiono de Mississippi. Ili provizore obeus al la usona federacia registaro, sed, laŭ la konstitucio de Usono, rajtus poste peti normalan ŝtatecon, kaj la juda ŝtato povus aniĝi al la federacio. En Usono la judoj ne minacus la interesojn aŭ forprenus la terposedaĵon de iu ajn alia; la lando havas demokratan tradicion kaj la judoj estus sekuraj.

Oni povus imagi, ke eble kelkaj tre tragikaj epizodoj mankus en la homa historio, se la ideo de Zamenhof estus venkinta, kvankam tiajn aferojn oni neniam povas pricerti. Eble ĝia modereco kaj maltradiciema realismo malrekomendis tiun planon al la majoritato! La artikolo de Zamenhof vekis multan intereson, kaj komentojn laŭdajn aŭ malaprobajn.

Dum mallonga tempo la juna Zamenhof estis la gvidanto de studrondo por la litvakaj studentoj en Moskvo. En la 13a numero de *Rassvjet* aperis nova kaj tre malsimila artikolo super la nomo *Gamzefon*. Zamenhof nun diris ke, ĉar la 'cionistoj' kaj la 'amerikanoj' ambaŭ deziras reiri al agrikulturo kiel la ĉefa juda profesio, ili ne perdu sian energion per konfliktoj. Tial li subtenis la cionistojn. Tiu ĉi artikolo estis preskaŭ la fino de diskutoj pri la 'amerikaj' proponoj. Zamenhof helpis fondi inter la hebrea junularo en Varsovio la societon *Ĥibat Cion*, kies celo estis helpi judojn reiri al la 'Lando Promesita'; kaj dum jaroj li tre aktivis en tiu movado, kiu akiris filiojn en aliaj polaj kaj rusaj urboj.

Peza organiza laboro dum periodo de peza faka studado ĉiuokaze postulas grandan oferemon; en la Rusa Imperio de 1882 ĝi postulis ankaŭ personan kuraĝon. La organiza laboro, kiun Zamenhof faris, estis fakte kontraŭleĝa: oni ne rajtis sendi kolektitan monon el la Rusa Imperio, sed Zamenhof kolektis mondonacojn por la elmigrada projekto; ordigis la liston de donacintoj; sendis la monon al D-ro A. Salvendi, bavaruja rabeno; kaj faris la tutan ruzan skriblaboron por ŝajnigi, ke la kolektoj estas individuaj donacoj (laŭleĝaj), tiel lerte, ke li kontentigus eventualan enketanton. La organizantoj kunvenis ĉiam kaŝe, ĉiufoje en alia domo. Estis Zamenhof mem, kiu ellaboris la statutojn de *Ĥibat Cion*, hektografis cirkulerojn, organizis la kunvenojn, koncertojn kaj balojn kaj starigis hebrean bibliotekon.

Zamenhof certe plenkonsciis pri la riskoj de tiu ĉi duonkonspira agado; kaj ĉio sugestis, ke la registaro planis novajn antisemitajn farojn. En majo 1882 la fifamaj novaj 'Majaj Leĝoj' de la Ministro de Internaj Aferoj, Ignatjev, vekis protestojn en preskaŭ ĉiuj civilizitaj landoj. La rajto de judoj ekloĝi ekster la 'Loĝlando' subite mallarĝiĝis. Miloj da judoj estis forpelitaj el la teritorioj ekster la Loĝlando; burokratismo kaj intenca krueleco plipezigis iliajn suferojn. Ekzemple, judoj grave malsanaj devis transloĝiĝi, sen tempo por resaniĝi; judoj, kiuj forestis dum nur kelkaj tagoj, pro siaj aferoj, estis dekalkulitaj de la registro pri loĝantoj. Maljustaj kaj sadismaj epizodoj ofte okazis.

En la Loĝlando mem, la subita densiĝo de la loĝantaro kaŭzis senlaborecon, pli severan pro samtempa ekonomia krizo; malpureco en troplenaj domoj kaŭzis epidemiojn; burokratoj ĉantaĝis kaj multaj judoj, senesperiĝinte pri honestaj vivrimedoj, tiutempe degeneris al krimoj, trompaferoj aŭ virinperado. Aliflanke: kvankam judo, kiu konvertiĝis al la rusa eklezio, ricevis rekompence tujan liberiĝon de ĉiuj kontraŭjudaj leĝoj kaj reguloj; allogan monsumon; eksedziĝon, se la edzino volis resti hebreino, kaj protekton kontraŭ proceso de hebreo eĉ pro realaj ŝuldoj – tamen nur 1.300 judoj, el kvin milionoj, tiutempe konvertiĝis.

Baldaŭ la tutmonda indigno tiel fortiĝis, ke Ignatjev perdis sian postenon kaj oni aplikis la Majajn Leĝojn nur sporade; sed judo neniam povis senti sin sekura; kaj dum 1889-1890 la leĝoj iĝis eĉ pli premegaj.

En tia atmosfero, en junio 1882, Ludoviko Zamenhof, en sia studenta uniformo, ĉeestis la fondkunvenon de pli ampleksa movado *Ĥibat Cion* en Varsovio; la junuloj, kiuj faris la unuajn laborojn, nun volis la helpon de la plenaĝuloj. Post monato li ĉeestis duan kunvenon. Li ankaŭ gvidis studentan cionistan societon, kaj dum kelka tempo penadis unuigi la tri societojn: en aŭgusto 1883 li kaj liaj samideanoj sukcesis: tiam Zamenhof iĝis estrarano en la rapide kreskanta nova societo. La leganto bone memoru, ke ĉiu tia kunveno, al kiu Zamenhof iris, estis kontraŭleĝa, kaŝita, danĝera. Dum la sama epoko li verkadis artikolojn sub la nomo 'Gofzamen' por *Hacefira*; li verkis ankaŭ rusajn kaj jidajn poemojn pri cionistaj sopiroj. Li eklaboris super detala jida gramatiko.

Li daŭrigis sian laboron por *Ĥibat Cion* ĝis 1887, sed tiu ĉi laboro ne deflankigis lin de lia sopiro al la interfratigo de la homaro aŭ de lia projekto pri internacia lingvo. Li laboradis: super medicinaj libroj, super la dokumentoj de *Ĥibat Cion*, super la kajeroj de la nova lingvo. La neniam fortika korpo suferis pro trolaborado kaj malbonaj vivkondiĉoj. Lia koro estis malforta. Sed samtempe tiu rapide maljuniĝanta junulo ekpripensis alian idealon: universalan religion. Li jam komprenis, ke universala lingvo ne faligos ĉiujn barilojn inter homaj grupoj. Li celis ne la detruon de ekzistantaj religioj, sed ian unuigan formulon, kiu faciligus intersektajn rilatojn. Tiam tiu ideo restis nebuleca; sed post kelkaj jaroj li revenis al la afero.

En januaro 1885, Zamenhof doktoriĝis kaj estis libera praktiki sian profesion; kiel kvalifikita kuracisto, li ankaŭ liberiĝis de kelkaj el la plej kruelaj kontraŭjudaj leĝoj. Antaŭ li povus esti bona kariero, adekvata enspezado. Li estis dudekkvinjara; sed jam la rufa hararo multe maldensiĝis kaj la griz-bluaj okuloj montris grandan lacecon.

Li eklaboris kiel kuracisto en Vejseje (litove: Veisejai), Litovujo, malgranda urbo proksimume 160 kilometrojn norde de

Bjalistoko. Tie jam loĝis la edzo de lia fratino Fania, Aleksandro Pikover, iama studkamarado moskva de Ludoviko; li dum tempo laboris tie kiel apotekisto, sed, iom post la doktoriĝo de Ludoviko, grave malsaniĝis pro ia cerba malsano kaj tute ne kapablis labori. Fania urĝe petis la helpon de sia frato: Ludoviko en februaro vojaĝis al Vejseje, ekloĝis ĉe la fratino kaj ekprofesiis.

En tiu urbeto troviĝis diversaj belaĵoj, kiuj eble iom trankviligis lin post la angoroj de la antaŭaj jaroj. Ĝi estis izolita inter multaj lagoj, riveretoj kaj arbaroj. Brunaj ursoj, uroj, cervoj, lupoj kaj aproj ankoraŭ vagadis en la arbaroj. Antikva palaco kaj agrabla parko troviĝis en la urbo mem. Post la troplena juda kvartalo de Varsovio, tiu pura odoro de pinarboj, tiuj benaj soleco kaj kvieto, kiujn oni povis ĝui sur lago, en remboateto, tiu abunda verdo por lacegaj miopaj okuloj certe estis sanigaj kaj ĝojigaj. Agrabla soleco kaj senhoma kvieto estis ja luksaĵoj, kiujn Zamenhof apenaŭ spertis dum sia tuta antaŭa vivo.

Sed aliaj vivkondiĉoj estis malpli agrablaj; kaj ne temis nur pri la malfeliĉa situacio de Fania. La kamparanoj de Vejseje estis primitivaj, kaj Zamenhof havis senskrupulan rivalon: iun Kuklianski, specon de kampara sorĉkuracisto, tre malkleran, kiu faris ĉion eblan, por ke la kamparanoj ne fidu al pli modernaj kuracistaj metodoj. Tial nur la plej instruitaj homoj de la regiono vizitis D-ron Zamenhof: bienposedantoj kaj pastroj.

Tamen, havante nun ian vivrimedon, li povis kelkfoje ekskurseti, ekzemple al Kovno, per unu el la malgrandaj duĉevalaj ĉaroj de la regiono; kaj lia situacio multe pliboniĝis pro epizodo oka-

zinta unu tagon dum lia reveno el Kovno. Haltigis lian ĉaron, en
vilaĝo, kamparanino, kiu kvazaŭ freneze plorlamentis; ŝi petegis,
ke li vizitu ŝian mortantan infanon. D-ro Zamenhof rapidis al la
mizera kabano, kaj tie trovis knabineton, jam senkonscian. Li
esploris la korpeton, dum la patrino klarigis, ke la infano sufokiĝis
pro tusado kaj Kuklianski trinkigis al ŝi ian aĉan dekoktaĵon. La
knabino estis venenita. Zamenhof demetis la jakon kaj labore-
gis super tiu kompatinda eta korpo dum tri horoj, ĝis finfine,
ŝvittrempite, kun tamburanta koro, li povis eksidi kaj diri, ke la
knabineto resaniĝos. La mizero de la hejmo tiel kortuŝis lin, ke li
rifuzis akcepti honorarion; male, li donacis al la patrino rublon
por aĉeti bonan medikamenton.

Tiu ĉi epizodo estis decida en la lukto kontraŭ la sorĉkuracisto.
La dankema patrino multe parolis; baldaŭ la famo de la bona
nova kuracisto diskoniĝis tra la tuta regiono. Ekde tiam li havis
abundan pacientaron kaj sufiĉe bonan enspezon. Li iom malgran-
digis sian propran enspezon per sia kutimo rifuzi pagon de la plej
malriĉaj kamparanoj; kaj, kiam li vizitis riĉan bienulon, li ofte
petis donacon por helpi al iu malriĉulo. Multajn jarojn post lia
morto, kelkaj maljunuloj en Vejseje, kiuj sciis nenion pri la inter-
nacia lingvo, tuj rekonis lian nomon kaj parolis al intervjuanto
pri 'la bona kuracisto, tiu kun la ruĝa barbo'.

Li montris sin praktike kompatema, preskaŭ ekscese, se tio
eblas. Iam oni venigis lin al infanoj grave brulvunditaj; incendio
detruis la patran domon kaj preskaŭ la tutan familian havaĵon.
D-ro Zamenhof donacis al tiu patro sian tutan tiaman monprovi-

zon, kaj forgesis rezervi ion por la ĉaretisto de la hejmvojaĝo; li devis pruntopreni sian vojaĝkoston de riĉa bienulo. Alian tagon, dum li vojaĝis de Vejseje al Kovno, elĉerpita ĉevalo mortis en la koto; la ĉaretisto, perdinte sian vivrimedon, ekploregis. D-ro Zamenhof konsolis lin per kvindek rubloj por aĉeti novan ĉevalon.

Kvankam lia profesia kompetenteco kaj tiu bonkoreco gajnis por li belan reputacion – eĉ la plej kompetenta kuracisto ofte malsukcesas; kaj Zamenhof estis tiel sentema pri la suferoj de aliaj, ke tiaj malvenkoj terure suferigis lin. Ekzemple, li estis unu el kvar kuracistoj, kiujn riĉa familio venigis al maljunulino dum ŝia lasta malsano. Kiam ŝi mortis, D-ro Zamenhof rifuzis la bonegan honorarion proponitan. Sed la mortolito, kies kortuŝo decidigis lin pri nova kariero, estis tiu de infano.

Patrino venigis lin al knabineto, kiu febregis pro malario, malsano ofta en tiu regiono, kie moskitoj abundis ĉe la multaj lagoj. Sed tro malfrue ŝi venigis kuraciston; la tiam konataj rimedoj ne sufiĉis; la juna sango estis tro venenita. D-ro Zamenhof devis rigardi la agonion de la knabineto; tuj post la fino, la patrino freneziĝis pro doloro. Malgraŭ la provoj de la kuracisto kvietigi ŝin, tiu frakasita patrino ploregis kaj kriegadis dum horoj, nekonsolebla. Tiuj kriegoj obsedis lian memoron dum pluraj semajnoj.

Li devis konkludi, ke lia temperamento ne taŭgas por la vivo de ĝenerala kuracisto; ke li estas tro sentema kaj liaj nervoj ne eltenos. Li decidis specialiĝi pri ia medicina fako, kiu ne devigos al li ĉeesti tiajn tragediojn. Influite eble per tiu sama kompensemo, kiun oni trovis ĉe kelkaj eminentaj pentristoj, kies vido estis nenormala, aŭ ĉe atletoj kaj dancistoj, kiuj iam havis poliomjeliton, Zamenhof, tiel miopa, ke li neniam demetis siajn okulvitrojn inter homoj, volis iĝi okulisto.

Ŝajnas, ke li iomete studis tiun ĉi fakon en la hebrea hospitalo en Varsovio, ekde majo ĝis novembro 1885; tie li studis sub la gvidado de la eminenta pol-juda oftalmologo Zygmunt Kramsztyk, renoma pro sciencaj esploroj, studoj pri socia medicino kaj amatoraj beletristikaj studoj. Tamen, li ŝparis sufiĉon en Vejseje, por ebligi al si viziton al Vieno en majo 1886; tie li loĝis en la hotelo Hammerand kaj vizitadis specialan kurson pri oftalmologio.

Oni kredas, ke la kreado de la internacia lingvo trairis sian lastan stadion en Vejseje. Post la tagaj laboroj, li pasigis multajn noktajn horojn ĉe skribotablo, laborante super la lingvo, uzante kilogramon kaj duonon da kandeloj dum semajno. Kelkfoje, kiam li sentis sin tre laca, li remis sur trankvila lago en boateto, forigante la malario-moskitojn per multaj cigaredoj, meditante pri la problemo de malamo kaj miskompreno, pensante pri la nova lingvo, kiun li donos al la mondo.

VIVKUNULINO

Iam dum tiu epoko, Zamenhof aŭdis, je la unua fojo, pri antaŭa provo krei internacian lingvon; pri Volapük, kreitaĵo de ĝermana katolika pastro, Martin Schleyer, bonega poligloto, kiu scipovis pli ol kvindek lingvojn. Schleyer estis intelekte brila; kaj jam en 1884, kvar jarojn post sia unua apero, Volapük ĝuis ian relativan sukceson. Zamenhof tuj demandis al si, ĉu li devas do rezigni pri sia propra projekto kaj helpi la jam ŝajne progresantan. Li ekstudis Volapükon, sed baldaŭ decidis, ke tia lingvo, kreita el tre mallongigitaj radikoj el vivantaj lingvoj, estas tro malfacila por ne tre kleraj homoj. Ĝia gramatiko inkluzivis kvar kazojn, kaj nenecese malfacilajn tempoformojn ĉe la verbo; la vortprovizo ŝajnis kvazaŭ arbitra, pro tiuj groteskaj mallongigoj. Zamenhof decidis persisti pri sia propra kreitaĵo. Volapük malsukcesis, kaj post kelkaj jaroj estis preskaŭ forgesita, parte pro tiu malfacileco, parte pro internaj kvereloj en la Volapük-Movado kaj pro la tro diktatoreca temperamento de Schleyer mem, kiu volis malpermesi eĉ la plej malgrandan modifon. Bedaŭrinde, dum la frua epoko la malsukceso de Volapük kelkfoje influis homojn kontraŭ Esperanto.

Dum mallonga tempo, en 1887, Zamenhof laboris kiel okulisto ĉe 40 Muranowska Strato, pli distance de la urbocentro ol Nowolipie Strato, sed pli proksima al la bruado de la fervojo. Kaj tiutempe, Zamenhof, ĉe iu kunveno de *Ĥibat Cion*, renkontis belan, tre inteligentan virinon, dudektrijaran, kies hejmo estis en Kovno, sed kiu gastis ĉe fratino en Varsovio. Kelkrilate ŝi similis al Rozalia Zamenhof: ŝi havis grandajn, belajn, esprimplenajn okulojn, densan noktecan hararon, senteman buŝon; pli grave: ŝi estis esence serioza kaj kapablis estimi idealojn, kvankam supraĵe ŝi impresis kiel sprita, verva, gaja kaj memfida. Ŝi kuraĝigis la heziteman Ludovikon rakonti pri siaj altruismaj planoj; ŝi sincere aprobis ilin; post mallonga tempo Ludoviko kaj Klara Zilbernick eksentis grandan amon unu al la alia.

La patro de Klara, Aleksandro Zilbernick, posedis sapfabrikon en Kovno. Kvankam li estis modere prospera, li ne estis vere riĉa, kaj havis naŭ infanojn. Li mem laboradis en la propra fabriko ĝis sia sepdekkvara vivojaro! Tute racia estis ia dubemo, kiam Klara konfidis al li, ke ŝi deziras edziniĝi al junulo malriĉa, tre idealisma kaj relative indiferenta al mono; sed io en Ludoviko Zamenhof vekis lian estimon kaj fidon. Serioze parolante kun Klara iom antaŭ la geedziĝo, li diris: 'Geniulo estas via Ludoviko; filineto mia, vi havos sanktan taskon'.

Klara kaj Ludoviko multe diskutis siajn planojn, kaj kiam ili gefianĉiĝis je la 30a de marto 1887, ili estis jam dediĉitaj al interkonsentita komuna celo. Aleksandro Zilbernick kaj Klara jam estis pretaj elspezi grandan parton de la doto de Klara por eldoni la unuan libron pri la nova lingvo, kaj disponigi al Ludoviko tiun ĉi kapitalon eĉ antaŭ la geedziga ceremonio. Bela kaj meritita fido.

Eĉ kun malgranda kapitalo, eldoni libron en la Rusa Imperio ne estis facila afero. Zamenhof devis trovi presiston, kiu presos libron parte en lingvo nekonata, kiu speciale mendos supersignojn, kiuj ne troviĝas en la pola aŭ rusa lingvoj; kaj, multe pli malfacile, li devis ricevi permeson de la cenzuro. Kompreneble, neniu cenzuristo ekzistis, kiu kapablus legi la novan lingvon, escepte de Marko Zamenhof – kiu estis cenzuristo por libroj nur hebreaj kaj jidaj, ne rusaj. Zamenhof decidis presigi la libron unue en la rusa, ĉar oni donis permeson pri rusaj libroj pli facile; sekvanta libro en alia lingvo ricevos permeson pli probable, se ruslingva eldono jam aperis; kaj la carista registaro iom favoris la presadon de rusaj libroj en la polaj gubernioj. Ekde la mortigo de Aleksandro II-a, la cenzuro iĝis multe pli severa. Tamen Marko Zamenhof finfine solvis la problemon: li persvadis sian amikon A. Lagodovski, la tiaman cenzuriston por rusaj libroj en Varsovio, permesi la libreton kiel nur sendanĝeran etan kuriozaĵon.

La cenzuro estis duobla: unue la cenzuristo devis legi la manuskripton kaj permesi presadon; poste li devis tralegi la presprovaĵojn kaj permesi la disvendadon! Kompreneble tia sistemo malfruigas librojn kaj ĝenis verkistojn. La presprovaĵoj de tiu unua libro de Zamenhof kuŝadis dum du monatoj ĉe la cenzuristo. Sed, dank' al la helpo de Lagodovski, permeso presi la libron venis je la 2a de junio 1887[10], kaj permeso disvendi ĝin venis je la 26a de julio.

Ne nur Ludoviko Zamenhof sed liaj fratoj devis sub la sama nomo gajni sian panon, kaj ĉar preskaŭ ĉiuj pioniroj suferas pro akuzoj pri malsaĝo, Zamenhof, por ŝirmi sin kaj la familianojn en la profesiaj vivoj, eldonis la unuan libron sub la kaŝnomo D-ro Esperanto. La lingvon mem li tiutempe volis nomi simple Lingvo Internacia; sed la aŭtoro estis 'doktoro, kiu esperas'.[11]

Iomete antaŭ la apero de la libro, Ludoviko kaj Klara geedziĝis, je la 9a de aŭgusto, kaj ekloĝis en malgranda apartamento, 9 Przejazd Strato. La gaja vervo de Klara helpis la modestan edzon al pli granda memfido; kaj ŝi estis preta dediĉi sin tute al lia idealo, eĉ fari por li multan sekretarian laboron.

Kia feliĉo povus esti pli reala, ol la feliĉo de du junaj geedzoj, kiuj arde amas unu la alian kaj interkonsentis pri komuna strebado al komuna altruisma celo? Oni kredas, ke Ludoviko kaj Klara estis tiam, kaj restis ĝis la morto, modela paro.

Ofte la judoj en Grodno simpatiis kun la naciaj aspiroj de la poloj, kontraste al la judoj en Varsovio; post la geedziĝo, Ludoviko

---

10   En la libro mem oni trovos la daton '21an de majo', laŭ la rusa malnova stilo.

11   N. Z. Maimon klarigas, ke la pseŭdonimo ne nur esprimas la modestan optimismon de Zamenhof, sed ankaŭ aludas lian familian nomon; la -*hof* en Zamenhof estis prononcata kvazaŭ ĝi estus -*hoff*, kun mallonga vokalo, kaj tio sugestas la germanan vorton *hoffen* 'esperi'. Zamenhof ja iom ŝatis anagramajn pseŭdonimojn.

multe pli parolis pole, kaj eble la pola estis pli uzata ol la rusa kiel ilia hejma lingvo. Sed oni scias certe, ke, kiam cirkonstancoj disigis dum tempo la geedzojn, ili korespondis nek ruse, nek pole, sed interŝanĝis la unuajn amleterojn en la nova lingvo internacia.

Klara komencis sian longan karieron de sindediĉo, pakante por dissendado la ekzemplerojn de la nova libro, kun la titolo (originale en la rusa):

Dro ESPERANTO | INTERNACIA | LINGVO | ANTAŬPAROLO | KAJ | PLENA LERNOLIBRO | Por Rusoj | Por ke lingvo estu tutmonda, ne | sufiĉas nomi ĝin tia. | Prezo 15 kopekoj. | VARSOVIO. | Tipo-Litografejo de Ch. Kelter, str. Novolipje No. 11 | 1887

La libro konsistis el nur kvardek paĝoj, krom faldita folio, sur kiu oni trovis malgrandan sed utilan rusan-esperantan vortaron. Sur la kvardek paĝojn Zamenhof sukcesis meti ne nur la tutan esencan gramatikon de la internacia lingvo, sed longan antaŭparolon, ses specimenojn de la lingvo kaj ok deŝireblajn 'promes-slipojn'.

La antaŭparolo unue petis la leganton forĵeti antaŭjuĝojn kaj konsideri la aferon 'serioze kaj kritike'. Poste ĝi indikis, ĉiam per moderaj, modestaj, raciaj vortoj, la videblajn malavantaĝojn de lingvaj bariloj:

'Devigataj dividi nian tempon inter diversaj lingvoj, ni ne havas la eblon dece fordoni nin eĉ al unu el ili, kaj tial de unu flanko tre malofte iu el ni posedas perfekte eĉ sian patran lingvon, kaj de la dua flanko la lingvoj mem ne povas dece ellaboriĝi, kaj, parolante en nia patra lingvo, ni ofte estas devigataj aŭ preni vortojn kaj esprimojn de fremdaj popoloj, aŭ esprimi nin neprecize kaj eĉ pensi lame dank' al la nesufiĉeco de la lingvo. Alia afero estus, se ĉiu el ni havus nur du lingvojn – tiam ni pli bone ilin posedus, kaj tiuj ĉi lingvoj mem povus pli ellaboriĝadi kaj perfektiĝadi kaj starus multe pli alte, ol ĉiu el ili staras nun. Kaj la lingvo ja estas la ĉefa motoro de la civilizacio: dank' al la lingvo ni tiel altiĝis super la bestoj, kaj ju pli alte staras la lingvo, des pli rapide progresas la popolo.'

De tiu kultura argumento, Zamenhof turnis sin al pli emocia temo, al tiu intergenta malamo, kiu suferigis lin dum la tuta vivo: 'La diferenco de la lingvoj prezentas la esencon de la diferenco kaj reciproka malamikeco de la nacioj, ĉar tio ĉi antaŭ ĉio falas en la okulojn ĉe renkonto de homoj: la homoj ne komprenas unu la alian kaj tial ili tenas sin fremde unu kontraŭ la alia. Renkontiĝante kun homoj, ni ne demandas, kiajn politikajn konvinkojn ili havas, sur kiu parto de la tera globo ili naskiĝis, kie loĝis iliaj prapatroj antaŭ kelke da miljaroj: sed tiuj ĉi homoj ekparolas, kaj ĉiu sono de ilia parolo memorigas nin, ke ili estas fremdaj por ni. Kiu unufoje provis loĝi en urbo, en kiu loĝas homoj de diversaj reciproke batalantaj nacioj, tiu eksentis sendube, kian grandegan utilon alportus al la homaro lingvo internacia, kiu, *ne entrudiĝante en la doman vivon de la popoloj,* povus, almenaŭ en landoj kun diverslingva loĝantaro, esti lingvo regna kaj societa.'

Tiu ĉi parto de la antaŭparolo finiĝis, kun karakteriza modesteco:

'Al la afero, kiun mi nun proponas al la leganta publiko, mi oferis miajn plej bonajn jarojn: mi esperas, ke ankaŭ la leganto, pro la graveco de la afero, volonte oferos al ĝi iom da pacienco kaj atente tralegos la nun proponatan broŝuron ĝis la fino.'

Li klarigis, ke lingvo ne estas 'internacia' nur ĉar iu nomas ĝin tia, kaj daŭrigis:

'La demando pri lingvo internacia okupadis min jam longe; sed sentante min nek pli talenta, nek pli energia, ol la aŭtoroj de ĉiuj senfrukte pereintaj provoj, mi longan tempon limigadis min nur per revado kaj nevola meditado super tiu ĉi afero. Sed kelke da feliĉaj ideoj, kiuj aperis kiel frukto de tiu ĉi nevola meditado, kuraĝigis min por plua laborado kaj igis min ekprovi, ĉu ne prosperos al mi sisteme venki ĉiujn barojn por la kreo kaj enkonduko en uzadon de racia lingvo internacia. Ŝajnas al mi, ke tiu ĉi afero iom prosperis al mi, kaj tiun ĉi frukton de longtempaj persistaj laboroj mi proponas nun al la prijuĝo de la leganta mondo.'

Li ja estus povinta diri multe pli pri la multjara penado, la ofero de sia juneco, la turmentoj de izoleco; sed li komprenis la valoron de maltroigo. Li koncize klarigis la ĉefajn problemojn: la lingvo devas esti tre facila; ĝi 'jam de la komenco mem kaj dank' al sia propra konstruo povu servi kiel efektiva rimedo por internaciaj komunikiĝoj'; kaj oni devos venki la indiferentecon de la mondo. Li ankaŭ petis la leganton 'ne preni tro facile miajn rimedojn de solvo sole nur tial, ĉar ili aperos al li eble tro simplaj. Mi petas tion ĉi tial, ĉar mi scias la inklinon de la plimulto da homoj rigardi aferon kun des pli da estimego, ju pli ĝi estas komplikita, ampleksa kaj malfacile-digestebla [...] ĝuste la atingo de tiu ĉi simpleco kaj mallongeco, la alkonduko de ĉiu objekto el la formoj komplikitaj, el kiuj ili naskiĝis, al la formoj plej facilaj – prezentis la plej malfacilan parton de la laboro.'

Zamenhof asertis, ke oni povos lerni la gramatikon dum unu horo. Tio estas, verŝajne, vera por leganto, kiu jam havas iajn minimumajn lingvosenton kaj lingvoscion ĝeneralajn – kiu, ekzemple, jam konas la gramatikajn konceptojn kaj terminojn. Komprenble oni ne povas dum horo akiri adekvatan vortprovizon, ellerni la detalan aplikadon de la reguloj aŭ perfektigi internacian stilon. Tion Zamenhof neniam pretendis.

Li klarigis, en la Unua Libro, la uzon de afiksoj; li donis la dekses regulojn, kiujn ĉiu esperantisto konas. Ĉe tiu ĉi stadio en la historio de la lingvo, li ĉiam apartigis la radikon de la finaĵo aŭ de afiksoj per streketo, por ke la leganto pli facile komprenu la strukturon de la lingvo:

En sonĝ,o princ,in,o,n mi vid,is ...

La prezentitaj specimenoj de la nova lingvo estis: la *Patro Nia*; kelkaj frazoj el *Genezo*; modela letero; kaj plej forta pruvo pri la plena vivkapablo de la lingvo, tri poemoj. Ekde la komenco Zamenhof deziris, ke la lingvo taŭgu por poezio, kaj rifuzis kontentiĝi, ĝis liaj eksperimentoj konvinkis lin pri sukceso. La unua poemo estis *Mia Penso*, simpla, kortuŝa persona konfeso pri melankoliaj pensoj dum somervespera societa ekskurso. Ni povas rigardi unue la jam cititan faman leteron al Borovko:

'Mi provis iafoje min distri en la societo, sed sentis min ia fremdulo, sopiris kaj foriradis, kaj de tempo al tempo faciligadis mian koron per ia versaĵo en la lingvo, prilaborata de mi. Unu el tiuj ĉi versaĵoj (Mia penso) mi metis poste en la unuan eldonitan de mi broŝuron; sed al la legantoj, kiuj ne sciis, ĉe kiaj cirkonstancoj tiu ĉi versaĵo estis skribita, ĝi ekŝajnis, kompreneble, stranga kaj nekomprenebla.'

Kaj poste la poemon, kiu certe ne estos stranga kaj nekomprenebla al iu, kiu legis pri la fruaj jaroj de Zamenhof:

Sur la kampo, for de l' mondo
Antaŭ nokto de somero,
Amikino en la rondo
Kantas kanton pri l' espero.

Kaj pri vivo detruita
Ŝi rakontas kompatante –
Mia vundo refrapita
Min doloras resangante.

'Ĉu vi dormas? Ho, sinjoro,
Kial tia senmoveco?
Ha, kredeble rememoro
El la kara infaneco?'

Kion diri? Ne ploranta
Povis esti parolado
Kun fraŭlino ripozanta
Post somera promenado!

Mia penso kaj turmento,
Kaj doloroj kaj esperoj!

Kiom de mi en silento
Al vi iris jam oferoj!

Kion havis mi plej karan –
La junecon – mi ploranta
Metis mem sur la altaron
De la devo ordonanta!

Fajron sentas mi interne,
Vivi ankaŭ mi deziras –
Io pelas min eterne,
Se mi al gajuloj iras …

Se ne plaĉas al la sorto
Mia peno kaj laboro –
Venu tuj al mi la morto,
En espero – sen doloro!

La dua poemo estis la jam parte citita traduko el Heine, kaj la tria estis:

Ho, mia kor', ne batu maltrankvile,
El mia brusto nun ne saltu for!
Jam teni min ne povas mi facile,
Ho, mia kor'!

Ho, mia kor'! Post longa laborado
Ĉu mi ne venkos en decida hor'!
Sufiĉe! Trankviliĝu de l' batado,
Ho, mia kor'!

Ekzistas tradicio, ke Zamenhof verkis tiun ĉi po-emeton ĝuste antaŭ la publikigo de la lingvo, kiam li pensis pri la riskoj al sia kariero. Kvankam oni ne rajtus tro sub-legi ĉe banala simbolo de emocio-krizo, la kvazaŭ spasmospira ritmo de la poemo povas pensigi, ke eble Zamenhof jam sentis kelkajn simptomojn de tiu kormalsano, kiu baldaŭ komencis grave malhelpi kaj suferigi lin.

La 'promes-slipoj' devis iri al 'D-ro Esperanto' ĉe la presisto. Ili havis sur unu flanko la vortojn: 'Mi, subskribita, promesas ellerni la proponitan de D-ro Esperanto lingvon internacian, se estos montrita, ke dek milionoj personoj donis publike tian saman promeson' kaj lokon por subskribo; sur la alia flanko estis loko por la nomo kaj adreso. La ideo estis, ke multaj diros: 'Mi lernos la lingvon, kiam multaj aliaj uzos ĝin.' Sed Zamenhof ankaŭ petis, ke ĉiuj, kiuj volos tiel fari, subskribu la slipon 'Senkondiĉe'.

Post tiuj multaj jaroj de pacienca, malfacila laboro, nemezurebla soleco, dolora sekreteco, oferoj kaj malriĉeco, Zamenhof presigis sur la alian flankon de la titolpaĝo:

'Internacia lingvo, simile al ĉiu nacia, estas propraĵo socia, kaj la aŭtoro por ĉiam forcedas ĉiujn personajn rajtojn je ĝi.'

Ludoviko kaj Klara, kun iom da helpo de Felikso, sendis la libreton al librovendejoj, gazetoj kaj ĵurnaloj, kaj diversaj eminentuloj en diversaj landoj. Ĉu ili atendis, ke ĝi tuj kaŭzos grandan sensacion, belan sukceson? Probable ne. Zamenhof havis nek valorajn kontaktojn, nek reputacion de lingvisto. La libreto ne tentis per alloga aspekto. Tamen, respondoj al lia alvoko baldaŭ komencis alveni. Oni sendis demandojn, sugestojn, kondiĉajn promesojn kaj eĉ senkondiĉajn, plej ĝojige, leterojn en la nova lingvo mem. Malgraŭ ĉiuj malhelpoj de carista reakciemo, kelkrilate la epoka etoso favoris internacian lingvon: rusa liberalismo rigardis okcidenten; intelektuloj sopiris al kontaktoj kun la cetera mondo; internaciismaj idealoj malrapide evoluis, ne nur en la Rusa Imperio, sed ĉie en la civilizita mondo.

Ĉiuvespere Klara helpis Ludovikon tralegi la leterojn; ili neniam lasis leteron sen respondo. Ĉiun vendredon ili longe laboris, pakante menditajn librojn por porti ilin sabate al la poŝtoficejo. Tiu ĉi rutino daŭris dum multaj jaroj, sed kun pli kaj pli da libroj kaj leteroj. La laboro estis tre sistema kaj rapida.

Zamenhof mem tradukis la libron en la polan kaj ĝi aperis, samjare, kiel *Język międzynarodowy*. Ankaŭ aperis la franca traduko, *Langue Internationale*. Tiuj ĉi lernolibroj varbis novajn lernantojn kaj helpantojn.

Zamenhof tre ŝatis infanojn kaj iam helpis fondi en Varsovio 'infanĝardenon' laŭ la sistemo de Froebel; tie li ofte vizitis la infanojn. Granda estis lia ĝojo, kiam dum la vintro de 1887 Klara povis konfidi al li, ke ŝi atendas infanon. Li povis ja kun multaj belaj esperoj rigardi la estontecon.

Angla traduko estis bezonata, sed la scipovo de Zamenhof mem ne sufiĉis. Iu, probable iu Julius Steinhaus, faris tradukon katastrofe malbonan, eĉ groteskan, kaj Zamenhof, tro fidante al la tro memfida fuŝinto, pagis la presadon. Feliĉe tiu ĉi fuŝaĵo trafis brilan irlandanon, Richard H. Geoghegan, dudekdujaran, kiu ĵus finis kvarjaran kurson pri filologio ĉe la universitato en Oxford, kaj ricevis universitatan premion pri ĉinlingvaj studoj. Geoghegan, kriplite per akcidento, kiam li estis nur trijara, iĝis elstara lingvisto: poste li faris pioniran studon pri la aleuta lingvo, helpis deĉifri la kalendaron de la majaoj, faris gravajn esplorojn pri la fruaj literaturoj de Hindujo kaj Ĉinujo, kaj iĝis grava aŭtoritatulo pri la frua historio de Alasko. Dum kelkaj aliaj nur mokis la strangaĵon de Steinhaus, Geoghegan, kiu jam sentis intereson pri la ebloj de internacia lingvo, kapablis tamen percepti la valoron de la nova lingvo mem. Li estis la unua angla-parolanto, kiu ellernis Esperanton; li skribis al Zamenhof pri la fuŝtraduko kaj proponis al li pli bonan. Zamenhof faris novan monoferon por eldoni la bonan tradukon, Dr. Esperanto's International Language, kiu aperis en 1889; li ĉesigis la dissendadon de la Steinhaus-traduko, de kiu ŝajne nur tri-kvar ekzempleroj nun ekzistas.

Zamenhof mem tradukis sian libron en la germanan. En Germanujo, Leopold Einstein, ĵurnalisto, kiu jam verkis proksimume ducent artikolojn pri Volapük, subite plenkonvertiĝis al la pli bona lingvo de D-ro Esperanto, ekkorespondis kun Zamenhof kaj iĝis lia bona amiko kaj grava pioniro. Letero, kiun Zamenhof skribis al Einstein iam dum 1888, estas psikologie interesa:

Via demando tuŝante mian personon min mirigas; ĉar en tia afero la personeco de l' iniciatoro estas tute sen signifo, kaj mi volus resti eterne sub pseŭdonimo; sed antaŭ vi mi ne volas esti kaŝita; mi estas kuracisto kaj mi ricevis mian edukon en la universitato de Varsovio. Mia aĝo estas 30 (tridek) jaroj, kaj, se Dio volas, mi energie laboros por mia amata afero ĝis mia morto.

Mi permesas al mi, esprimi la esperon, ke parton de via energio nun vi volos donaci al la 'Lingvo Internacia'.

Ricevu la plej respektan saluton de via humila servanto
ESPERANTO

Ne estis ia falsmodesta pozo, kiam Zamenhof forpuŝis personan gloron; li estis sincere retiriĝema, malegoista, kaj por li festoj, publikaj ceremonioj kaj similaj honoroj estis esence malagrablaj, eĉ iom malbonfaris al tre sentema psiko kaj malfortika korpo.

Demandoj tiel inunde alvenis, ke baldaŭ estis neeble skribi detalan leteron al ĉiu enketanto; Zamenhof decidis eldoni duan libron, suplementan. *Dua Libro de la Lingvo Internacia*, ankoraŭ sub la kaŝnomo 'D-ro Esperanto', ricevis la cenzuran aprobon en januaro 1888. En la antaŭparolo al tiu ĉi libro oni povas senti varman radion de vera feliĉo:

'Elirante ankoraŭ unu fojon antaŭ la estimata publiko, mi sentas la devon antaŭ ĉio danki la legantan publikon por la viva kunsento, kiun ĝi montris por mia afero. La multaj promesoj, kiujn mi ricevis, kaj el kiuj tre granda parto estas subskribita "senkondiĉe", la leteroj kun kuraĝigoj aŭ konsiloj – ĉio tio ĉi montras al mi, ke mia profunda kredo je l' homaro min ne trompis. La bona genio de l' homaro vekiĝis: de ĉiuj flankoj al la laboro ĉiuhoma venas amasoj, kiuj ordinare estas tiel maldiligentaj por ĉia nova afero; junaj kaj maljunaj, viroj kaj virinoj – rapidas porti sian[12] ŝtonon por la granda, grava kaj utilega konstruo. Vivu l' homaro, vivu la frateco de l' popoloj, vivu eterne!'

Tiel ĝojis sentema koro post jaroj de turmenta kaŝado. Za-

---

12 Originala teksto: *ilian.*

menhof intencis eldoni la 'duan libron' kiel serion de pluraj broŝuroj, por ke parto de la materialo estu tuj havebla; la lasta parto devus aperi je la fino de 1888. Li planis provizi stokon de legmaterialo kaj respondi al ĉiuj demandoj pri la lingvo. Poste 'La persono de la aŭtoro tiam tute foriros de la sceno kaj estos forgesita. Ĉu mi post tio ankoraŭ vivos, ĉu mi mortos, ĉu mi konservos la forton de mia korpo kaj animo, ĉu mi ĝin perdos – l' afero tute ne dependas de tio, kiel la sorto de ia vivanta lingvo tute ne dependas de l' sorto de tiu ĉi aŭ tiu persono.'

Li petis kritikojn kaj sugestojn, kaj esperis, ke la tuta lingvo estos en sia definitiva formo antaŭ la jarofino. Li ankaŭ komentis pri diversaj leteroj kaj artikoloj:

'Unuj parolis pri l'aŭtoro, anstataŭ paroli pri l'afero. Ili aŭ ŝutis komplimentojn al la *aŭtoro*, rigardigis, kiom da malfacila laboro kredeble la afero min kostis, kaj, laŭdante la aŭtoron, ili preskaŭ tute forgesis paroli pri l' utileco kaj signifo de l' *afero* kaj decidigi la publikon labori por ĝi; aliaj, ne trovante en mia verko la instruitan miksaĵon kaj la instruita-teorian filozofadon, kiujn ili kutimis renkonti en ĉia grava verko, timis, ke la pseŭdonima aŭtoro eble estas nesufiĉe instruita aŭ ne sufiĉe merita, kaj ili timis esprimi decidan juĝon, pli multe penante malkovri, kiu estas la pseŭdonima aŭtoro. Por igi la kritikistojn tute apartigi la *aferon* de la *aŭtoro*, mi publike diras mem, ke mi ne estas multege instruita lingvisto, ke mi estas tute senmerita kaj ne konata en la mondo. Mi scias, ke mia konfeso malvarmigos multajn por la afero, sed mi volas, ke oni juĝu ne l' aŭtoron, sed la verkon. Se la verko estas bona, prenu ĝin; se ĝi estas malbona – ĵetu ĝin.'

Kelkfoje li komentis acidete pri la plej stultaj kritikintoj; ekzemple, 'anstataŭ provi per ilia propra orelo, ĉu mia lingvo estas bonsona aŭ ne – ili teorie parolis pri leĝoj de bonsoneco'; kelkaj asertis, ke oni neniam ricevos dek milionojn da promesoj, kvazaŭ tio estus la sola kriterio pri sukceso; kelkaj preskaŭ nekredeble stultaj legantoj legis *En sonĝ,o princ,in,on mi vid,is* kiel *Ensonĝ, oprinc, in, o, nmivid, is*, kaj poste parolis pri lingvo 'malbonsona kaj nekomprenebla'. Kaj li povis – same kiel multaj pioniroj – diri iom amare: 'Kelkajn fojojn mi eĉ legis longajn artikolojn pri mia afero, kie estis videble, ke la aŭtoroj eĉ ne vidis mian verkon'. Sed Zamenhof modeste kaj ĝentile dankis siajn inteligentajn, helpemajn kritikintojn. 'Mi scias tre bone, ke la verko de *unu* homo ne povas esti senerara, se tiu homo eĉ estus la plej genia kaj multe pri instruita ol mi.' Li deziris iam konfidi la evoluon de la lingvo al ia respondeca, kompetenta akademio.

Legmaterialo sekvis: fabelo tradukita el Hans Andersen; kelkaj proverboj; tradukita *Kanto de Studentoj*; unu traduko el Heine (kies aŭtoro estis ne Zamenhof sed 'K. D.', kaŝnomo de Leo Belmont).

Fakte, la serio de broŝuroj neniam kompletiĝis. Tiutempe la Amerika Filozofia Societo esploris la eblojn de internacia lingvo. En 1887 ĝi elektis komitaton, kiu studis Volapükon, malaprobis ĝin kaj ellaboris aron da bazaj principoj, kiuj estis esence tiuj, kiuj gvidis Zamenhof. Kiam la Societo sendis al multaj sciencaj societoj cirkuleron proponantan kongreson pri la demando, oni atentigis Zamenhof; li sendis ekzempleron de la *Unua Libro* al la Societo; la sekretario, Henry Phillips, ĝenerale ŝategis ĝin, nomis la lingvon 'la plej simpla kaj la plej racia', kaj proponis nur kvar modifojn.

Ŝajnis, ke, per frua bonŝanco, Zamenhof jam atingis precize tion, kion li deziris: respondeca, estiminda organizo estis jam preta interesiĝi pri lia projekto. Tial lia *Aldono al la Dua Libro*, 1889, klarigis, ke lia deziro pri ia scienca societo plenumiĝis; ke la kvar modifoj, proponitaj de Phillips, estas teorie tre bonaj, sed li jam provis ilin kaj trovis malfacilaĵojn; ke nun la tuta sorto de la internacia lingvo povos resti en la manoj de la venonta kongreso. 'Mia rolo nun estas finita, kaj mia persono tute foriras de la sceno.'

Tamen, kvankam li sentis sin esperoplena kaj feliĉa, li bone konis la homojn kaj konsilis al ĉiuj siaj subtenantoj, ke ili ne pasive atendu la kongreson, sed daŭre laboru; eble ĝi ne okazos, aŭ ne donos konkretajn rezultojn. Zamenhof faris unu modifon en la lingvo: *ian, ĉian, kian*, tempadverboj, iĝis *iam, ĉiam, kiam*, por ke ili ne konfuziĝu kun akuzativaj adjektivoj. Li klarigis diversajn punktojn, instigis al ampleksaj laboroj, kaj finis la libreton per la vortoj:

'Tiu ĉi libreto estas la lasta vorto, kiun mi elparolas en la rolo de aŭtoro. De tiu ĉi tago la estonteco de l' lingvo internacia ne estas jam pli multe en miaj manoj, ol en la manoj de ĉia alia amiko de la sankta ideo. Ni devas nun ĉiuj egale labori, ĉiu laŭ siaj fortoj, ĉiu el vi povas nun fari por nia afero tiom same kiom mi, kaj multaj el vi povas fari multe pli multe ol mi, ĉar mi estas sen kapitaloj kaj el mia tempo, okupita de laboro por ĉiutaga pano, mi povas oferi al la amata afero nur tre malgrandan parton. Mi faris por l' afero ĉion, kion mi povis, kaj se ĉiu efektiva amiko de l' lingvo internacia alportos al ĝi eĉ la centan parton de l' moralaj kaj materialaj oferoj, kiujn mi al ĝi alportis tra dek du jaroj ĝis hodiaŭ, tiam la afero iros bonege kaj venos al la celo post la plej mallonga tempo. Ni laboru kaj esperu!'

Je la 11a de junio 1888, Ludoviko Zamenhof travivis novan emocion tre profundan, tre rilatan al la estonteco; li rigardis la adoratan edzinon, kaj la etan novnaskiton apud ŝia suferlacigita korpo. Kvankam malraciaj malamoj, teruraj kruelaĵoj ankoraŭ nigrigis la homan konscion, eble nova epoko komenciĝis ... Multaj bonvenigis la novan lingvon; eble multaj aferoj evoluos, eble alvenos nova Paradizo, mondo de kunlaboremo kaj toleremo, de teknika progreso kaj etika matureco ... Ili nomis sian filon Adamo.

Feliĉe estis, ke la gepatroj neniam suspektis, kia kruelega ironio kaŝiĝis en tiu paradiz-elvoka nomo.

Dum du-tri monatoj la geedzoj vivis en nobla, senkulpa feliĉego. Fileto; propra hejmo; harmonia amo; kreskanta sukceso de komuna idealo. Tiam, subite, tute neantaŭvideble, katastrofo fulm-frapis ilin; kaj el la ruinoj ili devis rekonstrui la vivon.

FILO KAJ PATRO

Iun tagon en septembro aŭ eble oktobro 1888, Marko Zamenhof vizitis la filon kaj diris, ke li estas en grava embaraso.

Akuzite, ke li permesis la publikigon de ofenda aludo al la caro en ĵurnalo, li jam perdis sian postenon kiel cenzuristo; li timis, ke li perdos la instruistan postenon kaj restos tute sen vivrimedo; li timis pezan monpunon kaj eble eĉ kondamnon al karcero ... al Siberio ... La sano de Rozalia malboniĝis; la plej junaj infanoj estis ankoraŭ nur dektri-, dekunu- kaj naŭ-jaraj. Kion fari?

Kio do estis lia eraro? Li estis ĉiam tre atentema; redaktoroj kredis lin ĝene rigora. La 'ofenda' artikolo estis io, kion neniu normala persono interpretus kiel ofendan al la caro. Ĝi temis pri vino. En *Hacefira* estis rubriko dediĉita al populara scienco. Artikolon pri vinberoj kaj vinberujoj sekvis je la 25a de septembro 1888 artikolo pri vino, de D-ro J. Frenkel. Alkoholismo estis iom grava socia problemo en tiu lando, tiuepoke; la ortodoksa eklezio, kiu insistis pri siaj fastotagoj tiel pedante-rigore, ke ofte la superstiĉaj kamparanoj suferis pro nenecesa subnutrado, malmulte atentis la drinkadon, kiu brutigis multajn kamparanojn kaj estis ofta malvirto eĉ ĉe pli bonstataj homoj. Ia konsilado pri la prudenta uzo de vino estis tial tre utila. D-ro Frenkel priskribis diversajn vinojn kaj aludis al la relativaj procentoj da alkoholo; li opiniis, ke vino modere uzata estas saniga, sed ke troa drinkado estas danĝera; li konsilis al la legantoj neniam trinki pli ol kvaronlitron da vino ĉiutage. Li aldonis averton; kaj jen la 'ofendo al la caro':

'Pli ol tiu kvanto difektas kaj malsanigas. Prave ni diru: Morto kaj vivo dependas de la alkoholo. Troaĵo aperigas diversajn malsanojn. Daŭra trinkado de vino forigas de la cerbo de la homo iom post iom la intelektajn kaj civilizajn kapablojn, kaj kelkfoje ĝi kaŭzas ĉe li frenezecon kaj perdon de la tuta prudento'.

Kion ni pensu, se tia ordinara higiena informo estis 'ofendo al la caro'? Strangaj motivoj kaŝiĝis malantaŭ tiu ĉi absurdaĵo. La pli altranga cenzuristo en S. Peterburgo, Nikander Vasileviĉ Zusman, estis branddrinkemulo; li havis reputacion de malnobla cinikulo kaj li estis inter la malmultaj judoj, kiuj konsentis baptiĝi, kiam estis al ili tre profite. Dum longa tempo li sentis kontraŭ Marko Zamenhof malicon, ŝajne senmotivan, eble fontantan el ia envio pri la bona reputacio de la varsoviano. Li estis preta uzi la plej senskrupulajn metodojn por malbonfari al Marko; kaj lia baptopatro estis la grafo Delanov, Ministro por Klerigo.

Nenio estus pli facila por li, ol eksigi la malamikon el lia instruista posteno. Lia malico kreskis, kiam Marko permesis la publikigon de jida gazeto, *De Yidisher Veker*, en kiu troviĝis poemo, subvuale protestanta kontraŭ la pogromoj. Tiuokaze, Zusman nur riproĉis Markon Zamenhof severe, sed li neniam pardonis; kaj nun li celis la plenan detruon de Marko.

Ludoviko estis la sola familiano, kiu havis ian kapitalon; kaj riĉa li ne estis. La doto de Klara konsistis el 10.000 rubloj kaj preskaŭ la duonon li jam elspezis por sia lingvo.

5.000 rublojn li donacis al la patro.

Kaprica, kruela burokrato ofte estas almenaŭ koruptebla. Zusman ricevis belan monsumon, kiun li verŝajne baldaŭ fordrinkis; aliaj sumoj subaĉetis aliajn. Marko Zamenhof, eksigite por ĉiam el la cenzuro, tamen savis sian instruistan postenon, kaj sian liberecon.

Sed katastrofo trafis Ludovikon; lia tuta kapitalo estis for, kiam li ankoraŭ ne havis kiel okulisto sufiĉan klientaron. La falo de la patro havis alian rezulton: Ludoviko ne plu havis helpan kontakton, ĉe la cenzuro; kaj ekde tiam li havis tiurilate konstantajn ĝenojn.

Liaj kolegoj jam ofte mokis lian strangan intereson pri internacia lingvo, kaj pacientoj hezitis fidi al 'strangulo'. Komprenble, kuracisto, kiu pasigus siajn liberajn horojn per dancado aŭ kartludoj, estus 'saĝulo', 'normala homo'; nur kuracisto, kiu volis labori pri io socie valora, provokis klaĉadon pri ridindeco! Tiuj, kiuj ne havas utilajn ideojn, malfacile pardonas al tiuj, kiuj havas. Zamenhof dediĉis pli da tempo al sia profesio, malpli al la lingvoj sed flustroj pri lia stranga projekto daŭre malhelpis lin.

Samtempe li petadis permeson eldoni gazeton en la nova lingvo; multaj deziris ion tian. La cenzuristo Jankuljo, estro de la cenzura komitato de Varsovio, akre malaprobis Esperanton – kiel oni jam komencis nomi la lingvon mem – kaj la sola espero estis pri iu kompleza cenzuristo en S. Peterburgo mem, iu, kiu estus sufiĉe altranga por fidi al si mem, kaj, tial, iom malsevera pri aliaj. Entuziasma esperantisto, Vladimir Majnov, penis interesigi la grandan princon Konstantin Romanov pri Esperanto, ĝis tia grado, ke plurfoje Zamenhof devis averti lin ne fari, pro entuziasmo, malprudentaĵojn. La granda princo permesis al Majnov traduki libron lian, sed ne konsentis, bedaŭrinde, doni sian oficialan aprobon. Majnov faris ĉion eblan por ŝirmi Esperanton rilate al la registaro.

En oktobro 1888, Zamenhof sukcesis eldoni la unuan *Adresaron*, kiu enhavis mil adresojn, laŭ alfabeta ordo: Aaronski ĝis Zubricki. Kompreneble granda plimulto estis en la Rusa Imperio, sed troviĝis ankaŭ adresoj el: Anglujo, Aŭstralio, Aŭstro-Hungarujo, Francujo, Germanujo, Hispanujo, Italujo, Rumanujo, Svedujo kaj Turkujo, kun partoj de Ameriko, Afriko kaj Azio. Aliaj listoj sekvis, modere rapide. Dudek kvin esperantaj libroj estis jam haveblaj. La Adresaroj estis la komenco de esperantista organizado.

Kvankam la amata afero progresis, Zamenhof dum 1889 pli kaj pli maltrankviliĝis pri mono, des pli, ĉar Klara atendis duan infanon. Li laboregis inter pacientoj dum la tago, ĉe la skribotablo dum granda parto de la nokto. En aprilo li jam skribis al Majnov: 'Mi ne estas riĉa ... doni sciigojn en la *Novoje Vremja* mi ne povas pro manko de mono'. En julio li skribis al Majnov: 'Mezajn vortarojn en diversaj lingvoj mi ne povas nun ankoraŭ eldoni, pro manko de mono.' Kaj en decembro venis letero eĉ pli senespera: 'Mi nun jam pli nenion povas eldoni, ĉar mi restis tute sen mono.'

Ok sinsekvaj profesiaj anoncoj en *Hacefira*, ekde la 25a de septembro ĝis la 5a de novembro, ne alportis kontentigan rezulton. Aŭtune li vojaĝis al Brest-Litovsk por esplori, ĉu estos eble trovi laboron tie kiel okulisto, sed li vidis tie nenian esperon.

La gepatra hejmo de Klara estis komforta, kaj Zamenhof, kun peza koro, resendis sian gravedan edzinon, kun eta Adamo, al Kovno, kie Sofia naskiĝis. Ludoviko mem iris al Ĥerson, apud la Nigra Maro, kun mono sufiĉa por vivteni sin dum nur unu monato. Li eklogĝis en Hannibalovskaja Strato; por kiel eble plej longe konservi sian monon, li limigis sian manĝadon kaj hejtadon ĝis vera mizero, kaj tiel pli difektis sian sanon. Li estis ofte malvarmuminta kaj ĝenerale malbonfarta. Li vojaĝis al Ĥerson, pro kredo, ke li estos la sola okulisto tie; sed alia jam laboradis tie, kie ne ekzistis sufiĉa laboro por du.

Finfine li devis akcepti la jam plurfoje proponitan helpon de la bopatro, kvankam li tre suferis, tion farante. Malsana korpe kaj spirite, li honteme reiris al Varsovio, volante kaŝi sin kiel mortanta besto. Klara revenis kun la infanetoj, kaj dum kelka tempo ili loĝis ĉe 21, Nowolipie Strato. Zamenhof daŭre eldonadis la *Adresarojn* kiel eble plej ofte, kaj daŭrigis abundan esperantan korespondadon, sed li devis formeti ĉiujn aliajn esperojn pri eldonado.

Dum tiu epoko de muelantaj zorgoj, kiam ŝajnis, ke li eble detruis sian vivon pro nobla idealo kaj familia lojaleco, nova doloro vundis lian koron: Rozalia, nur kvindekdujara, mortis en 1892. Tiun perdon li profunde sentis. Marko, kiu montris amemon nur al Rozalia, kaj kiu estis al siaj gefiloj nur severa aŭtokrato, nun turnis sin, pro sia amsoifo, pli amike al tiu filo, kiun li iam perfidis kaj kies lojaleco savis lin.

La neceso trovi vivrimedon ne iĝis malpli urĝa pro tiu intensa doloro. Ludoviko ne sukcesis en Varsovio; en oktobro 1893, li iris al Grodno. Tie li esperis, ke malmultaj scios pri liaj nepardoneblaj pekoj de originaleco kaj bonfaremo. En novembro, li sentis, ke li rajtas reiri al Varsovio por forkonduki la familion al Grodno. Ili forlasis Varsovion je la 27a de novembro – griza, sensuna tago. Zamenhof esperis, ke eble iu esperantisto venos al la stacidomo kun kuraĝiga vorto, sed nur la patro kaj gefratoj ĝisrevidis lin. La familio ekloĝis en la domo de Rachmanina, en Politsejskaja Strato. Dum mallonga tempo ĉio iris pli bone; la okulisto enspezis pli ol en Varsovio, kaj la prezoj estis malpli altaj. Zamenhof esperis, ke baldaŭ li ne plu bezonos helpon de la bopatro ... tiam, dua okulisto alvenis. Videble la laboro ne sufiĉis por du; la urbo estis malriĉa kaj ne donis esperon pri altaj honorarioj; li devis trovi novan elirejon.

Kion li faru? Zilbernick konsilis lin reiri al Varsovio; li ja volis loĝi tie, pro la soleco de la patro kaj la societo de la amataj gefratoj. Denove li vizitadis mallongan kurson pri oftalmologio en Vieno, sendube kun la helpo de la malavara bopatro; poste, verŝajne frue en 1898, li reiris kun Klara kaj la infanoj al Varsovio.

Li devis fari ion draste novan. Burĝaj pacientoj ne fidis al okulisto, kiu 'havas strangajn ideojn'; li decidis, spite la familian tradicion, rezigni pri tiaj pacientoj kaj turni sin al la malriĉuloj, kiuj eble pli facile pardonus deziron helpi al la homaro. Li plenintence serĉis la plej malriĉan judan kvartalon en Varsovio, kaj transloĝiĝis al apartamento 9, ĉe Dzika Strato, en kvartalo tiel malriĉa, ke specialisto neniam antaŭe loĝis tie. Tie li denove eklaboris.

Tiu apartamento estis ĉe la unua etaĝo; la fenestroj rigardis al Pawia Strato. Oni atingis ĝin tra malpura korto, kaj la ĉirkaŭaĵo estis malbela; sed iom post iom Klara kreis komfortan hejmon.

Kaj pacientoj ekvizitis la okuliston, ne ĝenante sin pri liaj opinioj, kiam ili aŭdis, ke tie loĝas okulisto, kiu kuracos ilin kontraŭ kvardek kopekoj, kiu kuracos ilin senpage, prefere ol lasi ilin blindiĝi pro manko de kvardek kopekoj. La meza honorario por kuracisto estis unu rublo; Zamenhof do postulis malpli ol duonon. Vizitis lin malriĉaj fabrikaj laboristoj, kies okuloj vundiĝis dum laboro; malriĉaj kudristinoj, kiel tiuj en la tragika romano *Marta* de Eliza Orzeszko, blindiĝantaj pro horoj kaj horoj de kudrado sen sufiĉa lumo; la rakitaj subnutritaj infanoj de mizeraj familioj. La pacientoj estis ofte malkleraj, krudaj, odoraĉis je ŝvito kaj ajlo; sed ili estis pacientoj, bezonis lin, fidis al li, rekomendis lin al la najbaroj. Li savis de blindiĝo kelkajn malriĉulojn, kaj baldaŭ iĝis en la kvartalo 'la bona kuracisto de Dzika Strato'. Baldaŭ li ricevis vizitojn de la mateno ĝis la vespero. Pro la malaltaj honorarioj, li devis esplori tridek aŭ kvardek pacientojn ĉiutage, anstataŭ la dek aŭ dekdu, kiuj sufiĉis por kuracisto en riĉa kvartalo. Kelkfoje, pro kompato, li akceptis nur dudek kopekojn, aŭ donacis medikamenton senpage.

Premega, turmenta, estis tiu unua jaro. La volo, kiu dum tiom da jaroj ŝajnis nevenkebla, preskaŭ rompiĝis pro trostreĉiteco. Dum Zamenhof devis daŭre akcepti helpon de sia bopatro, li sentis sin tre humiligata. La laboro estis pezega; liaj korpo kaj nervoj estis jam difektitaj per la nutromanko en Ĥerson, la longa luktado en Grodno. Venis la lasta eblo ordigi la vivon; Zamenhof sentis sin kvazaŭ ŝiprompito, kiu kroĉas sin al lignopeco. Halucinoj komencis turmenti lin; li plurfoje vekiĝis dumnokte kredante sin en Grodno, kie dum tempo li iom esperis; li akre riproĉadis sin, ĉar li trenis Klaran kaj la infanojn al tiu aĉa kvartalo kaj mizera vivo. Dum kelka tempo li estis ĉe la rando de psika kolapso.

Sed Klara, tiutempe, montris sin heroino. Ŝia amo, fido, espero, persistis; ŝi flegis sian edzon ame, sindediĉe; ŝi penis gajigi lin per spritaĵoj kaj verva mieno; iel ŝi kvietigis la infanojn, kiam Paĉjo laboris en la studĉambro. Oni kredas, ke estis Klara, kiu gravuris sur la skribmaŝinon: 'Ni laboru kaj esperu!'

Zamenhof poste konfesis, en 1905, ke dum tiu vivepoko li preskaŭ freneziĝis; sed en 1901 la familia enspezo finfine egalis al la elspezo; pruntoj de la bopatro ne plu necesis. Zamenhof neniam estis riĉa kaj ĉiam devis zorge atenti sian buĝeton; sed ekde tiu jaro li povis dece vivteni la familion.

Lia studĉambro ĉe 9, Dzika Strato, kiu dum multaj jaroj estis pilgrimejo por esperantistoj, estis kaj konsultĉambro por la okulisto kaj studĉambro por la verkisto kaj organizanto. Li havis tie lavkuvon kun eta akvujo kaj krano, ĉar akvotuboj ne troviĝis en la domo; kvar grandaj okulprovaj kartegoj pendis sur unu muro; apud la sama muro staris vitroprotektita librobretaro – kvar bretoj, kiuj, iom post iom, pleniĝis per esperantaj libroj. Li havis tablon kaj skribotablon kun petrollampo; du brakseĝoj kaj sofo igis la ĉambron pli komforta. La diversaj fotaĵoj kaj bildoj inkluzivis pentraĵon pri Edipo kaj Antigona, pentritan de la frato Aleksandro. Kiam li sidis ĉe la skribotablo, Zamenhof povis vidi grandajn portretojn de la morta patrino kaj de la patro. Li ĉiam rigardis la patrinon ame; kaj nun, finfine, espereble, li povis rigardi la patron sen amaraj pensoj.

CENZURO

Samtempe kun tiu prema vivoluktado, Zamenhof penadis fondi gaze-
ton, necesan ligilon inter esperantistoj. Antaŭ la eksigo de Marko el
la cenzuro, li bone esperis; en oktobro 1887 li jam skribis al Majnov:
'La ĵurnalo komencos eliri kredeble ĉirkaŭ la monato Januaro aŭ
Februaro de l' jaro 1888, sed certe diri mi ankoraŭ ne povas, ĉar mi
ankoraŭ devas nun labori, ke la registaro donus al mi la permeson'.
Post la krizo, en septembro 1888, li sendis specialan peton pri permeso:
oni rifuzis kaj neniel klarigis la kialon.

En marto 1889 li skribis al Majnov: 'Gazeto internacia kre-
deble komencos eliri en Julio de tiu ĉi jaro (en Germanujo, ĉar
en Rusujo oni ne volis doni al mi la permeson).'

Dume, Majnov, kiu havis bonajn kontaktojn en S. Peterburgo,
klopodis trovi cenzuriston, kiu estus preta kontroli esperantajn

verkojn. Finfine li trovis iun tian, iun Gejspitz, kiu scipovis Esperanton kaj simpatiis al ĝi; verŝajne li eklaboris pri esperantaj verkoj en 1889. Zamenhof tiel alte taksis Gejspitz kaj lian helpon, ke en 1896 li sendis al li ĝentilan leteron kaj plurajn esperantajn librojn kiel donacon. Pli da esperantaj libroj aperis en Varsovio, dank' al la helpo de Majnov.

La Esperantisto, la unua esperanta gazeto en la mondo, aperis en Nurnbergo ja la 1a de septembro 1889. La unua numero enhavis: klarigajn antaŭparolojn germanan, francan kaj esperantan, en paralelaj kolonoj; la unuan parton de longa, serioza artikolo de Zamenhof mem, pri Esperanto kaj Volapuk[13]; respondojn al demandoj; libroliston; poemon; kelkajn rekomendojn kaj anoncojn. La gazeto havis ok grandajn paĝojn.

Dum kelka tempo eldonis ĝin Christian Schmidt, prezidanto de la Mondlingva Klubo en Nurnbergo, sed 'kun la kunlaborado de D-ro Esperanto (D-ro L. Zamenhof)'. Ekde la komenco la gazeto, kvankam malgranda, estis serioza kaj kompetenta. Ĉar la granda plimulto de la tiamaj esperantistoj loĝis en la Rusa Imperio, estis tre grave, ke rusoj rajtu aboni la gazeton. Laŭ letero de 1889 Zamenhof trovis cenzuriston en Varsovio mem, verŝajne por fremdaj gazetoj. Oni enlasis la unuan numeron sen multaj ĝenoj; la cenzuro haltigis la duan kaj, dum Zamenhof estis en Ĥerson, Klara devis peti helpon de Majnov. Finfine la dua numero estis enlasita; sed tiuj konstantaj, agacaj malhelpoj de cenzuro kaprica kaj stulta daŭre muelis la nervojn de Zamen-

13 Tiu ĉi artikolo aperis felietone en kvar partoj, sed, pro premo de aliaj aferoj, neniam kompletiĝis.

hof. Prokrastoj, stultaĵoj estas neeviteblaj en tia kontraŭkultura sistemo, eĉ kiam individuaj cenzuristoj estas modere inteligentaj kaj liberalaj. Kaj ĝenerale oni ne atendu, ke inteligentaj homoj akceptu tiajn malestimindajn postenojn.

Tuj kiam ekzistis gazeto por la esperantistaro, kaj ia primitiva organizado ĉe lokaj kluboj, Zamenhof devis alfronti novan problemon, kiun ĉiu gvidanto de minoritata movado devas solvi. La tipo, kiun oni povas allogi al movado tia, devas havi specialajn, ne tre oftajn kvalitojn. Li aŭ ŝi devas havi iagradan kapablon pensi sendepende, esplori ideon por si mem, ne fidi al onidiroj de eksteruloj; menson sufiĉe fortan por sin liberigi de tiu interna emo al konformismo, tiu sopiro de nia soleca, algregiĝema homa psiko simili al aliaj, kiu estas, tre verŝajne, pli potenca armilo en la manoj de grandskalaj aŭ malgrandskalaj tiranoj, ol eĉ teroro mem; kaj kuraĝon labori por celo, kiu, dum la nuntempo, ŝajnas senespera. Tia pioniro devas havi la intelektan kaj fantazian kapablon vivi en medio iom pli granda ol la nura tie-ĉi-kaj-nuno. Esperanto – racia, humane motivita, interesa – rapide allogis multajn tiajn homojn. Komprenenble ĝi ankaŭ allogis tiun malgrandan sed ĝenan aron da nuraj stranguloj kaj neŭrozuloj, kaj eĉ kelkfoje psikopatiuloj, kiuj estas ĉiam inter la plej gravaj malhelpantoj de minoritata movado.

Sed homoj, kies mensoj estas neordinare kuraĝaj kaj sendependaj, estas ofte ankaŭ homoj, kiuj, per la malmeritoj de siaj meritoj mem, nur tre malfacile akceptas disciplinon eĉ necesan. Ilia kuraĝo kaj sendependeco kelkfoje superfluas ĝis troigita, malutila individuismo. Tiaj homoj povas, ekzemple: tute sincere, neniam akcepti decidon de plimulto; rifuzi konsilojn eĉ de tiuj, kiuj vere rajtas konsili; tro atenti esence negravajn konstituciajn aŭ personprestiĝajn demandojn. Dum sia vivo Zamenhof plurfoje trovis, ke li kvazaŭ gvidas ĉevalaron ja kuraĝan, elteneman, laboreman – sed kiu bedaŭrinde kapablas tiel arde tiri en ĉiujn direktojn samtempe, ke ĝi mem haltigas la ĉaron. Tiu ĉi problemo ne estas facile solvebla; des malpli, ĉar sensciaj, konvenciemaj, ŝafecaj homoj, kiujn oni multe pli facile gvidas sub diktatoreca disciplino, kiel en ekzemple armeoj, malnovmodaj lernejoj aŭ aŭtoritataj eklezioj, ĝenerale montras pli videblan forton pri organizado kaj nombroj.

La Amerika Filozofia Societo neniam sukcesis okazigi sian projektitan kongreson; tial, post dekokmonata atendado, Zamenhof devis akcepti la fakton, ke, se Esperanto venkos, devos esti per la penado de la esperantistoj mem; mondorganizo estos necesa.

Sed ne ĉiuj esperantistoj komprenis tion. Jam en la tria numero de *La Esperantisto*, Zamenhof mem proponis fondon de Ligo de Esperantistoj, kiu povos elekti ian komitaton, kiu pritraktos eblajn modifojn de la lingvo kaj estos centra organizo. Post multa diskutado kaj kelkaj tre bedaŭrindaj miskomprenoj, kiuj certe kaŭzis multan ĝenon al Zamenhof, li perceptis, ke la esperantistaro ankoraŭ ne estas sufiĉe matura por tia organizo, kaj provizore rezignis pri la projekto. Ankaŭ, por eviti duan serion de miskomprenoj, kiu estus iĝintaj kvereloj kaj skandaloj, se Zamenhof estus estinta malpli grandanima, li prenis sur sin mem la redaktadon de la gazeto, ekde septembro.

Dume, la afero progresis per aliaj rimedoj: en decembro 1889 Miloslav Bogdanov, advokato en Sofio, kiu verkis la unuan bulgaran lernolibron de Esperanto, jam eldonis duan esperantan gazeton, *La Mondlingvisto*, kiu daŭre aperadis, iom sporade, ĝis 1891. Ankaŭ en 1889 Zamenhof eldonis malgrandan germananesperantan vortaron. En 1891 ekzistis tridek tri lernolibroj en dek du diversaj lingvoj; kluboj fondiĝis en multaj lokoj, kie tiaj aferoj estis laŭleĝaj; homoj individue faris utilan propagandan laboron.

Kaj tiutempe Zamenhof jam havis kolegojn en Varsovio. Lia frato Felikso, kiu iĝis farmaciisto kaj dum multaj jaroj havis farmaciejon en Zelazna Brama Placo, Varsovio, ne nur ellernis Esperanton tre bone, sed valore helpis al la Movado. Poemo de Felikso aperis frue en *La Esperantisto*. Sub la kaŝnomo de FeZ li verkis diversajn kompetentajn esperantajn poemojn, plurajn skeĉojn kaj kelkajn novelojn kaj artikolojn. Se Felikso ne estus vivinta sub la ombro de la genia frato, li probable estus multe pli konata en la historio de Esperanto, ĉar li estis vere talenta pioniro. En la pola esperanta movado li helpis ĉefe per sia verkado, per helpo al Ludoviko pri, ekzemple, libropakado, kaj per sia laboro por la Varsovia Esperantista Klubo; sed oni estimis ankaŭ lian laboron inter polaj georfoj.

La frato Leono iĝis fakulo pri orel- naz- kaj gorĝ-malsanoj kaj pri parolterapio; li ankaŭ verkis pri la juda problemo kaj pri diversaj problemoj de socia higieno kaj medicina etiko. Aktiva en la pola esperanta movado, en kiu li dum pluraj jaroj redaktis la gazeton, li ankaŭ verkis originale kaj traduke, plej ofte sub la kaŝnomo de Lozo. Ambaŭ restis aktivaj kaj ŝatataj en la Movado ĝis la morto de Felikso en 1933 kaj de Leono en 1934.

Aleksandro estis la frato, kiu ŝajnis plej intime simpatia al Ludoviko. Ili studis la eblojn pri juda kolonio kune, dum la jam menciita cionista periodo el la vivo de Ludoviko; ambaŭ estis plene dediĉitaj al la frateco de la homaro. Aleksandro, same kiel Ludoviko, iĝis kuracisto, kaj, same kiel li, estis preskaŭ eĉ tro molkora por tiu profesio; viro neordinare helpema, tre sentema, li preskaŭ ĝis eksceso sentis la suferojn de aliaj. Same kiel la frato, Aleksandro havis tre firmajn principojn kaj tre kapablis persisti al celo, kiun li kredis bona; li malsimilis al Ludoviko precipe per iom pli ekscitiĝema temperamento, kun kelkfoje etaj koleroŝtormoj. Dum sia vivo li ĉiam donis al la frato intiman, varman kaj vere komprenantan simpation.

La frato Henriko, alia kuracisto, specialisto pri haŭtmalsanoj, tre serioze dediĉis sin al la servo de la Belo kaj gajnis multan estimon per siaj afableco kaj delikataj sentoj; tamen li ne partoprenis aktive en la esperanta movado. La tri fratinoj ne multe okupis sin pri Esperanto. Escepte de Aleksandro, ĉiu el la gefratoj trovis edzon aŭ edzinon, kaj escepte de Ida, kiu frue vidviniĝis, ĉiuj havis infanojn. Vigla, amoplena familia vivo do neniam mankis ĉirkaŭ Ludoviko, kiu, post la morto de la patro, iĝis la ĉefo de la familio, amiko, gvidanto kaj konsilanto de ĉiuj.

Leo Belmont, kies vera nomo estis Leopold Blumental, estis pola ĵurnalisto kaj aŭtoro, kiu montris abundan energion, talenton kaj kuraĝon. Dum longa tempo li redaktis la polan gazeton *Libera Vorto*; liaj aŭdacaj artikoloj kostis al li kvin kondamnojn al enkarceriĝo, kaj unu ekzilon. Dum sia vivo li verkis proksimume cent librojn, inter kiuj troviĝis tri grandaj poemaroj kaj kelkaj tre sukcesaj historiaj romanoj. Li estis lerta tradukisto, kaj bele deklamis.

En 1887 li eklernis Esperanton, plene konvertiĝis kaj skribis al Zamenhof leteron, kies lastaj vortoj profetis: 'Vi venkos, sinjoro!' Kiel talenta lingvisto li povis tre bone prezenti kaj defendi Esperanton, kaj tion li faris lerte kaj vigle en *Libera Vorto* kaj aliaj gazetoj. Iam li estis inter la ĉefoj de la esperantista klubo en S. Peterburgo kaj poste ĉe simila klubo en Varsovio. Li verkis pol-lingvan esperantan gramatikon. Li havis belajn, fulmantajn okulojn, kaj estis tre bona oratoro ne nur en la pola, sed ankaŭ en Esperanto.

Antoni Grabowski, pli aĝa ol Zamenhof je du jaroj, estis inĝeniero; naskita en Pomerujo, li estis, formale, germana civitano, sed pasigis la pli grandan parton de sia vivo en Rusujo aŭ Polujo. Li scipovis ĉirkaŭ tridek lingvojn. Li eklernis Esperanton en 1887, kaj, laŭ forta tradicio, oni kredas, ke li estis la unua persono ekster la familio, kun kiu Zamenhof havis konversacion en Esperanto. Grabowski tuj montris sin entuziasma kaj neordinare inteligenta, sed li perdis siajn energiojn, dum kelkaj jaroj, inter abortaj 'reformprojektoj'. En 1903 li denove vizitis Zamenhof, kaj klarigis, ke la familio Grabowski revenas por ĉiam al Varsovio, kaj ke li esperas renovigi la malnovan amikecon. Zamenhof ne riproĉis lin pri io, kion multaj riproĉus kiel mallojalecon: li ĝoje akceptis lin kaj komprenis la sincerecon de liaj motivoj. Ekde 1904 Grabowski estis prezidanto de la Varsovia Esperantista Societo, kaj prezidis kun taktosento kaj firmeco, kiuj ofte malhelpis kverelojn. Kiam oni finfine ricevis en 1908 permeson fondi polan esperantistan societon, Grabowski iĝis prezidanto, kaj restis en tiu ĉi posteno dumvive, escepte kiam, kiel germana civitano, li ne rajtis resti en Varsovio, dum la unua mondmilito. Estis Grabowski, kiu organizis la Gramatikan Sekcion de la Esperanta Akademio; li multe laboris pri lingvaj detaloj, pri tradukoj, pri vortaroj; li portis kelkajn utilajn novajn radikojn al la lingvo; li multon faris por maturigi la teknikon de la esperanta poezio.

Kazimierz Bein, kolego ankaŭ profesia de Zamenhof, estis eminenta okulisto, kiu fondis la Varsovian Instituton por Okulmalsanoj kaj la Polan Oftalmologian Societon. Liaj plej gravaj kontribuaĵoj al Esperanto estis sur du kampoj: vortaroj kaj tradukoj. Bona lingvisto, li estis dum pluraj jaroj ĉefpersono en la movado pola. En 1903, uzante sian kutiman kaŝnomon, Kabe, li eldonis sian tradukon *La Fundo de l' Mizero* de Sieroszewski, malgrandan klasikaĵon. Ekde 1906 Kabe estis vicprezidanto de la Akademio de Esperanto. Li eldonis tutesperantan vortaron, siatempe bonegan; lia traduko de *La Faraono*, la granda historia romano de Bolesław Prus, restas eĉ nun inter la plej bonaj prozaj tradukoj en Esperanto; oni ankoraŭ legas ĝin pro ia modela stilo kaj malfacile formetas ĝin. Kabe ankaŭ tradukis malgrandan sed bonan *Polan Antologion* kaj kelkajn aliajn malpli gravajn librojn; kaj li kompilis du legolibrojn. En 1911 Kabe subite forlasis Esperanton, kredeble pro privataj kvereloj; sed, kiam li estis pli ol okdekjara, li revenis al Esperanto kaj restis esperantisto ĝis sia morto en 1959.

Ankaŭ menciindaj estas la ĵurnalisto Jozef Wasniewski, la statistikisto Adam Zakrzewski – ambaŭ aktivaj pioniroj – kaj la ĵurnalisto kaj bibliotekisto Aleksander Brzostowski, kiu eklernis la lingvon en 1887 kaj kredis sin la unua pola esperantisto. Zamenhof ne plu estis sola.

Iam – verŝajne malfrue en 1890 – konato de Zamenhof montris al li germanan tradukon de malgrava romano de Charles Dickens, eminenta angla romanisto, kaj deklaris, ke estus neeble traduki tian libron en Esperanton. Kvankam li estis tiam tre okupita, Zamenhof faris la solan adekvatan respondon al tia defio: dum 1891 lia traduko *La Batalo de la Vivo* aperis felietone en *La Esperantisto*. Estas bedaŭrinde, ke Zamenhof ne tradukis unu el la majstroverkoj de Dickens; sed la traduko estas en bela, flua Esperanto. Ĝenerale Zamenhof bone tradukis, sed la germana traduko mem ne estis kontentiga kaj ne donis ĝustajn ekvivalentojn de vivaj esprimoj, multloke. La mankoj de tiu Zamenhof-traduko fontas do el la mankoj de la germana traduko.[14]

14 Ekzemplo eble amuzos kelkajn legantojn. En la angla lingvo, Clemency volas lipdiri la nomon *Michael Warden* kaj s-ro Britain interpretas ŝiajn grimacojn kiel vortojn fonetike iom similajn: *milk and water* (lakto kaj akvo), *monthly warning* (monata averto) kaj eĉ *mice and walnuts* (musoj kaj juglandoj). En la germana la signifo de tiu fonetika miskompreno tute malaperis, kaj simile la esperanta traduko ne donas ekvivalenton.

Dum 1891 Zamenhof verkis multajn artikolojn por *La Espe-rantisto*, sed en la n-ro 52 li devis kun bedaŭro konfesi, ke pro manko de mono li devos dum tempo forlasi siajn esperantistajn laborojn. 'Ekzistas cirkonstancoj, kontraŭ kiuj la plej bona volo povas batali nur ĝis certa limo, ĝis venas momento de absoluta neebleco.' Tamen, en la sekvanta numero aperis mallonga anonco:

'En la lasta minuto ni ricevis unu sciigon, kiun ni kun ĝojo komunikas al niaj legantoj: dank' al la helpo de unu el niaj amikoj la estonteco de nia afero estas nun tute certigita. Pli detale ni rakontos la aferon en la plej proksima numero de la *Esperantisto*, kiu eliros en la monato Marto. Komencante de Marto 1892 nia gazeto jam elirados nun regule kaj sen interrompo.'

Tiu ĉi konciza anonco kaŝis belan oferon. Germana terme-zuristo en Schalke, mem ne tre riĉa, Wilhelm Heinrich Trompeter, promesis pagi la tutan koston de *La Esperantisto*. Li faris tion, subvenciis la eldonadon de kelkaj esperantaj libroj, kaj dediĉis multan tempon al la gazeto kaj al propaganda laboro, dum la krizaj jaroj 1892–1894. Vasta estis la dankemo de Zamenhof, kaj ĝi restis vasta eĉ post la fino de tiu helpado.

La Esperantisto nun iĝis gazeto kun dekses malpli grandaj paĝoj, kaj oni redaktis ĝin laŭ tiu ĉi ĝenerala skemo: Nia Afero; Literaturo: ĝeneralaj novaĵoj el la tuta mondo; distra legmaterialo; Respondoj al la Amikoj; listoj de novaj esperantistoj; oficialaj anoncoj. La gazeto daŭre aperadis ĝis 1895, kaj estis varia, se-rioza, ĝenerale bona.

La ĉefa diskutata temo dum tiu epoko estis la eblo de modifoj en la lingvo. Ekde la komenco, Zamenhof mem petis kritikojn kaj sugestojn; li ricevis kelkajn pripensindajn, kaj multajn, kiuj montris nur mankon de lingvosento. Li mem laboradis jam dum jaroj por perfektigi sian lingvon, provis ĉiujn detalojn per praktiko, provis multajn variaĵojn, simpligis kaj resimpligis; sed li akceptis la opiniojn de la plej stultaj esperantistoj, kvazaŭ ili estus samvaloraj kiel la propraj. Multaj troreformuloj faris sinceran, bonmotivan eraron: Esperanto fakte faris tre kontentigan progreson, rilate al sia tuta noveco, la manko de monrimedoj, la konstantaj malhelpoj de kontraŭkultura reakciemo, la ĝenerala homa inklino al inerteco; sed la 'reformuloj' sentis, ke la progreso estas tro malrapida, kaj serĉis la kaŭzon ĉe la lingvo mem. Estas eĉ hodiaŭ fakto, ke multaj, kiuj havas ideologiajn antaŭjuĝojn kontraŭ Esperanto, aŭ ne volas fari la malgrandan laboron lerni ĝin, pretekstas ian estetikan aŭ filologian mankon ĉe la lingvo; sed preskaŭ ĉiam tiaj kritikoj estas aŭ nekorektaj fakte, aŭ tiel malraciaj, ke ili videble estas nur pretekstoj. Kaj tiuj argumentoj pri 'reformoj', kiuj nuntempe ŝajnas eksterordinare bagatelaj kaj tedaj, malŝparis la energiojn de multaj admirindaj personoj – inter kiuj estis Zamenhof mem – kaj preskaŭ certe malfruigis la venkon de Esperanto, same kiel bagatelaj kaj suspektemaj argumentoj pri organizaj detaloj malebligis, dum multaj jaroj, taŭgan organizadon.

En 1893 Zamenhof finfine sukcesis fondi *Ligon de Esperantistoj*, konsistantan nur el ĉiuj abonantoj al *La Esperantisto* – tiutempe preskaŭ ĉiuj aktivaj kaj seriozaj esperantistoj. Li invitis proponojn pri modifoj en la lingvo kaj promesis submeti ilin al referendumo, laŭ tute demokrata voĉdonado. Iasence tiu aranĝo estis eĉ tro demokrata, ĉar la voĉo de la plej malklera kaj nesperta esperantisto valorus same kiel la voĉo de Zamenhof mem; sed estis neeble, sen kalumnio, akuzi Zamenhof pri rifuzo aŭskulti aliajn opiniojn.

Dum tiu epoko Zamenhof eldonis sian *Universalan Vortaron*, kun tradukoj el Esperanto en la francan, anglan, germanan, rusan kaj polan lingvojn. Multaj novaj radikoj troviĝis tie; afiksoj kaj gramatikaj finaĵoj estis bonege klarigitaj. Tiu libro aperis en 1894[15]. Zamenhof laboris super traduko de *Hamleto* kaj super pli granda vortaro, verkis por *La Esperantisto* kaj skribis vastan kvanton da leteroj – ĉiam post la laboro de okulisto dum la tago. Dume, turmentis lin kaj 'konservativuloj' kaj 'reformuloj', kiuj ofte ambaŭ montris tre malmoderan postulemon kaj skribis al li pri lingvaj aferoj kun senkompromisa insistado kaj troa emocio. Finfine, tiel akumulita premado kontraŭ senteman nervsistemon eksplodigis subitan koleron eĉ ĉe homo tiel neordinare pacienca, pardonema kaj tolerema; en *La Esperantisto*, n-ro 74, li permesis al si kelkajn sarkasmojn:

'De tempo al tempo ni ricevas de diversaj flankoj leterojn, pli-malpli en la maniero de la sekvanta letero de s-ro X., kiu kuŝas nun antaŭ niaj okuloj:

---

15 Laŭ artikolo de Paul Ciliga, *Scienca Revuo*, 12, 1/2, la unua eldono de *Universala Vortaro* ricevis permeson de la cenzuro en 30. VI. 1893; do la dato 1894 sur la interna kaj ekstera titolpaĝoj povas esti erara. Laŭ noto en *La Esperantisto*, 15. IX. 1893, la libro 'eliris jam'.

"Jam longe mi ne skribis al vi, kaj vi kredeble jam pensas ke mi, kiu iam varma amiko de la lingvo Esperanto[16], nun jam forgesis pri ĝi. Se vi tiel kredas, vi eraras. Mi ĉiam restos varmega amiko de Esperanto kaj mi neniam ĝin forgesos. Sed kiam mi komencis siatempe labori por Esperanto, mi renkontis tiom da malfacilaĵoj, ke mi vole-nevole devis lasi fali la manojn, kaj venis al la konvinko, ke nun la mondo ne estas ankoraŭ matura por tiu granda ideo. Sed estu tute certa, ke kiam nur la cirkonstancoj ŝanĝiĝos kaj la surdeco kaj indiferenteco de la mondo pasos, vi tuj vidos min en la vicoj de la plej energiaj batalantoj. Skribu al mi, kion nia afero faris de la tempo, kiam mi ĉesis esti aktiva esperantisto; kiom da amikoj la afero nun havas? kiaj novaj verkoj eliris? Se la *Esperantisto* ankoraŭ eliras, sendu al mi ian numeron de ĝi.

"Entute estus bone, se vi de tempo al tempo sendus al mi ian novaĵon pri Esperanto, por ke mi ne tute forgesu pri ĝi … k.t.p. k.t.p."

'Ne vere, amikoj, kia edifa kaj grandanima maniero de pensado? kiam dank' al niaj senlacaj, paciencaj kaj malfacilaj laboroj nia ideo fine venkos, kiam ni povos iam deviŝi la ŝviton de niaj fruntoj kaj, post la eternaj ĉagrenoj, malagrablaĵoj kaj mokoj, levi la kapon kaj rigardi kun plezuro la fruktojn de nia laborado, tiam sinjoro X. tuj aliĝos al ni kaj post la venko li fariĝos unu el la plej energiaj kunbatalantoj!!! Dume "la mondo ne estas ankoraŭ matura", kaj tial s-ro X. en tia grado ne povas esti

---

16 tiel.

"aktiva esperantisto", ke li ne povas eĉ ... por sia propra persono
aboni la *Esperantiston*, kiu "havas por li ĉiam grandan indon",
kaj sian aldonitecon al nia afero li esprimas per tio, ke li petas
nin, havantajn tro multe da libera tempo, skribadi al li de tempo
al tempo letere pri la stato de nia afero.

'Ne, sinjoroj pseŭdo-esperantistoj! Estas vero, ke ĉia nova utila
ideo en la komenco devas tre malfacile batali kaj pli aŭ malpli
frue ĝi venkas. Sed kiam dank' al nia konstanteco la mondo fine
ĉesos esti surda al niaj vortoj kaj nia afero ĉesos esti "fantazio,
pri kiu la bona tono postulas, ke oni moku, ne esplorinte ĝin",
kiam Esperanto estos ĉie akceptita kaj sankciita – tiam ni vin ne
bezonos, sinjoroj pseŭdo-esperantistoj.'

Tiel volas protesti, iam dum la vivo, ĉiu pioniro.

Ekde januaro 1894, Zamenhof eldonis serion de artikoloj,
kiuj proponis modifojn en la lingvo, surbaze de la plej inteligen-
taj proponoj de la 'reformuloj'. Li mem, kvankam li ne principe
kontraŭstaris ŝanĝojn, opiniis, ke taktike estas tro frue paroli pri
ili; tamen, ĉar oni tiel insistis pri ili, estus pli bone, ke li kiel eble
plej prudente gvidu la aferon. Unue aperis artikoloj pri proponitaj
modifoj ĉe la gramatiko; poste, pri modifoj ĉe la vortaro, laŭ la
proponoj de diversaj legantoj. Iom pli malfrue Zamenhof prome-
sis, ke, kiam la definitiva formo de Esperanto estos akceptita,
li ekeldonos sisteman 'Esperantan Bibliotekon', pri kiu li jam
invitis antaŭmendojn. Finfine li petis, ke la tuta Ligo voĉdonu
pri tiuj ĉi proponoj:

1. Ĉu ni devas restigi senŝanĝe la malnovan (ĝisnunan) formon

de nia lingvo?

2. Ĉu ni devas akcepti la novan formon, kiun mi prezentis al la Liganoj, en ĝia tuta pleneco?

3. Ĉu ni devas fari aliajn reformojn en la lingvo?

4. Ĉu ni devas akcepti en principo mian projekton de reformoj, sed nur fari kelkajn ŝanĝojn en ĝiaj apartaj detaloj?

Dume, Zamenhof havis alian dilemon, pri kiu la plimulto de la esperantistoj ne sciis. Trompeter, tiel malavare oferema, minacis private, ke li ĉesigos sian subvenciadon de la gazeto, se Zamenhof mem ne proponos drastajn reformojn. Trompeter mem estis en embaraso: li ĵus perdis bonan postenon; sed la minaco ne faciligis la situacion de Zamenhof. Multaj esperantistoj sendis al Zamenhof blankajn voĉdonilojn kaj petis, ke li mem uzu iliajn voĉojn. Zamenhof ne nur ne uzis tiujn blankajn voĉdonilojn, sed eĉ ne uzis sian propran voĉon. Kaj, kvankam li manipulis la voĉdonadon kontraŭ sin mem kun verŝajne troa skrupuleco, la rezulto estis, ke granda plimulto preferis la lingvon ne modifitan. Zamenhof perdis la subtenon de Trompeter, sed sur la unua numero, 1895, li denove omaĝis al 'nia nobla amiko, W. H. Trompeter'. 'Lia nomo ĉiam brilos kiel luma stelo en la historio de nia afero.'

Esperanto ricevis valoran helpon, kiam en oktobro 1894 la granda lingvisto Max Müller skribis leteron, en kiu li deklaris, ke Esperanto estas la plej bona ekzistanta projekto de internacia lingvo.

En 1889 Zamenhof sendis al Tolstoj *Malgranda Vortaro de*

la Lingvo Esperanto kun antaŭparolo por Rusoj kaj la unuan adresaron. Tolstoj ne respondis. Sed kiam meze de la sama jaro Majnov ankaŭ atentigis Tolstoj pri Esperanto kaj sendis lerno-libron, Tolstoj favore reagis. Li ne nur skribis aproban privatan leteron al Majnov, sed poste skribis al la eldonejo Posrednik, kiu petis lian opinion pri Esperanto. En 1894 du ĵurnaloj en Odeso publikigis tiun leteron, kiun esperantistoj ofte citis poste en sia propaganda laboro. La letero tekstis jene:

Estimataj sinjoroj!

Mi ricevis viajn leterojn kaj klopodos, kiel mi povos, plenumi vian deziron, t.e. eldiri mian opinion pri la ideo de tutmonda lingvo ĝenerale kaj pri tio, kiom la lingvo Esperanto estos konforma al tiu ĉi ideo speciale.

Pri tio, ke la homoj iras al unuiĝo en unu brutaron kun unu paŝtisto de prudento kaj amo, kaj ke unu el la plej proksimaj antaŭŝtupoj de tio devas esti la reciproka interkompreniĝo de la homoj, pri tio ĉi povas esti nenia dubo. Por ke la homoj povu kompreni unu la alian, estas necese aŭ, ke ĉiuj lingvoj per si mem kunfandiĝu en unu lingvo (se tio iam ajn okazos, tiam nur en tre longa tempo), aŭ, ke scio de ĉiuj lingvoj tiel disvastiĝu, ke ne nur ĉiuj verkoj estu tradukitaj en ĉiujn lingvojn, sed ankaŭ, ke ĉiuj homoj sciu tiel multe da lingvoj, ke ĉiuj havu eblon en tiu aŭ alia lingvo komunikiĝi unu kun alia, aŭ, ke de ĉiuj estu elektita unu lingvo, kiun devige lernus ĉiuj popoloj, aŭ, fine (kiel estas intencata de volapükistoj kaj esperantistoj), ke ĉiuj homoj de diversaj nacioj kreu unu internacian faciligitan lingvon kaj ĉiuj lernu ĝin.

En tio ĉi konsistas la ideo de la esperantistoj. Ŝajnas al mi, ke la lasta supozo estas la plej racia kaj, ĉefe, efektivigebla plej baldaŭ.

Tiel mi respondas la unuan demandon. La duan demandon – kiom la lingvo Esperanto kontentigas la postulojn de internacia lingvo – mi ne povas respondi kategorie. En tio ĉi mi ne estas kompetenta juĝanto. Unu, kion mi scias, estas, ke volapük montris sin al mi tre komplika; Esperanto, kontraŭe, tre facila, per kio ĝi devas montri sin al ĉiu eŭropano. (Mi opinias, ke por tutmondeco en vera senco de tiu ĉi vorto, t.e. por unuigi hindojn, ĉinojn, afrikajn popolojn kaj aliajn, estos necesa alia lingvo, sed por eŭropanoj Esperanto estas tre facila).

La facileco de ĝia ellernado estas tia, ke, ricevinte antaŭ ses jaroj esperantan gramatikon, vortaron kaj artikolojn, skribitajn en tiu ĉi lingvo, mi post ne pli ol du horoj da okupado havis la eblon, se ne skribi, tamen libere legi en tiu ĉi lingvo.

En ĉia okazo la oferoj, kiujn alportos ĉiu homo de nia eŭropa mondo, dediĉinte iom da tempo al la ellernado de tiu ĉi lingvo, estas tiel sensignifaj, kaj la rezultoj, kiuj povas veni, se ĉiuj – almenaŭ eŭropanoj kaj amerikanoj ĉiuj kristanoj – proprigos al si tiun ĉi lingvon, estas tiel grandegaj, ke oni ne povas ne fari tiun ĉi provon. Mi ĉiam opiniis, ke ekzistas nenia pli kristana scienco ol la scio de lingvoj, tiu scio, kiu ebligas komunikadon kaj unuigadon kun la plej granda nombro de la homoj. Plurfoje mi vidis, kiel homoj fariĝis malamikoj unu kontraŭ alia nur pro mekanika malhelpo al reciproka komprenado. Kaj tiel ellerno de Esperanto kaj ĝia disvastigo estas sendube kristana afero, helpanta *starigon de la Regno de Dio, de tiu afero, kiu estas la ĉefa kaj sola destino de la homa vivo.*

Moskvo, la 27an de aprilo 1894.

LEV TOLSTOJ[17]

En 1895 la eldonejo Posrednik, de kiu Tolstoj estis ano, komencis kunlabori kun *La Esperantisto* kaj ĉiu numero havis Posrednik-paĝon. Multaj inter la celoj de Tolstoj similis al la ĝeneralaj celoj de Zamenhof, kaj verŝajne tiu kunlaborado ankaŭ helpis lin finance.

En la februara numero aperis artikolo de Tolstoj, *Prudento aŭ Kredo?* Ĝi estis artikolo pri la utileco de racio ĉe religiaj problemoj: ĝia sinteno estis maltradiciema kaj kontraŭ aŭtoritatemo, sed laŭ plej pia, deca stilo, tute laŭ la reguloj de normala civilizita diskutado. La sekvanta numero enhavis longan artikolon pri la ĉina-japana milito; ĝia sinteno estis pacifista, humana kaj liberama, kaj ĝi menciis la hipokritan uzon de 'religio', fare de registaroj, dum militoj. Tiuj du artikoloj altigis la prestiĝon de la gazeto – kaj portis al ĝi katastrofon.

En la maja-junia numero Zamenhof presigis malgajan anonceton:

'Unu lando, en kiu loĝas 3/4 de ĉiuj niaj ĝisnunaj abonantoj,

---

17 Kelkaj detaloj pri la inter esperantistoj fama Tolstoj-letero nur lastmomente aperis en Nuntempa Bulgario, 6, 1961, pp. 34-35, en artikolo de Adolf Holzhaus. Ekzistas du tradukoj de la letero. La fakto, ke Zamenhof ne sendis al Tolstoj tuj sian unuan libron, sed atendis ĝis la lingvo iom pli certe vivis, estas kortuŝa nova atestaĵo pri la granda modesteco de Zamenhof.
Kompreneble ĉiu serioza esperantisto scias, ke la opinio de Tolstoj pri la neeŭropanoj jam montris sin multe tro pesimisma.

subite ĉesis enlasadi al si nian gazeton.' Li ne povis plu pagi la koston de la eldonado. Li devis do peti, ke ĉiu abonanto skribu al li pri sia abonpago restanta; kaj tio kostis al li multan tre tedan kaj esence senutilan korespondadon. Ankaŭ la 'Esperanta Biblioteko' devis morti.

La carista cenzuro malpermesis la gazeton, pro tiuj artikoloj de Tolstoj.

Zamenhof sendis al la aŭtoritatuloj en S. Peterburgo artikolon, klarigantan la celojn de Esperanto, kaj petis permeson eldoni malgrandan esperantan gazeton. Vane. Tolstoj mem, malĝoja ĉar li neintence kaŭzis tiel grandan ĉagrenon al senkulpulo, penis interveni:

1895, la 5-an de majo, Moskvo.

Al N. N. Straĥov.

Estas iu doktoro Zamenhof, kiu inventis Esperantan lingvon kaj eldonadis en ĝi gazeton, ŝajnas en Dresdeno. La gazeto havis ĉirkaŭ 600 abonantoj, la plimulto de kiuj estis en Rusujo. Miaj amikoj, kaj precipe unu, Tregubov, dezirante subteni la gazeton, donis tien unu mian leteron, pri interrilato de prudento kaj kredo, tre senkulpan, kaj ankoraŭ unu mian artikolon pri nepago de impostoj en Nederlando. Ĉio tio kaŭzis, ke la esperantan gazeton oni malpermesis allasi en Rusujon, kaj Zamenhof, pasie sindona al sia invento kaj jam antaŭe havinta malprofiton pro ĉi tiu entrepreno, nun suferis domaĝon parte pro mi. Ĉu eblas denove ekklopodi por li abonpermeson de la gazeto en Rusujo? Mi devontigas min nenion presigi en ĝi kaj neniel partopreni.

L. N. TOLSTOJ

N. N. Straĥov, kiu estis publikisto, kritikisto, kaj filozofo, skribis responde, ke li konfidis la aferon al Majkov, prezidanto de la fremdlingva cenzura komitato. Majkov promesis helpi; dank' al tiu interveno la malpermeso estis nuligita; sed estis jam tro malfrue por savi la gazeton.

Tamen, ekzistis pli liberaj landoj; kaj unu el ili reprenis la falintan torĉon. La centro de esperanta ĵurnalismo translokiĝis al Svedujo.

LA LUKTADO DAŬRAS

Valdemar Langlet, juna, kompetenta sveda esperantisto, kies du pasioj estis Esperanto kaj vojaĝado, gastis ĉe la rusa esperantisto Vladimir Gernet en Odeso dum la somero de 1895; unu rezulto de iliaj konversacioj estis aranĝo, laŭ kiu la Esperanta Klubo en Uppsala, Svedujo, eldonos novan esperantan gazeton; Gernet helpos finance; Paul Nylén, profesia redaktoro, helpos pri redaktado. Kaj en decembro 1895, aperis la unua numero de 'Lingvo Internacia', bone presita sur bona papero. La ĝenerala aranĝo similis al tiu de 'La Esperantisto'; la gazeto havis bonajn vojaĝartikolojn, seriozajn lingvistikajn artikolojn kaj tradukojn.

Lingvo Internacia restis la centra organo de la esperanta movado ĝis la unua mondmilito, kvankam diversaj ŝanĝoj okazis, ekzemple en 1898 Nylén prenis en siajn manojn la tutan redaktadon; dum kelka tempo oni presis la gazeton en Lulea; post 1900 Pál Lengyel en Hungarujo presis kaj disvendis ĝin; en 1902 Paul Fruictier en Parizo iĝis redaktoro kaj en septembro 1904 Lengyel translokis sian presejon al Parizo; ekde 1907 ĝis 1914 Théophile Cart estis redaktoro.

En 1894 aperis la Ekzercaro de Zamenhof, kvardek du modelaj ekzercoj, kiuj ekzempligis la gramatikajn regulojn. Kelkaj el la frazoj estas psikologie interesaj; en tiu libro ni trovas ne nur la faman frazon 'Leono estas besto', sed 'Diru al la patro, ke mi estas diligenta'; 'Ludoviko, donu al mi panon'; 'Aleksandro ne volas lerni, kaj tial mi batas Aleksandron'; 'La infanoj ploras, ĉar ili volas manĝi'; 'Tiu ĉi malfreŝa pano estas malmola, kiel ŝtono'; 'La soldatoj kondukis la arestitojn tra la stratoj.' Verŝajne tiaj frazoj fontis el memoroj ...

Samjare Zamenhof eldonis sian tradukon *Hamleto*, kiu unue aperis per kvar maldikaj kajeroj. Poste ĝi aperis, iom plibonigite, kiel libro. Iu ajn tradukanto de Shakespeare havas konstantan problemon en Esperanto: oni ne povas tiom meti en unu esperantan kvinjambon, kiom enestas en angla kvinjambo, ĉefe ĉar en la angla unusilabaj vortoj abundas. Sed la malfacila problemo ne estas nesolvebla; inter diversaj nebonaj tradukoj el Shakespeare aperis kelkaj bonaj, precipe *Makbeto* (D. H. Lambert, 1908) kaj la apogee brila traduko de *Otelo* (R. Rossetti, 1960). La Zamenhofa *Hamleto* estas pli vere traduko tre kompetenta, ol traduko genia; sed kompetenta ĝi estas – leginda, parolebla, prezentebla, kun bonaj ekvivalentoj je la signifo kaj tono de la originalo.

Zamenhof scipovis la anglan, sed ne erudicie, kaj la angla lingvo de Shakespeare multe malsimilas al tiu de la deknaŭa jarcento. Spertuloj opinias, ke Zamenhof faris la tradukon, uzante la anglan originalon, sed helpante sin per germana traduko, kiun li kelkloke tro fidis, kaj eble konsultante, en dubaj kazoj, ankaŭ rusan aŭ polan tradukon. Traduki *Hamleton*, eĉ kun kelkaj mankoj, en lingvon, kiu ekzistis (almenaŭ oficiale) jam nur sep jarojn, estis preskaŭ mirakla atingo; kaj Vilho Setälä kalkulis, ke en la unua akto nur naŭ vortoj el 6.190 devis esti speciale kreitaj por tiu traduko. Ĉion alian Zamenhof faris per mirinde delikata, sentema kaj lerta uzado de sia jama vortprovizo.

Ankaŭ en 1894 aperis la unua (kaj bedaŭrinde la sola) kajero de *Granda Vortaro Germana-Esperanta*, kaj *Plena Vortaro Rusa-Internacia sekvis en 1899*. En 1902 Joseph Rhodes, ĵurnalisto, fondis en Keighley la unuan esperantan klubon en Britujo; kaj malgranda grupo en Londono iĝis, en 1903, la Londona Klubo, kiu ankoraŭ floras. H. Bolingbroke Mudie, tiam dudektrijara, estis ano, kaj baldaŭ iĝis grava persono en la brita movado. W. T. Stead, ĉefredaktoro de *The Review of Reviews*, subtenis Esperanton per financa helpo kaj speciala rubriko en sia gazeto. Bolingbroke Mudie dum mallonga provperiodo redaktis la unuan britan esperantan gazeton, *The Esperantist*; poste la Londona Klubo sukcesis ekstarigi la Britan Esperantistan Asocion, kiu baldaŭ havis siajn proprajn oficejon, librovendejon, ekzamenojn kaj gazeton – *The British Esperantist*.

En Francujo la ĉefpioniro estis Louis de Beaufront, inteligenta sed malfeliĉa, stranga homo, kies loko en la historio de Esperanto estas unika kaj ironioplena. Li pretendis, ke li formetis propran projekton, kies nomo estis *Adjuvanto*, kiam li eksciis pri Esperanto kaj pri ĝia supereco. En lia temperamento ne troviĝis la sincereco aŭ la milda modesteco tiel karakterizaj de Zamenhof; sed tiutempe eĉ lia dogmeca asertemo ofte utilis kaj li montris sin brila kaj aktiva propagandisto. Li fondis la revuon *L'Espérantiste*, kiu estis gazeto de nova tipo: ne esperanta gazeto por esperantistoj, sed dulingva propaganda gazeto, en kiu Louis de Beaufront bone refutis la argumentojn de oponantoj, klarigis gramatikajn punktojn, konsilis pri propagandaj metodoj kaj atakis, ofte tre akre, ĉiujn 'reformulojn' kaj novajn vortojn, kvankam li mem kelkfoje enkondukis novajn vortojn kaj lia propra esperanta stilo estis iom peza kaj tro franceca. Li fondis ankaŭ la Societon por la Propagando de Esperanto, kiu aranĝis ekzamenojn kaj konkursojn kaj eldonis la gazeton kaj diversajn librojn. De Beaufront ankaŭ varbis plurajn vere eminentajn francojn al Esperanto.

Dulingva gazeto, *Der Deutsche Esperantist*, aperis en Germanujo dum kelkaj monatoj; sekvis ĝin la regule aperanta kaj longviva *Germana Esperantisto*. La eldonejo Müller und Borel tre helpis al Esperanto. Nacia germana societo fondiĝis en 1906; samjare fondiĝis la nacia Societo en Svedujo kaj la unua esperantista grupo en Danujo, kies nacia societo fondiĝis en 1908. Jam estis diversaj lokaj grupoj en Norvegujo, kvankam plene organizita nacia societo fondiĝis tie nur en 1911. Organizado en Rusujo estis pli malfacila, kelkfoje eĉ danĝera, pro la severaj leĝoj pri societoj kaj kunvenoj; tamen en 1908 la pioniroj sukcesis venki ĉiujn obstaklojn kaj fondi Rusan Esperantistan Ligon.

Nacia esperantista societo aperis en Hispanujo en 1903, sed en Portugalujo nur en 1924, parte pro politikaj kaŭzoj; Svislando jam havis nacian societon en 1902, Italujo en 1903, la hungaroj en 1905, Nederlando en 1905, Bulgarujo en 1906, Rumanujo en 1907, germanparolantoj en Aŭstrujo en 1908, Usono en 1908. Esperanto komencis tiutempe sukcesi, malpli grandskale, en Argentino, Aŭstralio, Bolivio, Brazilo, Cilio, Japanujo, Kubo, Meksikio, Nov-Zelando, Peruo, Urugvajo, Venezuelo, ankaŭ iom en norda Afriko, Kanariaj Insuloj kaj eble en Kolombio.

Ne ĉiuj alilandaj esperantistoj komprenis la specialajn malfacilaĵojn kaj danĝerojn de esperantistoj sub la carista cenzuro kaj burokratismo. Ekzemple, iam iu sendis al Zamenhof bulgaran esperantan lernolibron de Bogdanov; sur ĝia kovrilo la vorto REVOLUCIO brulis ruĝlitere. Tio sufiĉis por doni al la Oĥrana (carista polico) prekeston sendi Zamenhof al Siberio; feliĉe la danĝero forpasis sen plenumiĝo, sed Zamenhof kaj liaj amikoj maltrankvile vivis dum kelkaj semajnoj antaŭ la feliĉa fino de tiu afero. Aliokaze, oni denuncis *Lingvo Internacia* al la polico ĉar la listo de abonantoj enhavis la vorton *Finnlando*, kaj pluraj rusaj esperantistoj, inkluzive Gernet mem, dum tempo timis areston kaj proceson pro 'incito al finna separatismo!' Feliĉe ili sukcesis sin eltiri el la embaraso.

Esperanto akiris sian propran simbolon, la kvinpintan verdan stelon, kvankam dum longa tempo oni ne permesis al rusaj esperantistoj ĝin porti. La verda koloro tradicie simbolas esperon; la kvin pintoj, la kvin kontinentojn; oni povas diversmaniere modifi tiun insignon por diverscelaj societoj. Kiam iu demandis al Zamenhof mem, en 1912, eĉ li ne certis, kiel la stela emblemo kreiĝis; sed li kredis, ke de Beaufront unue proponis la verdan stelon. B. G. Jonson de Oslo estis la unua, kiu proponis, ke esperantistoj portu ian insignon por rekoni unu la alian.

KONFLIKTOJ EN FRANCUJO

Dum jaroj, kvereloj interne de la franca esperantista movado malhel-pis ĝian progreson kaj multe suferigis Zamenhof. Ili plejparte naskiĝis el persona konflikto inter du inter si malsimpatiantaj homoj, Louis de Beaufront kaj Carlo Bourlet; tiu temperamenta malsimpatio iĝis kverelo pro stranga aŭtor-eldonista kontrakto.

Louis de Beaufront, la plej enigma kaj iasence la plej tragika personeco inter la konataj pioniraj esperantistoj, laboris dum jaroj sindediĉe; sed lia portreto sugestas, ke li estis esence neforta, psike nesekura, kaj ekscese sentema. Li kapablis montri elegantan ĝentilecon kaj sorĉan ĉarmon; sed li estis nervoza; lia voĉo estis akra; liaj okuloj ne rigardis tiun, al kiu li parolis; kaj lia mensogemo estis verŝajne patologia.

La biografiaj detaloj, kiujn Louis de Beaufront diskonigis pri si mem, prezentis malgajan historion pri talentoj, malfeliĉoj kaj stoika pacienco: li estis markizo; li studis lingvojn, eĉ, dum kelka tempo, sub la gvidado de Max Müller; li ankaŭ multe studis filozofion kaj teologion; li multe vojaĝis, precipe en Hindujon. Ia katastrofo perdigis al li preskaŭ lian tutanhavaĵon; poste li preskaŭ mortis pro tifo. La monperdo devigis lin iĝi privata instruisto al knaboj en bonaj familioj; la tifo detruis lian sanon, kaj ĉiam poste li restadis malfortika, ofte malsana, sed servis al sia celo eĉ tiel proksime al la rando de la tombo. Tamen, esplorintoj nun scias, ke tiu kortuŝa historio estas plejparte fantazia.[18]

Tiutempe, de Beaufront gajnis ĝeneralan estimon. Zamenhof mem konsideris lin granda amiko; oni ofte konsideris lin la dua esperantisto post Zamenhof. Sed ĉe la alia flanko de tiu honormedalo oni vidas bildon de homo esence malfeliĉa, tre neŭroza, kiu terure soifis esti amata, eminenta kaj grava. Kredeble, Zamenhof dum kelka tempo estis por li kontentiga patro-imago; sed venis tempo, kiam ne sufiĉis al tiu turmentita vantemulo la eminenteco de ĉefo en la franca movado.

Lia fanatika konservativismo pri la lingvo igis lin baldaŭ kvazaŭ ia ĉasanto de herezuloj, kaj li perdis sian ĝentilecon. Li ankaŭ malaprobis la etikajn konceptojn kaj celojn de Zamenhof, kaj ĉiam volis, ke Esperanto estu nur lingvo, sen kultura, etika aŭ interfratiga celo. Por propagando en tiutempa Francujo, lia

18 Multaj detaloj estas ankoraŭ nepublikigeblaj; sed mi kredas, ke miaj informintoj estas perfekte fidindaj.

sinteno taŭgis; sed li neniam komprenis, ke la etika, eĉ emocia, bazo de la esperantismo donis multan forton kaj dinamikon al la Movado, tiun dinamikon, kiu ebligis al multaj esperantistoj malsati, riski siajn karierojn, rezigni pri riĉiĝo, kelkfoje eĉ labori kontraŭleĝe ĝis martiriĝo. De Beaufront kredis sin tre racia, logika homo; sed nekonsciaj, komplikaj emociaj bezonoj pelis lin, multe pli ol li mem, kiu malestimis homajn emociojn, povis kompreni.

Lia rivalo, Carlo Boulet, estis doktoro pri scienco kaj profesia matematikisto. Li estas viro bela, maldika, tre inteligenta, kun superabunda energio. Li estis tre verva kaj sprita, kaj kapablis multe ĝui la vivon. Li pensis tiel orde kaj rapide, ke li kapablis dikti al pluraj sekretarioj paralele; supernormala estis lia memoro; li bonege oratoris improvize kaj elpensis praktikajn planojn detale. Same kiel de Beaufront, Bourlet lasis ĉe aliaj la impreson, ke li tre estimas sin mem; sed Bourlet estis ankaŭ estiminda: li estis sincera kaj honesta; lia kolero estis rapida, facila kaj natura, sed lia helpemo kaj sincera komplezemo estis same spontaneaj kaj rapidaj.

En 1901, Carlo Bourlet havis ideon verŝajne bonan kaj praktikan. Oni jam sciis, ke Zamenhof estas malriĉa, kaj ke la rusa cenzuro tre malhelpas lin. Kontrakto kun altprestiĝa franca eldonejo tre helpus … Bourlet persone konis Bréton, unu el la direktoroj de la fama franca eldonejo Hachette; li interesigis Bréton pri la kreskanta merkato por esperantaj libroj. Bréton, kiu sciis nenion pri Zamenhof, insistis, ke franca agento devos prizorgi la komercan flankon kaj ankaŭ korekti la presprovaĵojn. Komprenebla la plej taŭga persono estis de Beaufront; Bourlet prezentis de Beaufront al Bréton kaj ĝentile retiriĝis, kredante, ke li faris al Zamenhof bonan servon.

La korespondaĵoj inter de Beaufront kaj Zamenhof ne plu ekzistas; sed oni scias, ke en julio 1901, tri kontraktoj estis subskribitaj. La unua tekstis:

'Mi, subskribinto, D-ro Lazaro Ludoviko Zamenhof, elpensinto de la internacia lingvo Esperanto, loĝanta en Varsovio, strato Dzika, n-ro 9, deklaras per tiu ĉi dokumento, ke mi cedas al s-ro de Beaufront, laŭ kondiĉoj parole konsentitaj inter ni, la ekskluzivan rajton por ĉiuj landoj publikigi ĉiujn verkojn destinitajn al la propagando kaj instruado de tiu lingvo, laŭ la praktika kaj literatura vidpunkto; kontrakti tiucele por Francujo kun la de li elektota eldonisto, kiu mem rajtas subkontrakti kun la eldonistoj de la diversaj fremdaj landoj. Tiuj verkoj, kiuj devos esti antaŭe prezentitaj al mi, estos aprobitaj de mi ekskluzive de ĉiuj aliaj; ili surhavos la mencion de tiu aprobo. Mi devontigas min persekuti, konsente kun s-ro de Beaufront kaj liaj eldonistoj [...] ĉian konkurencan publikigon aŭ falsaĵon, kiu povus esti farita je la malprofito de niaj komunaj interesoj.'

Zamenhof mem sincere interpretis tiun ĉi kontrakton kiel promeson, ke la eldonisto, kiun de Beaufront elektos, havos ekskluzivan rajton pri la verkoj de Zamenhof mem kaj pri kolekto, kiun li speciale aprobos. Bréton, verŝajne, interpretis ĝin same sincere kiel donantan al de Beaufront kaj al Hachette absolutan monopolon pri ĉiuj verkotaj esperantaj libroj; kaj tiu ĉi dua interpreto vekis suspekton kaj indignon inter multaj esperantistoj.

La dua kontrakto, inter Zamenhof kaj de Beaufront, enhavis la vortojn:

'Artikolo 1a. D-ro Zamenhof devontigas sin:

1. eldoni neniun el siaj verkoj rilataj al tiu lingvo, krom per la eldonistoj elektitaj de s-ro de Beaufront;

2. doni sian aprobon al la aliaj verkoj rilataj al tiu lingvo, nur se iliaj aŭtoroj konsentas eldonigi ilin per la ĉi-supre difinitaj eldonistoj;

3. permesi al neniu traduki liajn verkojn en aŭ pri tiu lingvo, krom se la tradukisto konsentas eldonigi ilin per la difinitaj eldonistoj.'

La kontrakto poste difinis la financajn aranĝojn, kaj aldonis: 'Por la ekzameno kaj aprobo de la verkoj, D-ro Zamenhof estos la sola kaj unika juĝanto; ĉiuj verkoj estos al li prezentataj, sen ia ajn escepto, kaj solaj surhavos la mencion "Kolekto Aprobita de D-ro Zamenhof", la verkoj, kiujn li opinias indaj ĝin ricevi [...] En okazo de la morto de D-ro Zamenhof estas konsentite per tiu ĉi dokumento, ke s-ro de Beaufront heredos la rajton pri ekzameno kaj aprobo dum la tuta tempo, dum kiu daŭros la literatura posedrajto de la D-ro kaj de liaj heredontoj, kiuj heredos nur la financajn rajtojn. En okazo de morto de s-ro de Beaufront [...] la rajto pri ekzameno kaj aprobo transiros al s-ro René Lemaire, doktoro pri juro, loĝanta en Epernay (Marne) ...'

Per tiu ĉi neordinara kontrakto de Beaufront akiris konsterne vastajn rajtojn pri la sorto de Zamenhof kaj eble de Esperanto mem. Sed ekzistis ankaŭ tria kontrakto, pri kiu Zamenhof ne sciis; per tiu sekreta kontrakto de Beaufront transdonis al Hachette 'por la tuta tempo, dum kiu daŭros lia literaturo posedrajto kaj tiu de D-ro Zamenhof [...] la ekskluzivan rajton presadi, publikigadi kaj vendadi la serion de verkoj, ĉi-supre aluditaj ...' De Beaufront ligis Zamenhof al Hachette por la tuta vivo – kaj sekretis pri tio. Li estis akirinta preskaŭ despotan potencon rilate al Esperanto.

Esperantaj libroj komencis aperi ĉe Hachette, kaj Zamenhof komencis ricevi malgrandajn monsumojn. Hachette volis interpreti la kontraktojn kiel donantajn plenan monopolon pri ĉiuj esperantaj libroj, dum franca esperantisto, Théophile Cart, insiste petis de Zamenhof certigon, ke tia monopolo ne ekzistas. En junio-julio 1902, Bourlet eksciis pri la detaloj de la kontraktoj kaj forte indigniĝis. Finfine, post multa mensa suferado, kaj trovinte la moralan dilemon netolerebla, Zamenhof deklaris, ke, se la aliaj rifuzos fari novan kontrakton, li rifuzos aprobi iun ajn esperantan libron. Post multa diskutado, oni nuligis la kontraktojn kaj subskribis novajn; ĉi-foje Zamenhof donis al Hachette la ekskluzivan rajton eldoni la 'Kolekton Aprobitan', kaj monopolon pri siaj propraj verkoj, sed oni konfirmis la liberecon de la aliaj esperantistoj. La komercaj aranĝoj pri tantiemoj estis kontentigaj.

Parte kulpis la manko de komerca sperteco ĉe Zamenhof. Verŝajne de Beaufront ne estis speciale monavida; sed li tre avidis potencon, kaj lia malsaĝa kaŝemo malbeligis la aferon. Pro tiu ĉi epizodo, de Beaufront kaj Bourlet grave malamikiĝis; samtempe naskiĝis malicaj onidiroj, laŭ kiuj Zamenhof tre riĉiĝis per Esperanto. Precize kial li, aŭtoro de la lingvo, ne rajtus tiel profiti, restas enigmo; sed la flustraj kalumnioj tiel vundis lin, ke en 1903 li eĉ defendis sin publike en *Lingvo Internacia*. El la sepsofokuso de tiu kverelo inter de Beaufront kaj Bourlet, infekto etendiĝis larĝe tra la franca movado: infekto de kvereloj, skandaloj kaj kalumniaj onidiroj, kiuj ofte suferigis Zamenhof kaj multe malbonfaris al Esperanto en Francujo.

Tamen, ekster Francujo mem, la pozitiva flanko de la Hachette-kontrakto pli gravis ol klaĉado. Ĝi utile pligrandigis la neniam grandan enspezon de Zamenhof; kaj Hachette eldonis multajn bonajn esperantajn librojn. Tiuj libroj havis karakterizan verdan kovrilon; la presado kutime estis malbonkvalita, kaj precipe la papero.

La unua verko de Zamenhof mem, ĉe Hachette, estis la *Fundamenta Krestomatio*, kiu aperis en la sama jaro. Ĝi estis antologio de modelaj esperantaj tekstoj, kun multaj de Zamenhof mem, kaj la plej granda esperanta libro ĝis tiam aperinta. Ĝia enhavo konsistis el: antaŭparolo, la Ekzercaro, kelkaj fabeloj kaj legendoj, anekdotoj, rakontoj, artikoloj pri ĝeneralaj temoj kaj pri Esperanto; kvin originalaj poemoj kaj dek du poemoj tradukitaj de Zamenhof, kaj kvindek du poemoj de dudek sep aliaj poetoj aŭ tradukintoj.

La plej grava artikolo estis *Esenco kaj estonteco de la ideo de lingvo internacia*, kiun Zamenhof mem verkis, kvankam li uzis la kaŝnomon *Unuel* (t.e. 'unu el ĉiuj'). Ĝi estas grava dokumento en la historio de Esperanto; la komencaj vortoj, veraj por preskaŭ ĉiuj pioniroj, estas:

'Ĉiuj ideoj, kiuj estas ludontaj gravan rolon en la historio de la homaro, havas ĉiam tiun saman egalan sorton: kiam ili ekaperas, la samtempuloj renkontas ilin ne sole kun rimarkinde obstina malkonfido, sed eĉ kun ia neklarigebla malamikeco; la pioniroj de tiuj ĉi ideoj devas multe batali kaj multe suferi; oni rigardas ilin kiel homojn frenezajn, infane malsaĝajn, aŭ fine eĉ rekte kiel homojn tre malutilajn. Dum la homoj, kiuj okupas sin je ĉia plej sencela kaj senutila sensencaĵo, se ĝi nur estas en modo kaj konforma al la rutinaj ideoj de la amaso, ĝuas ne sole ĉiujn bonojn de la vivo, sed ankaŭ la honoran nomon de "instruituloj" aŭ "utilaj publikaj agantoj", la pioniroj de novaj ideoj renkontas nenion krom mokoj kaj atakoj; la unua renkontita tre malmulte lerninta bubo rigardas ilin de alte kaj diras al ili, ke ili okupas sin je malsaĝaĵoj; la unua renkontita gazeta felietonisto skribas pri ili 'spritajn' artikolojn kaj notojn, ne preninte sur sin la laboron almenaŭ iom ekscii, super kio ili propre laboras; kaj la publiko, kiu ĉiam iras kiel anaro da ŝafoj post la kriemuloj, ridas kaj ridegas kaj eĉ por unu minuto ne faras al si la demandon, ĉu ekzistas eĉ guto da senco kaj logiko en ĉiuj tiuj ĉi "spritaj" mokoj. Pri tiuj ĉi ideoj "estas modo" paroli ne alie, ol kun ironia kaj malestima rideto, tial tiel agas ankaŭ A kaj B kaj C, kaj ĉiu el ili timas enpensiĝi serioze eĉ unu minuton pri la mokata ideo, kaj li "scias antaŭe" ke "ĝi krom malsaĝaĵo enhavas ja nenion", kaj li timas, ke oni iel alkalkulos lin mem al la nombro de "tiuj malsaĝuloj", se li eĉ en la daŭro de unu minuto provos rilati serioze al tiu ĉi malsaĝaĵo. La homoj miras, "kiamaniere en nia praktika tempo povas aperi tiaj malsaĝaj fantaziuloj kaj kial oni ne metas ilin en la domojn por frenezuloj".

'Sed pasas kelka tempo. Post longa vico da batalado kaj suferoj la "buboj-fantaziuloj" atingis la celon. La homaro fariĝis pli riĉa per unu nova grava akiro kaj altiras el ĝi la plej vastan kaj diversforman utilon. Tiam la cirkonstancoj ŝanĝiĝas. La jam fortiĝinta nova afero ŝajnas al la homoj tiel simpla, tiel "komprenebla per si mem", ke la homoj ne komprenas, kiamaniere oni povis tutajn miljarojn vivi sen ĝi.'

Zamenhof donis kelkajn ekzemplojn el la historio pri tiaj suferoj ĉe pioniroj, kaj petis de ĉiu homo: 'Ne turnu atenton sur tion, kion diras Petro aŭ Johano, sed pripensu *mem*. Se niaj argumentoj estas ĝustaj, akceptu ilin – se ili estas malĝustaj, forĵetu ilin, se eĉ miloj da laŭtaj nomoj starus post ili.' Li poste analizis la sekvantajn demandojn:

1) Ĉu lingvo internacia estas bezona;

2) Ĉu ĝi estas ebla en principo;

3) Ĉu ekzistas espero, ke ĝi efektive estos enkondukita praktike;

4) Kiam kaj kiamaniere tio ĉi estos farita kaj kia lingvo estos enkondukita;

5) Ĉu nia nuna laboro kondukas al ia difinita celo ...?

La respondoj al 1), 2) kaj 3) kompreneble estis jesaj.

Responde al la tria demando, Zamenhof uzis unu el tiuj simplaj, trafaj analogioj, pri kiuj li tre kapablis:

'Se du homaj grupoj estas disigitaj unu de alia per rivereto, sed scias, ke por ili estus tre utile komunikiĝadi inter si, kaj ili vidas, ke tabuloj por la kunigo de ambaŭ bordoj kuŝas tute pretaj apud iliaj manoj, tiam oni ne bezonas esti profeto, por antaŭvidi kun plena certeco, ke pli aŭ malpli frue tabulo estos transĵetita trans la rivereto kaj komunikiĝado estos aranĝita. Estas vero, ke pasas ordinare kelka tempo en ŝanceliĝado, kaj tiu ŝanceliĝado estas ordinare kaŭzata de la plej sensencaj pretekstoj: saĝaj homoj diras, ke celado al aranĝo de komunikiĝado estas infanaĵo, ĉar neniu el ili okupas sin je metado de tabuloj trans rivereto kaj tiu ĉi afero estas tute ne en modo; spertaj homoj diras, ke la antaŭuloj ne metadis tabulon trans rivereto, sekve ĝi estas utopio; instruitaj homoj pruvas, ke komunikiĝado povas esti nur afero natura kaj ke la homa organismo ne povas sin movadi sur tabuloj k.t.p. Tamen, pli aŭ malpli frue tabulo estas transmetata kaj la komunikiĝado estas aranĝata.'

En tiu ĉi traktaĵo troviĝas ankaŭ la inspiraj vortoj:

'Nia afero iras malrapide kaj malfacile; tre povas esti, ke la plimulto de ni ne ĝisvivos tiun momenton, kiam montriĝos la fruktoj de nia agado kaj ĝis la morto mem ni estos objekto de mokoj; sed ni iros en la tombon kun la konscio, ke nia afero ne mortos, ke ĝi morti *neniam povas*, ke pli aŭ malpli frue ĝi *devas* atingi la celon.'

Li opiniis, ke la plej bona internacia lingvo estos 'arta lingvo', ĉar ĝi ne havas anomaliojn: arta lingvo povas havi kvazaŭ matematikan perfektecon kaj la eblon esprimi ĉion koncepteblan.

Esperanto jam pruvis sin la plej bona ĝis tiam, kaj estas neprob-able, ke io pli bona estos trovita. Li menciis ion, kio eĉ hodiaŭ restas utila – kaj same korekta – argumento:

'Multaj el la plej novaj projektistoj uzas la sekvantan ruzaĵon: sciante, ke la publiko taksos ĉiun projekton konforme al tio, kiel al ĝi rilatos la instruitaj *lingvistoj*, ili zorgas ne pri tio, ke ilia projekto estu efektive taŭga por io en la praktiko, sed nur pri tio, ke ĝi en la unua minuto faru bonan impreson sur la lingvis-tojn; por tio ili prenas siajn vortojn preskaŭ *tute sen ia ŝanĝo* el la plej gravaj jam ekzistantaj lingvoj naturaj. Ricevinte frazon skribitan en tia projektita lingvo, la lingvistoj rimarkas, ke ili per la unua fojo komprenis tiun ĉi frazon multe pli facile ol en Esperanto – kaj la projektistoj jam triumfas kaj anoncas, ke ilia "lingvo" (se ili iam finos ĝin) estos pli bona ol Esperanto. Sed ĉiu prudenta homo tuj konvinkiĝas, ke tio ĉi estas nur iluzio, ke al la malgrava principo, elmetita pro montro kaj allogo, tie ĉi estas oferitaj la principoj plej gravaj (kiel ekzemple la facileco de la lingvo por la nekleruloj, flekseblebco, riĉeco, precizeco k.t.p.), kaj ke, se simila lingvo eĉ povus esti iam finita, ĝi en la fino nenion donus! Ĉar se la plej grava merito de lingvo internacia konsistus en tio, ke ĝi kiel eble plej facile estu tuj komprenata de la instruitaj lingvistoj, ni ja por tio ĉi povus simple preni ian lingvon, ekzemple la latinan, tute sen iaj ŝanĝoj – kaj la instruitaj lingvistoj ĝin ankoraŭ pli facile komprenos per la unua fojo!' Venko estas certa, penado jam valoras: 'Ne bezonante rigardadi, kion diras aŭ faras aliaj, ĉiu povas alporti sian ŝtonon por la kreskanta konstruo.

Nenia ŝtono perdiĝos. Nenia laboranto tie ĉi dependas de la alia, ĉiu povas agadi aparte, en sia sfero, laŭ siaj fortoj, kaj ju pli da laborantoj estos, tiom pli rapide estos finita la granda konstruo.'

La ĉi-supra resumo ne elmontras plene la meritojn de tiu klarega, modertona kaj bone rezonanta traktaĵo, kiu dum longa tempo donis al la esperantistoj iliajn plej bonajn argumentojn, grandparte ankoraŭ validajn. De Beaufront uzis ĝin kiel bazon de franclingva prelego al la franca Asocio por la Progresigo de la Sciencoj.

Fundamenta Krestomatio estis libro ne nur grava, sed fizike granda, tia, kian Zamenhof mem tute ne povus eldoni private. La kontrakto kun Hachette do alportis realajn avantaĝojn. Sed kelkaj strangaj aferoj okazis: ekzemple, Hachette eldonis libron (verŝajne vortaron) kiel 'aprobitan de D-ro Zamenhof' kaj kiun li tute ne vidis antaŭe. Li fakte ne malaprobis la libron, sed skribis – tre modere – en letero al Cart: 'Kiel ajn bonega ia verko estas kaj kiel ajn alte mi estimas ĝian aŭtoron, tamen, se la verko devas eliri *kun mia aprobo* (t.e. kun mia publika respondeco), mi ja devas antaŭe scii pri tio ĉi.'

De Beaufront verŝajne respondecis pro tiu epizodo. Laŭ Bourlet (kiu pro antipatio kontraŭ de Beaufront eble ne estis perfekte objektiva), en junio 1903 Hachette ricevis skribitan ateston, ke de Beaufront uzis sian privilegian situacion 'por trudi al la nefrancaj esperantistoj siajn verkojn tradukotaj ekskluzive de ĉiuj aliaj en la Kolekto Aprobita', almenaŭ en Hispanujo. Tiam Hachette rompis rilatojn kun de Beaufront, kiu ne plu kontribuis al la Kolekto

Aprobita kaj rifuzis eldoni sian tre bezonatan francan-esperantan vortaron. Bourlet kaj de Beaufront tiam kverelis nepacigeble. Delikata letero de Zamenhof al Bourlet ne nur montras karakterizan grandanimecon, sed sugestas, ke li jam sciis pri multaj aferoj, pri kiuj li preferis ne tro paroli:

'Kredu al mi, ke ne sole mi, sed ankaŭ ĉiuj esperantistoj scias tre bone, kiuj estas la plej meritaj personoj en la nuna stato de nia afero. Ni ne parolas nun pri tio, ĉar ne venis ankoraŭ la tempo; sed pli aŭ malpli frue la tempo venos, kaj tiam la esperantistoj scios tre bone, al kiu ilia afero ŝuldas la plej gravan dankon. Ĝis tiu tempo ni devas esti paciencaj, forgesi ĉiujn ofendojn, ĉian personan malamikecon kaj labori ĉiuj en plej granda harmonio kaj unueco, ĉar nur unueco venigos nin al nia celo, dum reciproka malamikeco povas facile detrui ĉiujn fruktojn de nia laborado.'

La reciproka malamo de tiuj du francaj esperantistoj havis gravajn rezultojn kaj malhelpis al Zamenhof dum la restanta vivo. Li komprenis pri la konfliktoj nur per leteroj, sed devis iel juĝi pri la vero kaj pacigi kverelantojn. Ĉiam li montris sin pacienca, helpema kaj grandanima. Ofte li kun hezito malfermis leteron el Parizo, eble portantan al li novan ĉagrenon. Kaj tamen la ĉefoj de la esperantistaro en Francujo estis tuta konstelacio de grandaj talentoj kaj interesaj personecoj.

Generalo Hippolyte Sebert estis homo tia, kian oni ne tre atendas en idealisma movado. Li estis mondfama fakulo pri balistiko; teknika direktoro de granda ŝtalindustria firmo, pioniro en elektrotekniko. Kiel artileria oficiro, li faris gravajn esplorojn en

Nova Kaledonio. Li parte respondecis pri la eltrovo de senfuma pulvo, torpedoj kaj diversaj aparatoj por sciencaj eksperimentoj; li estis prezidanto de diversaj sciencaj asocioj. Kvindekunujara, jam tre estimata kaj influa, li eksiĝis el la armeo en 1890 por sin dediĉi plene al sciencaj kaj industriaj esploroj; en 1898 li esperantistiĝis, kaj poste daŭrigis bonegan laboron por Esperanto, ĝis en 1930 li mortis, unu semajnon antaŭ sia naŭdeka naskiĝdatreveno. Ne mirigas, ke ekssoldato kaj matematikisto iom tro inklinis ordoni kaj tro draste centrigi la organizadon; sed, dum tiu epoko de troa individualismo en la Movado, estis feliĉe, ke iu en Francujo havis tian inklinon. Sebert legis antaŭ la Scienca Akademio raporton, kiu defendis Esperanton; li kreis la Internacian Sciencan Asocion kaj la Centran Oficejon de Esperanto; ĉiam li organizis tre energie; li verkis multajn esperantajn artikolojn kaj francajn broŝurojn pri Esperanto; kaj li malavare donacadis monon al la Movado.

Emile Boirac, rektoro de la universitatoj de Grenoble kaj Dijon, estis profesia filozofo tre estimata; li esperantistiĝis en 1900. Bela, impona, fortika, serena, kun mieno de milda, ĝentila sed apenaŭ rezistebla aŭtoritato, kun psikologia penetremo, kiu ebligis al li trovi la plej taŭgan sintenon al homoj diverstipaj, kun agrabla voĉo, flua parolado, ĉarma rideto kaj multa bonhumoro, li tre influis aliajn kaj estis natura paciganto. Dika vivĝuanto, sed ege klera, li estis tre ŝatata. Li fondis plurajn esperantistajn grupojn, varbis plurajn universitatajn profesorojn kaj verkis kelkajn francajn broŝurojn, kiuj rekomendis Esperanton al intelektuloj.

Li tradukis en Esperanto la *Monadologion* de Leibniz kaj *Don Juan* de Molière, kompilis vortaron siatempe gravan, verkis librojn pri leksikologio kaj multajn artikolojn en francaj kaj esperantaj gazetoj. Lia vigla, serena kaj sana psiko ebligis al li ofte serenigi aliajn. Li interesiĝis pri preternormalaj fenomenoj, kaj oni diras, ke, kiam Boirac finfine trovis la vivon teda post serio de familiaj tragedioj, li, sesdeksepjara, same serene mortigis sin per konscia neniigo de la vivdeziro.

Théophile Cart, instruisto en Parizo, esperantistiĝis en 1901, kvardeksesjara; li estis, verŝajne, esperantisto dediĉita, sinoferema, profunde bonintenca, kiu tamen per sia troa dogmemo kaj ia pedanteco ofte kaŭzis aŭ akrigis konfliktojn. Li scipovis sep lingvojn bone, kaj dum kelka tempo prelegis ĉe la universitato de Uppsala pri la franca literaturo. Li volonte faris tedajn rutinajn taskojn: ekzemple, li ofte legis presprovaĵojn por Hachette, dum de Beaufront daŭre ricevis la honorarion; li bonege laboris inter la esperantistaj blinduloj, kaj fondis la brajlan gazeton *La Ligilo.* Li verkis franclingvan esperantan lernolibron kaj kompilis kun du kunlaborantoj francan-esperantan vortaron. Oni memoris lin kiel bonan blankbarbulon; Kalocsay nomis lin la 'Bona Aŭtokrato'[19] kaj en nobla funebra soneto en 1931 laŭdis lin:

Li pasis, ve, li pasis, sed restis lia Ago!
Super la tombo ŝvebas, kaj plue gvidos nin
Du praaj malamikoj, kiujn sub verda flago
Mirakle li pacigis: Liber' kaj Disciplin'! [20]

---

19 En *Rimportretoj*, 1931.
20 En *Streĉita kordo*, 1931

Estas des pli bedaŭrinde, ke Cart, pro sincera sed tro rigora konservatismo, ofte ŝajnis severa ĝis malĝentileco, kaj ke li estis tre ekscitiĝema kaj tro suspektema.

Alfred Michaux, advokato, bela, larĝŝultra, bluokula, estis viro verva, vigla kaj carma, entuziasma sportulo, reformanto kaj helpanto de junaj krimuloj kaj vagabondoj, bonega organizanto por la Movado. Li multe prelegis en Francujo, Belgujo, Britujo kaj Nederlando, kaj multaj ŝatis lin; li estis sincera, honesta, amikeca kaj relative tolerema.

René Lemaire, kiu kiel junulo iĝis la dua esperantisto en Francujo, laboris tre lojale kun de Beaufront, en izolo, ekde 1892 ĝis 1897; li doktoriĝis pri juro kaj iĝis sukcesa komercisto. Li multe helpis en organizado, subvenciis kelkajn fruajn esperantajn librojn, kaj por ĉiam difektis sian sanon per sia troa laboro por Esperanto.

La tria esperantisto dum tiuj fruaj jaroj en Francujo estis Gaston Moch, eksoficiro artileria, kiu meze de la vivo iĝis paci-fisto; li estis dreyfusano kaj ano de la Ligo por la Homaj Rajtoj, kaj grave rolis en la internacia pac-movado. Li tre bone laboris kiel propagandisto por Esperanto, kaj en 1900 helpis fondi la Parizan Esperantistan Grupon, kies prezidanto li estis dum kelka tempo. Li de 1905 ĝis 1908 eldonadis *Espero Pacifista*. Zamenhof tre alte taksis lin.

Inter aliaj francaj esperantistoj, troviĝis Gabriel Chavet, kiu esperantiĝis kiel lernejano kaj poste multe laboris por la Movado, precipe kiel oficisto de la Centra Oficejo; Paul Fruictier, kiu iĝis konata kuracisto kaj dum jaroj redaktis *Lingvo Internacia*; kaj la neordinara franca juristo Ernest Archdeacon, kiu aliĝis al la Movado iom malpli frue – en 1908. Archdeacon estis interesa homo, multtalenta kaj eksperimentema; liaj diversaj atingoj inkluzivis: eltrovojn en fotografio kaj kartografio; esplorojn pri balonado kaj aviado, la unuan vojaĝon, kun Serpollet, en vaporaŭtomobilo; li sentis intereson pri io ajn, kio ŝajnis nova kaj utila; li donacis monon tre malavare al tiaj entreprenoj. Li verkis sennombrajn artikolojn pri Esperanto, helpis la Movadon finance kaj starigis multajn premiojn por promesplenaj studantoj de la lingvo.

Alia franca esperantisto, Emile Javal, iĝis granda amiko de Zamenhof, kaj estis ankaŭ profesia kolego: oftalmologo, kiu estis armea ĥirurgo dum la franca-prusa milito kaj tiam vidis la realaĵojn de militaj suferoj. Dum kelkaj jaroj li estis deputito. Li estis iom eminenta fakulo, kiu propagandis, kaj finfine adoptigis, inter okulistoj, la dioptrion kiel solan mezurunuon por la vidkapablo; li verkis valorajn studojn pri oftalmologio; kaj li elpensis skribilon por blinduloj. Dum dudek unu jaroj li luktadis kontraŭ okulmalsano propra, sed en 1900, jam sesdekdujara, li tute blindiĝis; lia kuraĝo sub tiu ĉi aflikto, lia adaptiĝo, lia belega sereneco, kaj lia bonkoreco, vekis multan estimon. Li dum longa tempo aprobis Esperanton, kaj praktikis ĝin ekde 1903. Li donacis monon malavare al la Centra Oficejo kaj aliaj esperantistaj organizoj, ankaŭ testamentis kapitalon al la Centra Oficejo. Li legigis al si preskaŭ ĉiujn verkojn en aŭ pri Esperanto. Zamenhof multe amis kaj estimis lin.

Inter la francaj esperantistoj, do, klereco, kapablo kaj energio ne mankis; sed la personaj konfliktoj ofte sabotis la bonajn laborojn.

Menciinda kune kun la francaj esperantistoj estas la belga esperantisto leŭtenanto Charles Lemaire, kiun Zamenhof iam nomis 'la vera patro de la belgaj esperantistoj'. Li estis jam konata kiel esploristo en Kongo Belga, kiam li kontribuis al gazeto serion da artikoloj pri Esperanto kaj poste represigis ilin en broŝuro. Lia propagando celis ĉefe homojn instruitajn, kaj li allogis al Esperanto plurajn belgajn intelektulojn. En 1902 li fondis ĉiumonatan gazeton, *La Belga Sonorilo*, kiu vekis novan intereson; nacia esperantista societo fondiĝis en 1905. La prezidanto de la fonda kunveno kaj iom poste de la Belga Esperantista Ligo estis Amatus van der Biest-Andelhof, kiu laboradis por Esperanto tiel sinofereme, ke li detruis sian sanon kaj, iasence, eĉ mortis por Esperanto. Charles Lemaire estis la unua prezidanto de la belga societo. Tamen, tiu ĉi kuraĝa, energia, malavara belgo poste ludis strangan rolon en unu el la plej ĉagrenaj travivaĵoj de Zamenhof.

Antaŭ 1905, Zamenhof en Varsovio devis dependi de leteraj informoj. Li sciis, ke en Francujo troviĝis pluraj elstaraj esperantistoj, sed ankaŭ suferis, ĉar iliaj antipatioj kaj kvereloj tiom malhelpis la laboron. Ĉiam li penadis trankviligi kaj pacigi, konsili mildajn, indulgemajn, grandanimajn kaj toleremajn sintenojn, laŭdi kaj kuraĝigi ĉiujn, balzami spiritajn vundojn; sed distanco tre malfaciligis juĝojn kaj aŭtentikajn sciiĝojn. En 1905 li vizitis Francujon kaj vaste larĝigis siajn sciojn. Li ne nur renkontis tiujn amikojn, kiuj antaŭe estis nur poŝtostampoj kaj manskriboj, sed, post jaroj da izoliteco, penegado, humiliĝoj kaj suferoj, li spertis dramoplenan sukceson ĉe la unua plene internacia kongreso de Esperanto.

Pli frue ol tiu bela publika ĝojo venis ĝojo pli intima: je la 29a de januaro 1904, lia lasta kaj eble plej kara infano, Lidja, naskiĝis. Tiutempe, libera de muela malriĉeco kaj relative sekura, Zamenhof povis vere ĝoji pri la filineto kaj ĝui malpli streĉan kaj severan familian vivon.

TRIUMFO

Jam en 1904 estus neeble, ke objektiva enketanto dubu pri la taŭgeco de Esperanto por korespondado, tradukado kaj multspecaj literaturaj laboroj; sed oni ne multe provis ĝin kiel parolan lingvon inter homoj diversnaciaj. La unua organizita internacia kunveno de esperantistoj okazis en Calais, je la 7a de aŭgusto 1904. Proksimume 180 personoj ĉeestis, plejparte britoj aŭ francoj, kun belgo, germano kaj ĉeĥo. Tiu neformala konferenco pridiskutis diversajn temojn kaj ĝuis kelkajn amuzojn; Michaux invitis la esperantistojn al vera esperanta kongreso en Bulonjo dum la venonta jaro.

Zamenhof ne nur respondis aprobe al la invitletero, sed helpis per diversaj praktikaj proponoj. Michaux akiris subtenon kaj helpon de la *Société pour la Propagation de l'Espéranto*, la Pariza Grupo *L'Espérantiste* kaj la franca *Touring Club*; de Beaufront subskribis la unuan cirkuleron por S. P. P. E., Bourlet por la Pariza Grupo, Ballif por la Touring Club kaj Michaux mem por la grupo en Bulonjo.

Je la 26a de septembro 1904, Zamenhof skribis modeste al Michaux:

'Multe helpi al vi per iaj bonaj konsiloj mi ne povas, ĉar sidante ĉiam dome mi tre malmulte konas la mondon kaj mi neniam ankoraŭ partoprenis en ia kongreso aŭ publika festo.' Sed fakte liaj proponoj estis saĝaj: lia psikologia penetremo pli ol kompensis la mankon de monduma sperteco. Multaj ideoj de Zamenhof iĝis parto de la tradicia programo de universala kongreso de Esperanto. Li promesis verki specialan himnon; li intencis prepari *Deklaracion pri Esperanto*; muziko kaj ceremonioj estos gravaj:

'Estas domaĝe, ke ni devas akiradi la mondon en tia maniero; sed la homoj havas tian naturon, ke oni povas ilin venki nur per la sentoj, dum per seka parolado Vi neniun konvinkos.'

Kvankam Zamenhof sentis entuziasmon pri la Kongreso, li ne tre deziris partopreni: lia sano estis jam malbona, kun malforta sangcirkulado; li dum multaj jaroj tro laboradis. Li tute ne kutimis paroli publike; lia voĉo estis malforta kaj lia parolmaniero neperfekta, kun la litvaka konfuzo inter s kaj ŝ; li estis tre sentema kaj nervoza. Li ankaŭ tute ne deziris publikajn omaĝgestojn; kiam li eksciis, ke oni planas ceremoniojn honorajn al li, li skribis al Michaux, en marto 1905:

'Mi tre petas Vin, akceptu en la programon de la kongreso nenian punkton, kiu havas ian rilaton al mia persono. Mi tre volas, ke la kongresanoj vidu en mi ne la aŭtoron de Esperanto, sed nur simplan esperantiston ... La aŭtoro de Esperanto en la kongreso devas esti rigardata kiel mortinta kaj neekzistanta; por la kongreso devas ekzisti nur la afero. Neniam kaj nenie devas esti elparolata la vorto 'majstro' k.t.p. Mi skribos pri tio ĉi specialan artikolon, en kiu mi sciigos ĉiujn esperantistojn, ke mi povas veni al la kongreso nur kun tia kondiĉo. Mi prezidos en la kongreso ne kiel aŭtoro, sed nur kiel 'la plej kompetenta esperantisto'.

'Sur la memoraĵa medalo, kiun Vi intencas pretigi, volu doni ne mian portreton, sed nur ian emblemon de Esperanto; mia nomo ne devas sin trovi sur tiu ĉi medalo.

'Cio tio ĉi ne estas 'modesteco' de mia flanko – ĝi estas "neceseco". Nia afero prosperados nur en tia okazo, se ĝi estos ĉiam *absolute senpersona*.'

Li preskaŭ certe pensis, ne nur pri la danĝeroj de ia Zamenhof-kulto, sed pri la malbono jam farita per personaj rivalecoj inter la francaj esperantistoj.

La respondo al la invito en la unua cirkulero estis bonega: multaj esperantistoj ensendis siajn nomojn; pluraj gravaj ĵurnaloj publikigis novaĵojn pri la projekto kaj eĉ proponis, ke eble la legantoj iom kontribuu al la kosto. La organizantoj pensis grand-skale – pri loĝiga servo, pri informejo, pri riĉa societa kaj kultura programo, pri rabato ĉe la fervojoj, pri ekspozicio. Sed, dum Michaux energie gvidis tiun organizadon, Zamenhof mem estis ankoraŭ turmentata per leteroj. La pedanteco, suspektemo kaj ekscitiĝemo de Cart, la same obstinaj insistoj de kelkaj reformuloj, la kvereloj inter francaj esperantistoj trudis al Zamenhof amason da ofte tre teda, nervmuela, ripetoplena korespondado. Li lace skribis al Cart:

'Jam multajn fojojn kaj al multaj personoj mi skribis pri similaj demandoj grandajn leterojn. Sed la konstanta skribado de grandaj privataj leteroj estas tre laciga kaj temporaba kaj tamen neniun helpas, ĉar unu persono ne scias pri mia skribado al aliaj personoj, kaj apenaŭ mi sukcesas konvinki unu personon, tuj aperas alia persono, al kiu mi devas denove skribi, k.t.p. Tial mi decidis unu fojon esprimi mian opinion *publike*.

'Unu persono plendas, ke mi donas tro multe da novaj vortoj, alia plendas, ke mi donas tro malmulte: unu plendas, ke pro internacieco mi pekas kontraŭ la reguleco kaj ekonomieco de la vortoj, alia plendas ke pro ekonomieco mi tro pekas kontraŭ la internacieco kaj precizeco, k.t.p.'

Subite venis pli urĝa krizo. Milito eksplodis en februaro 1904 inter Rusujo kaj Japanujo, kaj en januaro 1905 oni vokis Zamenhof al militservo en Manĝurio kiel armea kuracisto. La esperantistoj konsterniĝis. Kiam alia varsovia kuracisto vizitis la apartamenton en Dzika Strato, li trovis Klaran tre malĝoja. 'Estas neeble!' li kriis. 'Via edzo ne devas iri tien; ni bezonas lin tie ĉi por nia afero; ni devos veki la tutan esperantan mondon por savi nian Majstron. Krome, li estas malsana kaj ne povos fari tian laboron kaj tian vojaĝon!' Klara konsentis; sed Zamenhof rifuzis peti liberigon de militservo. Nur post multaj petegoj de amikoj kaj familianoj, li finfine faris tian peton. Armeaj kuracistoj esploris lin kaj trovis lin tiel malbonfarta, ke ili eĉ ordonis lin resti en hospitalo dum semajno; sed la fratoj Leono kaj Aleksandro devis iri al la fronto.

1905 komenciĝis sange en Ruslando: je la 22a de januaro, poste fifama kiel 'Sanga Dimanĉo', caristaj soldatoj pafis kontraŭ bonorda kaj neprovoka laborista manifestacio en S. Peterburgo; ili mortigis sepdek kaj vundis ducent kvardek homojn. Tiu ĉi kruelaĵo grandparte forigis la tradician, superstiĉan-sentimentalan amon de malriĉaj rusoj al la caro, 'la Patreto'. Multaj strikoj sekvis, kun naciista ribelo en Polujo; Adamo Zamenhof partoprenis en gimnazia striko, ŝokante Markon; sed la nova generacio Zamenhofa sentis sin pola. Sango fluis sur stratoj en Varsovio dum tiu timoplena printempo; Ludoviko kaj Klara sendis Adamon al Kovno dum kelka tempo. La carista aŭtokratio poste devis iom cedi por plue vivi: ediktoj pri religia toleremo, permesi al la poloj paroli pole en siaj propraj lernejoj, iom mildigi la sorton de la judoj. Toleremo, interfratigo ne estis, ĉe Zamenhof, temoj por diletanta teoriumado, sed urĝaj homaj bezonoj.

Tamen, dum la koro de Zamenhof doloris pro realaj tragedioj, aliaj tedis kaj turmentis lin pri bagatelaj kvereloj, ofendoj kaj suspektoj: li devis skribi al Michaux:

'La granda malamikeco de s-ro Bourlet kontraŭ s-ro de Beaufront estas por mi ĉiam tre dolora; ĉiuj miaj provoj konvinki s-ron Bourlet, ke s-ro de Beaufront havas tre grandajn meritojn en nia afero donis nenian rezultaton kaj ĉiam nur pli koderigis lin. Mi tamen esperas, ke pli aŭ malpli frue la interna malpaco kvietiĝos kaj en nia kongreso ĝi ne montriĝos. En ĉia okazo ni devus kompreneble eviti ĉion, kio povus doni kaŭzon al montriĝo de tiu ĉi malamikeco.'

Zamenhof ellaboris projekton pri *Tutmonda Ligo Esperantista*, kun *Centra Komitato*; liaj ideoj pri konstitucio estis demokratecaj; sed la bezono de vere internacia kaj centrigita organizo ankoraŭ ne estis komprenita de ĉiuj esperantistoj. Miskomprenoj kaj ofte absurdaj suspektoj tiel sekvadis unu la alian, ke, post multaj sensukcesaj provoj plaĉi al ĉiuj, Zamenhof devis kontentiĝi per la pala teoria demando: 'Ĉu la kongreso opinias, ke ia komuna organizacio por la afero Esperanto estas dezirinda aŭ ne dezirinda?'

Poste li devis delikate interveni en subitan kverelon inter la du grupoj de Parizo kaj Bulonjo, antaŭ ol li povis finaranĝi sian restadon ĉe Javal en Parizo kaj ĉe Michaux en Bulonjo. Per multa pacienco, taktoplena klarigado kaj milda persvado, li sukcesis pacigi ĉiujn, sed tiaj bagateloj forsuĉis liajn ne tre grandajn korpajn kaj nervajn fortojn. Li ĝentile rifuzis la anoniman proponon (de Javal) pagi lian vojaĝkoston.

La aŭguroj iĝis tiel malbonaj, ke multaj esperantistoj timis fiaskon. De Beaufront iĝis 'grave malsana', kvankam li restis sufiĉe forta por konsiliĝi kun advokato kaj publikigi en *L'Espérantiste* lian opinion, ke la kongreso, ne estante kunveno de rajtigitaj reprezentantoj, povos nur esprimi dezirojn, ne fari decidojn. Ballif preferis ne ĉeesti la kongreson. Polemikoj venenis la atmosferon. Tiam Michaux, kun la helpo de la milda Boirac, penis pacigi la kverelantojn, sed ne tute sukcese. Jam preskaŭ elĉerpite post longaj penadoj tiurilate, subtenate nur per sia fido kaj la sindediĉa flegado de Klara, Zamenhof ekvojaĝis el maltrankvila Varsovio la 22an aŭ 23an de julio. La 24an ili atingis Berlinon, kie ili vizitis la eldoniston Borel; ili poste vojaĝis tra Liège kaj kredeble alvenis Parizon la 28an; tie ili gastiĝis ĉe Javal, 5, Boulevard de la Tour Maubourg.

La sekvantan tagon, Javal kondukis Zamenhof al la Ministro por Klerigo, Bienvenu-Martin, kiu donis al li aŭdiencon kaj parolis kun li pri la ordeno de la Honora Legio. Zamenhof devis peti permeson de la rusa polico, antaŭ ol li rajtis plene akcepti tiun ĉi ordenon! La 30an de julio li ĉeestis ian premiigan ceremonion en la urbodomo de la kvara distrikto; la 31an li estis libera, kaj probable vojaĝis al Rouen por viziti de Beaufront. Poŝtkarto, kiun li skribis al Michaux je tiu tago, enhavas la signifoplenajn vortojn: 'Pardonu, ke mi ĝis nun ankoraŭ ne skribis al vi, ĉar mi estas treege okupita. Mi parolis kun ĉiuj kaj mi ĉion aranĝis kaj pacigis; ĉio estas en bona ordo.'

La 1an de aŭgusto, Cart montris al li la ejon de la Presa Esperantista Societo, 33, rue Lacépède, kaj petis, ke Zamenhof mem kompostu ion por *Lingvo Internacia*; do sur linotip-maŝino li kompostis la mesaĝon:

Vivu Esperanto!

L. ZAMENHOF

Parizo, la unuan de Aŭgusto 1905.

Li tagmanĝis kun Javal kaj Fruictier, estis akceptita en la urbodomo kaj vespere ĉeestis bankedon en la Hotel Moderne, kun 250 gegastoj. Iam dum la mallonga restado en Parizo Zamenhof ĉeestis feston en la turo Eiffel, vizitis la eldonejon Hachette kaj estis fotografita. Nevo de Klara, iu D-ro Kaplan, kiu loĝis en Vailly-sur-Aisne, telefonis al Zamenhof, kaj la geedzoj vizitis lin, revenis al Parizo la 3an kaj denove ekvojaĝis je la kvara post-tagmeze; ili alvenis en Bulonjon fruvespere.

Laca sed feliĉa Zamenhof alvenis; li ankoraŭ ne sciis, ke antaŭ kelkaj tagoj Michaux, Bourlet, Javal kaj Sebert studis, ĉe Cart, la tekston de lia kongresparolado, kaj la himnon, kiun li verkis kiel finan parton. Tiuj homoj, malnaivaj francaj intelektuloj, estis liberpensuloj laŭ la tradicio de Descartes, al kiuj religio signifis francan katolikismon, kaj racio – francan kontraŭklerikalismon: ili estis do iom malpli larĝmensaj ol ili verŝajne kredis sin. La fakto, ke de Beaufront estis iom bigota katoliko probable ne helpis ilin al toleremo. Laŭ ili, la proponita parolado estis tre danĝera taktike; plena de ideoj nebulaj, pie sentimentalaj. *La Preĝo sub la Verda Standardo*, kun la versoj

Kristanoj, hebreoj aŭ mahometanoj
Ni ĉiuj de Di' estas filoj

eble incitos la kongresanojn ĝis interbatado.

La afero de Dreyfus ekde 1894 multe akrigis ideologiajn kon-fliktojn en Francujo. Sebert kaj Javal estis dreyfusanoj, Bourlet kaj de Beaufront kontraŭdreyfusanoj. Antisemitaj gazetoj, kiel ekzemple *La France Juive*, penis inciti la publikon. Kvankam antisemitismo en Francujo restis nur afero de brua minoritato, kaj neniel estis grava faktoro en la franca vivo, Javal, estante judo, forte konsciis pri tiu afero. Precipe tiuj francaj intelektuloj timis la efikon de la emociaj, religiaj frazoj en la parolado; la vorto *Dio* preskaŭ ŝokis ilin; ili volis persvadi Zamenhof, ke li forigu ĉiujn tiajn vortojn, kaj tute fortranĉu la *Preĝon.*

Bourlet ekkriis ĉe tiu kunveno: 'Sed estas juda profeto!' Cart ekscitiĝis kaj ekkriis: 'Jen la slavo! Neniam Michaux kapablos bridi tiun frenezulon!' Sebert lamentis: 'Ni ruiniĝos de ridindeco!' Sed Zamenhof, kiu laŭ ilia vidpunkto havis menson relative primitivan, fakte havis menson kelkrilate pli profundan, kaj pli bone komprenis moralan dinamismon. Li sciis, ke oni devas gajni la neracian flankon de homa personeco kiel alianculon de etiko, humaneco, progreso kaj respondeco, ĉar, kiam racio kaj emocio konfliktas, emocio pli ofte venkas. Sed kiel klarigi tion al homoj, kiuj kredis sin altnivele raciemaj?

Ŝajnas, ke en tiu debato en Bulonjo la batalfortoj estis tre malegalaj. Ĉe unu flanko troviĝis eminenta soldato kaj sciencisto; renoma oftalmologo; konata matematikisto; sperta prelegento kaj ĵurnalisto; kaj ili kuraĝis diri 'Oni vin prifajfos!' 'Ne eblas tie ĉi paroli pri 'misteraj fantomoj'!' 'Vi nepre devos forstreki vian *Preĝon*!' Ili sieĝis per drastaj admonoj, argumentoj kaj minacoj unu vireton, malfortikan, nervozan, jam lacan, zorgoplenan, konatan nur inter la esperantistoj, eĉ tro pretan modeste kredi sin naiva kaj nesperta. La sola, kiu iom defendis Zamenhof, estis tiu granda, bonkora Michaux, amiko de junaj krimuloj kaj vagabondoj; li sciis sufiĉe pri la strangaj komplikaĵoj de la homa psiko, por ne ĉiam certi pri ĉio.

Kaj Zamenhof eklarmis. Laŭ lia vidpunkto, Francujo estis lando nekredeble libera; sed ankaŭ tie li trovis la sepson de netoleremo.

Li aspektis tre eta, malforta, ne tre impona inter tiuj eminentuloj, kun malsekaj okuloj malantaŭ la olkulvitroj, kun tiuj komikaj brovoj, kiuj donis al li mienon de konstanta miro. Sed, se la nervoj finfine eksplodis, firmegaj restis la principoj. Li konsentis forigi nur la lastan strofon de sia poemo; kaj nenion pli.

Sed, por eviti ian ajn malbelan konflikton ĉe tiu historia unua kongreso, Zamenhof rezignis pri eĉ la normala rajto de sindefendo: li decidis tute ne mencii la stultajn akuzojn pri la Hachette-kontrakto, kaj nenion diri, kio povus ŝajni riproĉa aŭ kritika kontraŭ iu ajn. Tiu ĉiu eksterordinare grandanima silento estis ne nur venko super egoismo: ĝi estis tre saĝa taktiko: la kongreso estis mem brilega persona triumfo por Zamenhof, neatendite bela sukceso por Esperanto, kaj tre verŝajne la plej feliĉaj tagoj en lia vivo.

Je la 8a horo vespere, la 5an de aŭgusto, la Urba Teatro, kie devis okazi la solena malfermo, estis plenplena de esperantistoj – 688 el dudek landoj. La nova flago flirtis super pordoj, sur flagstangoj kaj el fenestroj, kune kun la franca trikolora standardo. En la halo, la urba orkestro ludis la *Marseillaise*. Michaux kondukis la eminentulojn al la podio: Zamenhof, Cart, Sebert, Bourlet, Péron (urbestro de Bulonjo), Bilbocq (urbkonsilanto), Farjon

(Prezidanto de la Komerca Ĉambro). Peron salutis la kongreson franclingve; Bourlet tradukis; Farjon salutis en Esperanto. Cart, Sebert, Bourlet kun sekreta timo rigardis Zamenhof: li ne tre aspektis kiel la heroo de la momento. Kion li diros?

La francaj esperantistoj sur la podio sentis sin maltrankvilaj; sed streĉitaj estis ankaŭ la nervoj de la kongresanaro en la halo. Alvenis la momento de decida provo: la plimulto de la ĉeestantoj neniam antaŭe aŭdis alilandanon paroli esperante.

Kaj Zamenhof mem sentis suferigan nervostreĉon. Li neniam antaŭe faris publikan paroladon; lia sola formala parolado esperanta estis, kiam li faris fonografan cilindron por la Londona Esperanto-Klubo. Laŭ temperamento preskaŭ tro retiriĝema, dum momento li suferis angore. Sed li ekparolis; kaj la silento solidiĝis.

Estimataj sinjorinoj kaj sinjoroj! – Mi salutas vin, karaj samideanoj, fratoj kaj fratinoj el la granda tutmonda homa familio, kiuj kunvenis el landoj proksimaj kaj malproksimaj, el la plej diversaj regnoj de la mondo, por frate premi al si reciproke la manojn pro la nomo de granda ideo, kiu ĉiujn nin ligas. Mi salutas vin ankaŭ, glora lando Francujo kaj bela urbo Bulonjo-sur-Maro, kiu bonvole oferis gastamon al nia kongreso. Mi esprimas ankaŭ koran dankon al tiuj personoj kaj institucioj en Parizo, kiuj ĉe mia trapaso tra tiu ĉi glora urbo esprimis sub mia adreso sian favoron por la afero Esperanto, nome al s-ro la Ministro de publika instruado, al la urbestraro de Parizo, al la franca Ligo de instruado kaj al multaj diversaj sciencaj eminentuloj.

Tiuj ĉi formalaj ĝentilaĵoj ebligis al li alkultimiĝi al la sono de sia propra voĉo; pli memfide li daŭrigis:

Sankta estas por ni la hodiaŭa tago. Modesta estas nia kun-
veno; la mondo ekstera ne multe scias pri ĝi, kaj la vortoj, kiuj
estas parolataj en nia kunveno, ne flugos telegrafe al ĉiuj urboj
kaj urbetoj de la mondo; ne kunvenis regnestroj nek ministroj, por
ŝanĝi la politikan karton de la mondo, ne brilas luksaj vestoj kaj
multego da imponantaj ordenoj en nia salono, ne bruas pafilegoj
ĉirkaŭ la modesta domo, en kiu ni troviĝas; sed tra la aero de nia
salono flugas misteraj sonoj, sonoj tre mallaŭtaj, ne aŭdeblaj por
la orelo, sed senteblaj por ĉiu animo sentema: ĝi estas la sono de
io granda, kiu nun naskiĝas. Tra la aero flugas misteraj fantomoj;
la okuloj ilin ne vidas, sed la animo ilin sentas; ili estas imagoj
de tempo estonta, de tempo tute nova. La fantomoj flugos en
la mondon, korpiĝos kaj potenciĝos, kaj niaj filoj kaj nepoj ilin
vidos, ilin sentos kaj ĝuos.

En la plej malproksima antikveco, kiu jam de longe elviŝiĝis
el la memoro de la homaro kaj pri kiu nenia historio konservis al
ni eĉ la plej malgrandan dokumenton, la homa familio disiĝis kaj
ĝiaj membroj ĉesis kompreni unu la alian. Fratoj kreitaj ĉiuj laŭ
unu modelo, fratoj, kiuj havis ĉiuj egalan korpon, egalan spiriton,
egalajn kapablojn, egalajn idealojn, egalajn ideojn, egalan Dion en
siaj koroj, fratoj, kiuj devis helpi unu la alian kaj labori kune por
la feliĉo kaj la gloro de sia familio – tiuj fratoj fariĝis tute fremdaj
unuj al aliaj, disiĝis ŝajne por ĉiam en malamikajn grupetojn, kaj
inter ili komenciĝis eterna milito. En la daŭro de multaj miljaroj,
en la daŭro de la tuta tempo, kiun la homa historio memoras,

tiuj fratoj nur eterne bataladis inter si, kaj ĉia interkompreniĝado inter ili estis absolute ne ebla. Profetoj kaj poetoj revadis pri ia tre malproksima nebula tempo, en kiu la homoj denove komencos komprenadi unu la alian kaj denove kuniĝos en unu familion; sed tio ĉi estis nur revo. Oni parolis pri tio, kiel pri ia dolĉa fantazio, sed neniu prenis ĝin serioze, neniu kredis pri ĝi.

Kaj nun la unuan fojon la revo de miljaroj komencas realiĝi. En la malgrandan urbon de la franca marbordo kunvenis homoj el la plej diversaj landoj kaj nacioj, kaj ili renkontas sin reciproke ne mute kaj surde, sed ili komprenas unu alian, ili parolas unu kun la alia kiel fratoj, kiel membroj de unu nacio. Ofte kunvenas personoj de malsamaj nacioj kaj komprenas unu alian; sed kia grandega diferenco estas inter ilia reciproka kompreniĝado kaj la nia! Tie komprenas sin reciproke nur tre malgranda parto de la kunvenintoj, kiuj havis la eblon dediĉi multegon da tempo kaj multegon da mono, por lerni fremdajn lingvojn – ĉiuj aliaj partoprenas en la kunveno nur per sia korpo, ne per sia kapo; sed en nia kunveno reciproke sin komprenas ĉiuj partoprenantoj, nin facile komprenas ĉiu, kiu nur deziras nin kompreni, kaj nek malriĉeco, nek nehavado de tempo fermas al iu la orelojn por niaj paroloj. Tie la reciproka kompreniĝado estas atingebla per vojo nenatura, ofenda kaj maljusta, ĉar tie la membro de unu nacio humiliĝas antaŭ la membro de alia nacio, parolas lian lingvon, hontigante la sian, balbutas kaj ruĝiĝas kaj sentas sin ĝenata antaŭ sia kunparolanto, dum tiu ĉi lasta sentas sin forta kaj fiera; en nia kunveno ne ekzistas nacioj fortaj kaj malfortaj, privilegiitaj kaj senprivilegiaj, neniu humiliĝas, neniu sin ĝenas; ni ĉiuj staras sur fundamento neŭtrala, ni ĉiuj estas plene egalrajtaj; ni ĉiuj sentas nin kiel membroj de unu nacio, kiel membroj de unu familio, kaj la unuan fojon en la homa historio ni, membroj de la plej malsamaj popoloj, staras unu apud alia ne kiel fremduloj, ne kiel konkurantoj, sed kiel fratoj, kiuj ne altrudante unu al alia sian lingvan, komprenas sin reciproke, ne suspektas unu alian pro mallumo ilin dividanta, amas sin reciproke kaj premas al si reciproke la manojn ne hipokrite, kiel alinaciano al alinaciano, sed sincere, kiel homo al homo. Ni konsciu bone la tutan gravecon de la hodiaŭa tago, ĉar hodiaŭ inter la gastamaj muroj de Bulonjo-sur-Maro kunvenis ne francoj kun angloj, ne rusoj kun poloj, sed homoj kun homoj. Benata estu la tago, kaj grandaj kaj gloraj estu ĝiaj sekvoj!

Ni kunvenis hodiaŭ, por montri al la mondo, per faktoj nerefuteblaj, tion, kion la mondo ĝis nun ne volis kredi. Ni montros al la mondo, ke reciproka kompreniĝado inter personoj de malsamaj nacioj estas tute bone atingebla, ke por ĉi tio tute ne estas necese, ke unu popolo humiligu aŭ englutu alian, ke la muroj inter la popoloj tute ne estas io necesega kaj eterna, ke reciproka kompreniĝado inter kreitaĵoj de tiu sama speco estas ne ia fantazia revo, sed apero tute natura, kia pro tre bedaŭrindaj kaj hontindaj cirkonstancoj estis nur tre longe prokrastita, sed kiu pli aŭ malpli frue nepre devis veni kaj kiu fine nun venis, kiu nun elpaŝas ankoraŭ tre malkuraĝe; sed, unu fojon ekirinte, jam ne haltos kaj baldaŭ tiel potencege ekregos en la mondo, ke niaj nepoj eĉ ne volos kredi, ke estis iam alie, ke la homoj, la reĝoj de la mondo, longan tempon ne komprenis unu alian!

Kaj la diversnaciaj homoj en tiu halo ja komprenis la vortojn de Zamenhof. Kvankam lia aludo al 'nepoj' estis tro optimisma, kvankam la ekzaltita stilo nuntempe sonas kiel iom eksmoda, Zamenhof objektive parolis pri la faktaj atestaĵoj:

Ĉiu, kiu diras, ke neŭtrala arta lingvo estas ne ebla, venu al ni, kaj li konvertiĝos. Ĉiu, kiu diras, ke la parolaj organoj de ĉiuj popoloj estas malsamaj, ke ĉiu elparolas artan lingvon alie kaj la uzantoj de tia lingvo ne povas kompreni unu alian, venu al ni, kaj, se li estas homo honesta kaj ne volas konscie mensogi, li konfesos, ke li eraris. Li promenadu en la venontaj tagoj en la stratoj de Bulonjo-sur-Maro, li observadu, kiel bonege sin komprenas reprezentantoj de la plej diversaj nacioj, li demandu la renkontata-jn esperantistojn, kiom multe da tempo aŭ mono ĉiu el ili dediĉis por ellerni la artan lingvon, li komparu tion ĉi kun la grandegaj oferoj, kiujn postulas la lernado de ĉiu lingvo natura – kaj, se li estas homo honesta, li iru en la mondon kaj ripetadu laŭte: jes, lingvo arta estas tute ebla, kaj la reciproka kompreniĝado de homoj per neŭtrala arta lingvo estas ne sole tute ebla, sed eĉ tre kaj tre facila. Estas vero, ke multaj el ni posedas nian lingvon ankoraŭ tre malbone kaj malfacile balbutas, anstataŭ paroli flue; sed, komparante ilian balbutadon kun la perfekte flua parolado de aliaj personoj, ĉiu konscienca observanto facile rimarkos, ke la kaŭzo de la balbutado kuŝas ne en la lingvo, sed nur en la nesufiĉa ekzerciteco de la diritaj personoj.

Zamenhof poste omaĝis al la pionira laboro de Schleyer; kvankam li malsukcesis, oni devas taksi lin ne laŭ la atingoj, sed laŭ la intencoj kaj laboroj. Zamenhof dankis al ĉiuj, kiuj jam laboris por Esperanto:

Tre granda kaj vasta estas jam nia literaturo, tre multaj estas niaj gazetoj, en la tuta mondo ni havas nun grupojn kaj klubojn esperantistajn, kaj al neniu klera homo en la mondo la nomo de nia afero nun estas jam nekonata. Kiam mi rigardas la nunan brilantan staton de nia afero, mi rememoras kortuŝite pri la unuaj pioniroj, kiuj laboris por nia afero en tiu malĝoja tempo, kiam ni ĉie renkontadis ankoraŭ nur mokon kaj persekuton. Multaj el ili vivas ankoraŭ kaj ili rigardas nun kun ĝojo la fruktojn de sia laborado. Sed ho ve, multaj el niaj pioniroj jam ne vivas.

Li speciale menciis Leopold Einstein, la polan esperantiston Waśniewski, kaj W. H. Trompeter.

Baldaŭ komenciĝos la laboroj de nia kongreso, dediĉita al vera fratiĝo de la homaro. En tiu ĉi solena momento mia koro estas plena de io nedifinebla kaj mistera kaj mi sentas la deziron faciligi la koron per ia preĝo, turni min al iu plej alta forto kaj alvoki ĝian helpon kaj benon. Sed tiel same kiel mi en la nuna momento ne estas ia naciano, sed simpla homo, tiel same mi ankaŭ sentas, ke en tiu ĉi momento mi ne apartenas al ia nacia aŭ partia religio, sed mi estas nur homo.

Bourlet, Cart, Sebert apenaŭ kuraĝis spiri. Ili timis pri ia humiliga fiasko.

Kaj en la nuna momento staras inter miaj animaj okuloj nur tiu alta morala Forto, kiun sentas en sia koro ĉiu homo, kaj al tiu ĉi nekonata Forto mi turnas min kun mia preĝo:

Lia voĉo tremetis, kiam li ekdeklamis:
Al Vi, ho potenca senkorpa mistero,
Fortego, la mondon reganta,
Al Vi, granda fonto de l' amo kaj vero
Kaj fonto de vivo konstanta,
Al Vi, kiun ĉiuj malsame prezentas,
Sed ĉiuj egale en koro Vin sentas,
Al Vi, kiu kreas, al Vi, kiu reĝas,

Hodiaŭ ni preĝas.
Al Vi ni ne venas kun kredo nacia,
Kun dogmoj de blinda fervoro:
Silentas nun ĉiu disput' religia
Kaj regas nur kredo de koro.
Kun ĝi, kiu estas ĉe ĉiuj egala,
Kun ĝi, la plej vera, sen trudo batala,
Ni staras nun, filoj de l' tuta homaro
Ĉe Via altaro.

Homaron Vi kreis perfekte kaj bele,
Sed ĝi sin dividis batale;
Popolo popolon atakas kruele,
Frat' fraton atakas ŝakale.
Ho, kiu ajn estas Vi, forto mistera,
Aŭskultu la voĉon de l' preĝo sincera,
Redonu la pacon al la infanaro
De l' granda homaro!

Ni ĵuris labori, ni ĵuris batali,
Por reunuigi l' homaron.
Subtenu nin, Forto, ne lasu nin fali,
Sed lasu nin venki la baron;
Donacu Vi benon al nia laboro,

Donacu Vi forton al nia fervoro,
Ke ĉiam ni kontraŭ atakoj sovaĝaj
Nin tenu kuraĝaj.

La verdan standardon tre alte ni tenos;
Ĝi signas la bonon kaj belon.
La Forto mistera de l' mondo nin benos,
Kaj nian atingos ni celon.
Ni inter popoloj la murojn detruos,
Kaj ili ekkrakos kaj ili ekbruos
Kaj falos por ĉiam, kaj amo kaj vero
Ekregos sur tero.

Kaj Zamenhof residiĝis.

Tondre la tuta aŭdantaro aplaŭdegis. Sescent okdek ok homoj aplaŭdis, ploris, kriadis 'Vivu Esperanto!' aŭ 'Vivu Zamenhof!' Tiu simpla parolado, tiu parolado iasence iom naiva, sed pure bela kaj fontanta el nobla koro, perfekte taŭgis por tia aŭdantaro de pioniroj. La korŝira sincereco de tiu hezitema hometo, lia fervora modesteco, lia atentema justeco, lia esenca morala matureco, certigis tuj la sukceson de la Kongreso.

Frue matene, la 6an de aŭgusto, anoj de diversaj nacioj private kunvenis por elekti reprezentantojn. Zamenhof, tute laŭ la spirito de sia *Preĝo*, iris, kvankam hebreo, al romkatolika meso. Tie angla junulino proponis al li sian memorlibron, petante subskribon. 'Plej volonte, sinjorino', li flustris, 'sed, mi petas, ne tie ĉi; tie ĉi estas sankta loko.' Posttagmeze oni ekskursis al Wimereux per speciala vagonaro; vespere okazis esperanta koncerto, ĉe kiu oni kantis *La Espero* –

ne laŭ la nun uzata muziko de Ménil, sed laŭ melodio de Claes Adelsköld. Tiu ĉi koncerto ankaŭ enhavis prezentadon de *Le Mariage Forcé* de Molière en la esperanta traduko de Victor Dufeutrel. Bolingbroke Mudie ludis la rolon de Pancrace.

La unua Ĝenerala Kunveno okazis la 7an de aŭgusto, komenciĝante (post diversaj privataj kunvenoj) je la 10a horo. Zamenhof diris, ke li ne estas sufiĉe forta por prezidi la tutan kongreson, kaj li petis la helpon de kelkaj vicprezidantoj: Boirac, Michaux, Sebert, la vervan anglan kolonelon Pollen, kaj konatan germanan esperantiston doktoron Mybs. Fakte Boirac prezidis ĉiam, kun siaj kutimaj taktosento, pacienco, toleremo kaj afableco; li bone trankviligis iun ajn, kiu tro ekscitiĝis.

Dum la unua kunveno oni diskutis la jam studitan *Deklaracion* de Zamenhof. Tiu ĉi *Deklaracio* pri la *Esenco de la Esperantismo* difinis esperantismon jene:

La Esperantismo estas penado disvastigi en la tuta mondo la uzadon de lingvo neŭtrale homa, kiu, 'ne entrudante sin en la internan vivon de la popoloj kaj neniom celante elpuŝi la ekzistantajn lingvojn naciajn', donus al la homoj de malsamaj nacioj la eblon kompreniĝadi inter si, kiu povus servi kiel paciga lingvo de publikaj institucioj en tiuj landoj, kie diversaj nacioj batalas inter si pri la lingvo, kaj en kiu povus esti publikigataj tiuj verkoj, kiuj havas egalan intereson por ĉiuj popoloj. Ĉiu alia ideo aŭ espero, kiun tiu aŭ alia esperantisto ligas kun la Esperantismo, estas lia afero pure privata, por kiu la Esperantismo ne respondas.

Esperanto estas 'nenies propraĵo'. La aŭtoro ne havas pli grandan rajton fari regulojn ol iu ajn; la sola deviga modelo estas la *Fundamento de Esperanto* (priskribota en la sekvanta ĉapitro). Pri ĉio ajn, ekster tiu *Fundamento*, ĉiu ajn esperantisto rajtos fari laŭ sia bontrovo. Aniĝo al iu esperantista societo estas dezirinda, sed ne deviga. La kvara kunveno akceptis definitivan tekston de la *Deklaracio*, kaj ekde tiam ĝi restis unu el la fundamentaj gvidaj dokumentoj en la Esperanto-Movado.

Dum la Kongreso Zamenhof ankaŭ faris mallongan deklaron pri la Hachette-kontrakto; tiu deklaro kvietigis diversajn dubojn kaj timojn, sed estis ankaŭ rimarkinda pro grandanima ellaso de diversaj klarigoj, kiuj estus suferigintaj aliajn.

Zamenhof sentis sin persone tre feliĉa; dum festa tagmanĝo en la Kazino, Grabowski komentis lian ĝojplenan mienon; sed, kvankam la Kongreso multrilate tre sukcesis, la afero pri centra organizo restis nebula. Dum la kvara Ĝenerala Kunveno, la 8an de aŭgusto, kelkaj ĵaluzoj malaperis en tiuj varmaj personaj lojaleco kaj amo, kiujn la esperantistoj sentis pri sia ĉefgvidanto. Kabe parolis pri la neceso de internacia lingva komitato kaj internacia organiza komitato. Boirac proponis, ke Zamenhof mem elektu la anojn de la lingva komitato: oni respondis per aplaŭdoj kaj laŭtaj jesoj; sed Zamenhof, kiu memoris multajn leterojn, cirkulerojn, polemikajn kaj malicajn onidirojn, ekstaris kaj diris: 'Tamen, mi ne volas tion-ĉi fari: ĉar se mi elektos unu, eble la alia ne estos kontenta.' Iu respondis laŭte: 'Sed la Esperantistoj estos kontentaj!' Finfine oni konsentis ke la Kongreso respondecos pri la decidoj, kaj konsilos Zamenhof pri lia elekto.

Sed pri la organiza demando, multaj montris obstrukciemon ne facile kompreneblan hodiaŭ, kaj absurdan suspektemon. La troa individuismo de kelkaj kongresanoj kelkfoje iĝis eĉ groteska; ekzemple, kanadano Saint-Martin tute serioze diris: 'Oni deziris havi ligon: tiu-ĉi devas havi regulojn, sistemon, kaj Vi ne estos plu liberaj agi kiel plaĉas al Vi ... ni ne havu aferon en nia movado.' Ankaŭ Cart forte kontraŭis formalan organizon, kaj oni devis kontentiĝi per la malforta, preskaŭ senutila rezolucio: 'La universala kongreso de Esperanto en Bulonjo-sur-Maro unuanime esprimas la deziron, ke la nunaj naciaj Esperantistaj societoj interrilatiĝu kiel eble plej multe.' La esperantistaro ne estis ankoraŭ matura por vera organizo. Ĉe la lasta Ĝenerala Kunveno Zamenhof proponis kvardek kvar nomojn por la Lingva Komitato, kaj ĝi finfine konsistis el cent du esperantistoj el dudek ok landoj. Bedaŭrinde, por reprezenti kiom eble plej da landoj kaj interesoj, oni inkluzivis plurajn esperantistojn ne bone kvalifikitajn, kaj la Komitato estis tro ampleksa por funkcii glate.

La programo estis tre riĉa, kun diversaj ekskursoj kaj koncertoj; la tradicio, ke esperantistoj apenaŭ dormas dum kongresoj, verŝajne stariĝis jam en Bulonjo. La Kongreso finiĝis per aplaŭdegoj, kiuj ŝajnis neniam ĉesontaj, kunkrioj de 'Vivu Zamenhof! Vivu Michaux! Vivu Boirac! Vivu Esperanto!'

Kvankam diversaj iom kultecaj, troigemaj aspektoj de la fruaj kongresoj feliĉe malaperis kun la tempo, eĉ la kelkfoje tro teatrecaj montroj de entuziasmo indikis, tiutempe, la ĝojon de la esperantistoj. Zamenhof kaj aliaj seriozaj gvidantoj malkonsilis tiajn troaĵojn. Sed eĉ hodiaŭ restas vere, ke Universala Kongreso de Esperanto estas ĝenerale okazo tre feliĉa, kun bela etoso kaj kelkaj momentoj ravaj ĝis ekstazo. Estas ankoraŭ vere, ke multaj esperantistoj multon oferas, kelkaj eĉ grave riskas, por ĉeesti. La psikologia valoro de Esperanto estas multe pli granda, ol oni atendus de lingvo.[21]

Starigante tradicion, kiu ankoraŭ daŭras, la kongresorganizantoj planis postkongresan ekskurson. La 10an de aŭgusto, la plimulto de la kongresanoj, inter kiuj troviĝis Zamenhof kaj Klara, forlasis Bulonjon sur la vaporŝipo 'Onward'[22] kaj vojaĝis al Folkestone, kie la lokaj esperantistoj kaj la urbestro bonege akceptis ilin; poste ili vizitis Dover. Oni faris fotaĵon ekster la urbodomo en Folkestone. En Dover lokaj esperantistoj kaj la urbestro denove bonege akceptis la kongresanojn, kiuj ĝuis multajn amuzojn. Tie Zamenhof, post sia unua marveturado, povis vidi skotajn dancojn kaj sakflutludantojn. Poste la ekskursantoj iris al Calais, kaj realvenis en Bulonjon je la unua tridek matene.

Zamenhof, kun la edzino, forlasis la urbon la 13an, tagmeze, kaj la 14an vojaĝis de Parizo ĝis Ĝenevo, kie ili pasigis unu nokton; murtabulo ĉe 10, rue du Vieux Collège, iom poste memorigis pri tiu restado. La 15an ili daŭrigis la revenvojaĝon, sed vidis kelkajn el la belaj panoramoj de bela Svislando, ĉar ili vojaĝis ŝipe sur la lago de Ĝenevo al Nyon, Ouchy kaj Lausanne, poste

21 J. C. Flügel, psikoanalizisto kaj profesoro pri psikologio, iam studis la psikologian flankon de Esperanto. Vidu lian brilan artikolon en *The International Journal of Psychoanalysis*, aprilo 1925

22 *Angle*: Antaŭen

iris per vagonaro al Bern, Interlaken, Luzern, Zurich kaj Buchs, kaj alvenis en Vienon plej probable la 18an. Ŝajnas, ke ili pasigis kelkajn tagojn en Vieno, poste kelkajn ripoztagojn en Miedzeszyn en la kamparo apud Varsovio – favorata loko por iliaj familiaj ekskursoj. Certe ili estis denove en Varsovio antaŭ la 28a de aŭgusto.

Vojaĝo tia lasus ĉe eĉ la plej banala turisto abundan stokon da memoroj; por Ludoviko kaj Klara ĝi estis inter la plej impresaj, belaj, grandskalaj travivaĵoj de la tuta vivo. Post ĉiuj mokoj de nesciantoj, post jaroj de turmenta malriĉeco, post konstanta trolaborado, post malhelpoj de burokratoj, post suferoj, kiujn kaŭzis kelkaj esperantistoj mem, Zamenhof vidis pruvon, ke lia vivlaboro validas. Klara ricevis rekompencon post tiom da heroa pacienco kaj longa lojaleco. Estis ŝi, kiu rakontis al la familio kaj al varsoviaj geamikoj, pri la honora akcepto de la edzo: Zamenhof mem tute ne inklinis paroli pri sia propra sukceso. Sufiĉis al li, ke li estis nekredeble feliĉa; kaj li serene returnis sin al la malriĉaj pacientoj, kiuj multe sentis lian foreston.

FUNDAMENTO

Eĉ post la voĉdonado de 1894, eĉ post la decida pruvo en Bulonjo, ke Esperanto perfekte funkcias en la praktiko, kelkaj daŭre persistis en sia inklino modifi Esperanton. La motivoj de la plej fervoraj reformuloj nun ŝajnas nefacile kompreneblaj; sed tre eble la motivado estis grandparte subkonscia.

Senmanka nacia lingvo ne ekzistas: laŭ la vidpunkto de logiko aŭ reguleco Esperanto estas la lingvo plej proksima al perfekteco. En nacia lingvo ne logiko, sed kutimo, estas la kriterio; kaj estas tiu ĉi diktatoreco de kutimo, kiu igas la lernadon de fremdaj aŭ eĉ propra lingvo tiel ege malfacila. Ĉiuj infanoj neeviteble spertas ĝenojn kaj ofte eĉ suferojn pro lingvaj anomalioj. Infanoj ĉe la lernejo ofte ricevas (kaj ricevis multe pli ofte dum la epoko de Zamenhof) riproĉojn kaj punojn, pro lingvaj eraroj, kiu fakte fontas el kortuŝa atendo, ke lingvo estu logika. Sed, eĉ kiam lingvo ŝajnas preskaŭ netolereble anomalia, ni povas nur toleri ĝin; eĉ la plej potenca despoto bezonas jarojn por modifi eĉ kelkajn malgravajn lingvajn kutimojn. Esperanto estis la unua lingvo, ĉe kiu ordinaraj homoj povis proponi modifojn. Eble tiu minoritato, kiu konstante volis modifi ĝin, konsistis el homoj, kiuj dum la fruaj jaroj speciale sentis la absurdecon – eĉ la maljustecon, laŭ infana vidpunkto – de anomalioplenaj naciaj lingvoj. Estis al kelkaj tre kontentige, ludi kun lingvo, tiri kaj tranĉi ĝin, kvazaŭ refari ĝin. Psikoanalizistoj verŝajne dirus ankaŭ, ke tia libera modifado ĉe lingvo alportas kontentigon, ĉar ĝi rompas gravan tabuon, eĉ ĉar simbole ĝi kontraŭstaras kaj venkas tiun ĉagrenan aŭtoritaton de la patro, kiu estas centra faktoro en la psika evoluo de tre multaj homoj. Sed tiu ĉi agrabla amuzo kaj surogata konsolo estis esence sterila kaj malhelpis al Esperanto. Kiel Zamenhof mem ofte avertis, 'reformproponoj' ofte kontraŭdiris unu la alian; kaj daŭra risko pri nestabileco de la lingvo malkuraĝigus, konfuzus kaj eble tute forpelus lernantojn.

Zamenhof estis, intuicie kaj pro sia profunda, larĝa komprenemo, psikologo preskaŭ genia; li trovis solvon preskaŭ idealan. Oni bezonis ion absolutan, donontan sekurecon, kontinuecon, stabilecon; fakte oni bezonis tabuon; sed la danĝero ĉe ĉia aŭtoritato estas la malamo, kiun ĉia aŭtoritato pli-malpli vekas. La tabuo devis do lasi abundan regionon por individueco kaj eksperimentado ekster la tereno de netuŝebleco. Zamenhof starigis tian moderan aŭtoritaton, kiam la *Deklaracio* akceptis kiel netuŝeblan la libreton *Fundamento de Esperanto*.

Tiu ĉi malgranda verda libro, eldonita ĉe Hachette, en 1905, ĉiam poste restis la 'netuŝebla' verko, la fiksita regularo, por esperantistoj. Zamenhof klarigis siajn principojn en la antaŭparolo:

'Por ke la lingvo internacia povu bone kaj regule progresadi kaj por ke ĝi havu plenan certecon, ke ĝi neniam disfalos kaj ia facilanima paŝo de ĝiaj amikoj estontaj ne detruos la laborojn de ĝiaj amikoj estintaj – estas plej necesa antaŭ ĉio unu kondiĉo: la ekzistado de klare definita, neniam tuŝebla kaj neniam ŝanĝebla *Fundamento* de la lingvo. Kiam nia lingvo estos oficiale akceptita de la *registaroj* de la plej ĉefaj regnoj kaj tiuj ĉi registaroj per speciala leĝo garantios al Esperanto tute certan vivon kaj uzatecon kaj plenan sendanĝerecon kontraŭ ĉiuj personaj kapricoj aŭ disputoj, tiam aŭtoritata komitato, interkonsente elektita de tiuj registaroj, havos la rajton fari en la fundamento de la lingvo unu fojon por ĉiam ĉiujn deziritajn ŝanĝojn, se tiaj ŝanĝoj montriĝos necesaj; sed *ĝis tiu tempo* la fundamento de Esperanto devas plej severe resti absolute senŝanĝa, ĉar severa netuŝebleco de nia fundamento estas la plej grava kaŭzo de nia ĝisnuna progresado kaj la plej grava kondiĉo por nia regula kaj paca progresado estonta. *Neniu persono kaj neniu societo devas havi la rajton arbitre fari en nia Fundamento iun eĉ plej malgrandan ŝanĝon!* Tiun ĉi tre gravan principon la esperantistoj volu ĉiam bone memori kaj kontraŭ la ektuŝo de tiu ĉi principo ili volu ĉiam energie batali, ĉar la momento, en kiu ni ektuŝus tiun principon, estus la komenco de nia morto.'

La *Fundamento* konsistis el tri partoj, jam ĝenerale akceptitaj kiel esencaj: la dekses-regula gramatiko; la *Universala Vortaro*, kaj la ekzemplodonanta *Ekzercaro*. La *Fundamento* entute enhavis 2.768 radikojn.[23] Zamenhof mem jam obeadis konscie al tiuj tri verkoj. Ne persono, sed tiuj ĉi tri libroj, devas doni la leĝojn por Esperanto. Por eviti novajn disputojn, la *Fundamento*, eĉ kun kelkaj eraretoj pri la fremdlingvaj ekvivalentoj de esperantaj vortoj, aŭ kelkaj hazardaj ortografiaj eraroj, devis resti netuŝebla.

Zamenhof ne konsilis, ke oni konsideru la *Fundamenton* kiel lernolibron por lerni Esperanton. Multaj pli bonaj lernolibroj jam ekzistis, kaj li mem kontrolis la plimulton; la *Fundamento* tute ne estas pedagogie adekvata. 'Sed la *Fundamento de Esperanto* devas troviĝi en la manoj de ĉiu bona Esperantisto kiel konstanta *gvida dokumento*, por ke li bone ellernu kaj per ofta enrigardado konstante memorigadu al si, kio en nia lingvo estas oficiala kaj netuŝebla, por ke li povu ĉiam bone distingi la vortojn kaj regulojn oficialajn, kiuj devas troviĝi en ĉiuj lernoverkoj de Esperanto, de la vortoj kaj reguloj rekomendataj *private*, kiuj eble ne al ĉiuj esperantistoj estas konataj aŭ eble ne de ĉiuj estas aprobataj. La Fundamento de Esperanto devas troviĝi en la manoj de ĉiu esperantisto kiel konstanta kontrolilo, kiu gardos lin de deflankiĝado de la vojo de unueco.'

Li aldonis, ke tiu severa regulo ne igos la lingvon rigida aŭ ne evolukapabla; ĝi lasas abundan lokon por plibonigoj. 'La netuŝebleco de ia *Fundamento* nur garantios al ni konstante, ke tiu perfektiĝado fariĝados ne per arbitra, interbatala kaj ruiniga *rompado* kaj *ŝanĝado*, ne per nuligado aŭ sentaŭgigado de nia ĝisnuna literaturo, sed per vojo *natura*, senkonfuza kaj sendanĝera.' La esperantistoj restis tute liberaj proponi novajn vortojn laŭ bezono; utilaj novaj vortoj, post periodo de praktika provado kaj la aprobo de ia oficiala institucio, aperos en suplementa oficiala vortaro. Vorto aŭ regulo, kiun ia centra institucio trovas ne taŭga, ne estos forigita; sed oni rajtos krei novan formon kaj uzi ĝin paralele kun la malnova. Kiel en nacia lingvo, la nova malrapide elpuŝos la malnovan. Io bona, kio ne estas en la *Fundamento*, estas nur rekomendinda; ĝi ne estas deviga. Kaj Zamenhof ne permesis al si mem la rajton ŝanĝi ion en la *Fundamento*.

Je la unua rigardo, la starigo de tia esperanta kodo, de tabuo tiel rigida, ŝajnas tro dogmema; sed serioza studado de la *Fundamento* klare montras, ke male Zamenhof volis mallarĝigi la devigan dogmaron al minimumo. La dekses reguloj estas vere la plej esenca gramatika bazo; la *Ekzercaro* nur indikas, kiel oni konstruas ordinarajn frazojn; la *Universala Vortaro* provizas nur ĉiutagajn vortojn. La tabuoj de tiu ĉi tre maldika libro tute ne similis al la amasoj de tabuoj – malpli logikaj kaj koheraj –, kiujn oni trovas ĉe naciaj lingvoj. La *Fundamento* malpermesas nek la enkondukon de kiom ajn da novaj vortoj, nek la ellaboron de novaj parolturnoj, nek esplorojn pri metaforoj kaj etendadoj de signifo, nek senprecedencajn sed konsekvencajn uzojn de la baza gramatika strukturo aŭ la afiksa sistemo. Zamenhof atingis sian celon: hodiaŭ nova esperantisto ankoraŭ povas, sen iu ajn malfacilaĵo, tuj legi esperantan libron verkitan dum la plej frua epoko; kaj hodiaŭ esperantaj verkistoj ankoraŭ eltrovas trafajn, elegantajn parolturnojn tute laŭ la reguloj de la *Fundamento*. Esperanto ĉiam restis lingvo, kies fleksebleco tre plaĉas al poetoj kaj al ĉiuj kreaj verkistoj; ĝi estas ankaŭ tre potenca lingvo por oratoroj – eĉ por ŝercoj, vortludoj kaj parodioj. La sistemo de gramatikaj finaĵoj kaj afiksoj donis al ĝi eblojn de miriga koncizeco; kaj, pro la logika simpleco de la gramatiko, la senco de eĉ tre neordinaraj frazoj estas tre malofte duba.

La *Fundamento* estis psikologie valora: malgraŭ la daŭra malinklino de la esperantistoj organizi sin mem, ili finfine havis unu regulon, unu tabuon; kaj ŝajnas, ke la plimulto de la homoj bezonas almenaŭ kelkajn tabuojn. Estontece, multaj esperantistoj povis kontentigi siajn atakinstinktojn per riproĉoj al tiuj, kiuj volis tuŝi la Fundamenton, anstataŭ kvereli inter si; iasence la *Fundamento* estis la komenco de disciplino; kaj la ordinara esperantisto ricevis novan sekureco-senton; dume, la saĝa minimumeco de la tabua tereno evitis – almenaŭ por la vasta plimulto – ian senton de troa limigado.

En septembro 1905, la svisaj esperantistoj invitis la duan kongreson al Svislando; la propono tre plaĉis al Zamenhof, ĉar Svislando, neŭtrala lando kun kvar lingvoj, ŝajnis tre taŭga spirita hejmo por Esperanto. Per amika interkonsento kun Hachette, Zamenhof ĉesigis la *Kolekton Aprobitan* kaj anoncis tiun decidon publike. Kun la helpo de Bourlet kaj Javal, Zamenhof penis aranĝi novan kontrakton kun Hachette; sed, kvankam ili proponis bonajn financajn kondiĉojn, li sentis, ke la aliaj kondiĉoj tro ligus lin, kaj neniam subskribis la kontrakton.

La Esperanta Grupo en Bulonjo eldonis bildojn pri la Kongreso kiel serion de memorigaj poŝtkartoj. De Beaufront denove kaŭzis kverelon per ia vortara projekto. Javal kaj Zamenhof multe korespondis kaj Zamenhof konfidis al Javal multajn planojn kaj ideojn. Dume, Boirac kaj Sebert luis du ĉambrojn ĉe 51, rue de Clichy, Parizo – domo, kiu apartenis al la Franca Societo de Fotografia Arto – kaj tie starigis senkonstitucian, improvizitan sed almenaŭ agantan komitaton, kiu celis aranĝi ion konkretan pri la Lingva Komitato kaj la tre nebula Organiza Komitato. Io tia necesis: Boirac kaj Sebert ne tro inklinis al senelira diskutado, sed volis fari ion utilan. En novembro la improvizita Komitato jam nomis sin (aŭ sian ejon) la Esperantista Centra Oficejo. Zamenhof kaj Boirac planis esplori detalojn pri la Lingva Komitato; kaj la Organiza Komitato konsistis el: Zamenhof (prezidanto), Sebert (vicprezidanto), Gabriel Chavet (sekretario) kaj Boirac, Michaux, Mybs kaj Pollen.

Tiujare aperis ankaŭ libro de Marko Zamenhof, eldonita de Aleksandro Ginc en Varsovio. Marko Zamenhof jam verkis kelkajn lernolibrojn kaj legolibrojn, sed tiu ĉi nova verko estis iom pli ambicia. Por sin distri en sia soleco, post la morto de Rozalia kaj la foriro de du filoj al la orienta fronto dum la rusa-japana milito, Marko kolektis proverbojn kaj trovis multajn paralelojn inter rusaj, polaj, francaj kaj germanaj proverboj. Interesa kaj erudicia estis la verko; la

Ministro de Publika Instruado aprobis ĝin kaj du eldonoj de la unua kajero aperis dum la sama jaro. En la antaŭparolo Marko diris, ke proverboj ofte montras naciajn karakterizaĵojn, kaj ke ili rilatas al lingvoj kiel salo al manĝaĵoj. En 1906 aperis du aliaj kajeroj, kaj sur la dua kajero Marko promesis kvaran kajeron kun proverboj en la hebrea, greka, latina kaj esperanta. Tiu kajero neniam aperis; sed en 1910 Hachctte eldonis la *Proverbaro* de L. L. Zamenhof. Ĝi enhavis proksimume la samajn proverbojn kiel la tri jam eldonitaj kajeroj de Marko.

Oni kredas, ke la patro mem petis la kunlaboradon de Ludoviko, kaj ke tiu komuna intereso iom plisimpatiigis patron kaj filon reciproke. La maljuna, soleca pedantulo sentis veran plezuron, kaj montris sin pli feliĉa ol dum longa tempo, kiam la germana firmo Möller kaj Borel oficiale mendis de li kelkcent ekzemplerojn de lia Proverbaro. Jen, lia granda laboro ne estis vana; eksterlande oni ŝatis ĝin.

Li neniam sciis, ke Ludoviko skribis al Möller kaj Borel kaj sendis al ili la monon, por ke ili faru tiun ĝojigan mendon. Nur du jarojn post la morto de Ludoviko, la frato Felikso, en biografia skizo, malkaŝis la sekreton!

RELIGIO POR LA HOMARO

Jam en novembro 1905, 'The British Esperantist' presigis, kiel piedno-ton al la letero, en kiu Zamenhof aprobis la elekton de Svislando por la venonta kongreso, iom nebulan sed interesan novaĵon;

'Private ni aŭdis, ke D-ro Zamenhof ne sole venos al la Kongreso, sed proponos tie tre gravan aferon, pri kiu li revis en la daŭro de tre multaj jaroj kaj kiu, malgraŭ sia granda graveco, elvokos tamen nenian disputadon, ĉar ĝi konsistos nur en la kreado de aparta sekcio, al kiu ĉiu esperantisto povos aliĝi aŭ ne aliĝi laŭ sia propra bontrovo.'

Zamenhof, kiam li kreis Esperanton, havis celon pli grandan ol multaj esperantistoj komprenis. Lia pli granda celo – helpo al interpacigo kaj toleremo – donis al li lian eltenemon kaj al

Esperanto ĝian moralan forton. Amatoraj lingvistoj, erudiciaj teoriumantoj povis perdiĝi inter malgravaj disputoj pri detaletoj, kaj vane serĉadi ian lingvon konforman al superhoma perfekteco; sed la plej fidelaj esperantistoj, tiuj, kiuj multe oferis kaj kelkfoje eĉ fizike martiriĝis pro Esperanto, estis tiuj, kiuj same kiel Zamenhof perceptis psikologianmoralan valoron en la lingvo.

Kelkaj eventoj en la Rusa Imperio dum 1905 eble vekis novan urĝeco-senton ĉe Zamenhof pri dezirinda ideologia kontribuaĵo al la sopirata mildigo de intergentaj malamoj. La Revolucio de 1905, kun realaj esperoj kaj korpremaj timoj, kun naciismaj riberoj kaj klasaj konfliktoj, kun grandskalaj strikoj kaj – en Pollando mem – la heroa sed ofte sangavida terorismo de la Pola Socialista Partio de Pilsudski – promesis estontajn ŝanĝojn; kaj krea revolucio povus esti pli-malpli sanga, pli-malpli reale liberiga, pli-malpli justefika, ne nur laŭ la konkretaj cirkonstancoj, sed ankaŭ laŭ la reganta etoso kaj homaj emocioj. Tiutempe, la carista registaro, post kelkaj neeviteblaj cedoj al progreso, penis turni la revolucian ondon en la kanalojn de antisemitismo kaj senutila kverelanta naciismo aŭ rasismo; kaj ĝi iom sukcesis. Tragika sed kelkrilate esperiga estis la situacio.

Zamenhof ne estis politikisto, kaj liaj scioj pri politiko estis nek sciencaj, nek profundaj; ekzemple, liaj verkoj ne montras scion pri ekonomiaj fortoj kaj problemoj, pri klasaj konfliktoj, pri ekonomiaj faktoroj en militoj aŭ armadokonkurado, pri politikaj institucioj kaj organizoj; sed li neniam pretendis al tiaj scioj. Liaj politikaj ideoj ne estas naivaj aŭ nerealismaj, ĉar li limigis sin al tiu tereno, sur kiu li havis verajn konojn kaj perceptojn: la psikologiaj faktoroj en intergentaj rilatoj; kaj li celis forigi la psikologiajn kaŭzojn de milito kaj persekutado. Eĉ hodiaŭ estas almenaŭ asertinde, ke, se ni povos forigi el homaj mensoj neraciajn malamojn kaj suspektojn, per edukaj kaj sinedukaj rimedoj, estos relative facile solvi ĉiujn konkretajn, praktikajn problemojn per scienco, racio, bonvolo kaj realisma kompromisemo.

En rusa Pollando religiaj konfliktoj estis inter la plej videblaj kaŭzoj de malamo kaj krueleco: religio ofte ŝajnis ne kaŭzi plibonigon de la homoj, sed stimuli iliajn plej malnoblajn pasiojn. Li mem vidis kristanajn gepatro-jn, kiuj ordonis al siaj infanoj kraĉi sur judojn surstrate. Li vidis religiajn amasfuriozojn kaj persekutojn. Li sciis, ke Dambraŭskas[24], pionira esperantisto, kiu estis katolika pastro en Litovujo, suferis kvinjaran ekzilon pro rifuzo helpi la caristajn aŭtoritatulojn persekuti la katolikojn, kiam tiu persekutado estis parto de la sistema rusigo de la malfeliĉaj litovoj. El tutmonda vidpunkto, li iom troigis la gravecon de religiaj konfliktoj; sed en Pollando tiuj konfliktoj restis teruraj. Li volis gvidi al pli humana toleremo rus-ortodoksajn (aŭ grek-katolikajn), romkatolikajn, protestantajn, hebreajn kaj islamajn kredantojn.

Zamenhof, kiam li viriĝis, travivis, same kiel tre multaj in-teligentaj junuloj, ian religian krizon: li perdis la hebrean kredon de Rozalia kaj poste progresis al ia pli persona fido; li lasis tre malmultajn indikojn pri la teologio, kiun li povis akcepti; eble li

24 La esperantaj verkoj de Dambraŭskas aperis sub la nomo *Dom-brovski*.

estis tro humila por kredi sin kapabla difini leĝojn de la kosmo; sed la etiko brilis tra lia tuta vivo.

En siaj studoj, li sentis profundan simpation al la vivo kaj instruado de la renoma rabeno *Hilel*. Laŭ tradicioj, Hilel estis babilona hebreo, doktoro pri la Leĝaro en Jerusalemo dum la epoko de Herodo; li vivis cent dudek jarojn, ĉar li iris al Palestino kvardekjara, studadis dum kvardek jaroj kaj poste estis dum kvardek jaroj la spirita ĉefgvidanto de la hebreoj. Li estis klerulo, al kiu la tuta enhavo de la tradicia hebrea Leĝaro estis plene konata; kaj, kiam li klarigis la Leĝaron li ĉiam rekomendis la pli mildan, humanan interpreton; en la vivo li praktikis ĉiujn virtojn, kiujn li predikis al aliaj. Ĉiuj tradiciaj anekdotoj pri Hilel temas pri lia saĝa instruado aŭ lia nobla vivo, ne pri mirakloj aŭ sensaciaĵoj. Ekzemple, restas anekdoto pri tri ne tro inteligentaj prozelitoj, kies senĉesaj demandoj kaj miskomprenoj tiel tedis la pli severan instruanton, Samai, ke finfine li ekdraŝis ilin; ili iris al Hilel, kiu instruis ilin kun tia karitato kaj pacienco, ke ili diris: 'La koleriĝemo de Samai volis peli nin el la mondo; sed la mildeco de Hilel kondukis nin preskaŭ sub la flugilojn de *Ŝekinah* [25].'

Alia anekdoto rakontas, kiel iu pagano, kiu pripensis konvertiĝon, petis de Hilel koncizan resumon de la hebrea Leĝaro. Hilel respondis: 'Tion, kio estas al vi malagrabla, ne faru al alia homo. Jen la Leĝaro; ĉio alia estas nur komentario.' Lia stilo inklinis al epigramoj kaj antitezoj, verŝajne kun la intenco pensigi la aŭskultantojn. Belaj diroj de Hilel estas, ekzemple:

---

25 Pia sinonimo por 'Dio'.

'Ne disigu vin de la kongregacio, kaj ĝis la morta tago ne fidu al vi mem; kaj ne juĝu la amikon, ĝis vi venos en lian lokon; kaj ne diru pri vorto aŭdenda, ke iam finfine ĝi estos aŭdita; kaj ne diru: 'Kiam mi havos liberan tempon mi studos', ĉar eble vi neniam havos liberan tempon.'

'Se mi ne estas por mi mem, kiu estas por mi? Kaj se mi estas nur por mi mem, kio mi estas? Kaj se ne nun, kiam?'

'Mia humileco estas mia altrangiĝo.'

Meditante pri Hilel kaj liaj diroj, Zamenhof venis al ia ideo de sia *hilelismo*: monda religio, kiu ne volas iel ajn malhelpi al aliaj religioj, sed nur pacigi ilin kaj helpi iliajn kredantojn al deca estimo unu al la alia; precipe, li esperis, fari la judan religion tolerebla al la ne-hebreoj. Li ellaboris siajn proprajn ideojn; sed publikigi ilin tiutempe kaj tie postulis ne nur taktikan lertecon, sed ankaŭ multan kuraĝon. Reala estis la risko de registara persekutado. Sed Zamenhof ankaŭ ne volis senkreditigi Esperanton ĉe la registaro, aŭ ĉe homoj, kiuj ne aprobus hilelismon; kaj ne volis kaŭzi novajn akrajn disputojn en la esperanta movado mem; li jam sciiĝis, ke kelkaj bigotoj troviĝis inter la valoraj esperantistoj.

Lia unua eldonaĵo pri la temo estis rusa broŝuro kun la nomo *Hilelismo*, presita ĉe Kelter en Varsovio, 1931, kaj eldonita sub la kaŝnomo *Homo Sum*[26]. Multaj rusaj hebreoj private konfesis al Zamenhof, ke ili tre simpatias al lia koncepto, sed eĉ ne unu kuraĝis subteni lin publike aŭ helpi lin fondi novan hebrean sekton 'hilelistan'. Ŝajnas, ke Zamenhof ne elpaŝis denove pri la

---

26 Latine: 'Mi estas homo'.

projekto ĝis 1905.

Jam en novembro 1905 kondiĉoj en Pollando estis tiel malbonaj por judoj, ke la malavara Javal proponis al Zamenhof rifuĝejon en Parizo. Zamenhof respondis:

'Pri via proponita gastamo en okazo de bezono mi kore Vin dankas. Mi tamen esperas, ke al tia ekstremaĵo la cirkonstancoj ne venos. La vivo en nia lando kaj precipe en nia urbo estas nun efektive terure malbona, ni ĉiuj estas tre ekscititaj, la tuta tago estas plena de zorgoj kaj mi estas nun tute nekapabla ion fari. Mi tamen esperas, ke ĉio denove estos bona. La reciproka malamo de nacioj kaj religioj, terorismo, hipokriteco, k.t.p., kreskas terure.' Tiutempe litovoj kaj ukrajnanoj ribelis; en Kaŭkazio rusoj kaj georgianoj batalis unu kontraŭ la alia; tataroj batalis kontraŭ armenoj; la 'Nigra Mano' – sekreta societo, fakte parto de la carista polico, intence incitis amasfuriozojn kaj pogromojn. Varsovio mem estas savita de tiaj teroraĵoj ĉefe, ĉar junaj polaj socialistoj organizis sin por defendi la stratojn, kiam estis necese.

En januaro 1906, Zamenhof, tre bone sciante, ke li eble altiros kruelaĵojn de judpersekutantoj aŭ bigotoj, aŭ povos esti malliberigita aŭ ekzilita, kaj tre bone sciante, ke lia malfortika korpo ne rezistos al multaj tiaj turmentoj, eldonigis en *Ruslanda Esperantisto* malgrandan traktaĵon anoniman, Dogmoj de hilelismo. Ankaŭ la kuraĝo de la redaktoro vekas admiron. La traktaĵo estis tre malkaŝa ekde la unuaj vortoj:

'La senĉesa reciproka batalado de la diversaj gentoj kaj religioj en la vasta Rusuja regno, la kriantaj maljustaĵoj kaj perfortaĵoj, kiuj ĉiutage kaj sur ĉiu paŝo estas farataj de la pli-multo de loĝantaro kontraŭ la malplimulto, malgraŭ ke tiu ĉi lasta havas tian saman moralan rajton pri sia natura patrujo, kiel la unua, la englutema celado de unuj popoloj kontraŭ aliaj, en ĉiuj anguloj de ilia komuna patrujo – ĉio tio ĉi jam longe devigis multajn serĉi ian neŭtralan fundamenton, sur kiu homoj de malsamaj gentoj kaj religioj – almenaŭ ĉiuj filoj de sama pa-trujo – povus komunikiĝadi inter si pace kaj frate, sen reciprokaj kolizioj, malamo kaj maljusteco. Tiun ĉi neŭtralan fundamenton prezentas la malsupre donitaj dogmoj de la 'hilelismo'.'

La ideo estis naskiĝinta dek jarojn antaŭe; sed la sukceso de la Kongreso de Esperanto en Bulonjo 'konvinkis la iniciatorojn de la hilelismo, ke absoluta justeco, egaleco kaj frateco inter la popoloj en la praktiko estas plene ebla. Tial ili decidis uzi la plej proksiman tutmondan kongreson de la esperantistoj en Ĝenevo en septembro 1906, por proponi al ĉiuj amikoj de interpopola justeco, unuiĝi en apartan grupon, kiu inter la amikoj de la internacia lingvo prezentus apartan sekcion'. La dogmoj de hilelismo estas nur ĝeneralaj principoj; oni prezentos definitivan dogmaron nur post kongreso de hilelistoj.

'La hilelismo estas instruo, kiu, *ne deŝirante la homon de lia natura patrujo, nek de lia lingvo, nek de lia religio*, donas al li la eblon eviti ĉiam malverecon kaj kontraŭparolojn en siaj nacia-religiaj principoj kaj komunikiĝadi kun homoj de ĉiuj lingvoj kaj religioj sur fundamento neŭtrale-homa, sur principoj de reciproka frateco, egaleco kaj justeco. La hilelistoj esperas, ke per konstanta reciproka komunikiĝado sur la bazo de neŭtrala lingvo kaj neŭtralaj religiaj principoj kaj moroj la homoj iam kunfandiĝos en unu neŭtrale-homan popolon, sed tio ĉi fariĝados iom post iom, nerimarkate kaj sen ia rompado.'

Hilelisto estos gvidata per la principoj:

'Mi estas homo, kaj por mi ekzistas nur idealoj pure homaj; ĉiajn idealojn kaj celadon gentenaciajn mi rigardas nur kiel grupan egoismon kaj hommalamon, kiuj pli aŭ malpli frue devas malaperi kaj kies malaperon mi devas akceladi laŭ mia povo.'

'Mi kredas, ke ĉiuj popoloj estas egalaj kaj mi taksas ĉiun homon nur laŭ lia persona valoro kaj agoj, sed ne laŭ lia deveno. Ĉian ofendadon aŭ persekutadon de homo pro tio, ke li naskiĝis de alia gento, kun alia lingvo aŭ religio ol mi, mi rigardas kiel barbarecon.'

'Mi kredas, ke ĉiu lando apartenas ne al tiu aŭ alia gento sed plene egalrajte al ĉiuj ĝiaj loĝantoj, kian ajn lingvon aŭ religion ili havos ...'

'Mi kredas, ke en sia familia vivo ĉiu homo havas plenan, naturan kaj nedisputeblan rajton paroli kian lingvon aŭ dialekton li volas kaj konfesi kian religion li volas, sed en komunikiĝado kun homoj de alia deveno li devas, kiom ĝi estas ebla, uzadi lingvon neŭtralehoman kaj vivi laŭ la principoj de religio neŭtrale-homa. Ĉiun celadon de unu homo altrudi al aliaj homoj sian lingvon aŭ religion, mi rigardas kiel barbarecon.'

'Mia patrujo mi nomas tiun regnon, en kiu mi naskiĝis aŭ en kiu mi por ĉiam enloĝiĝis. Tiu parto de la regno, en kiu mi pasigis mian infanecon, aŭ kiu estas loĝata precipe de mia gento, povas esti al mi pli kara, ol ĉiuj aliaj partoj; sed nomi patrujo unu pecon de mia aŭ tiom pli de fremda regno pro tio, ke tie pleje loĝas aŭ iam regis mia gento, mi neniam devas, ĉar tio ĉi ne sole kondukas al konstantaj disputoj, sed ĝi estus ankaŭ kontraŭa al la morala leĝo pri la sengenteco de la tero.'

Patrujo aŭ parto de patrujo ne devas havi nomon de gento, sed nomon 'neŭtrale-geografian', kiel ekzemple 'Svisujo', 'Peruo' aŭ la proponitaj 'Peterburgregno, Varsovilando'.

'Patriotismo aŭ servado al la patrujo mi nomas nur la servadon al la bono de ĉiuj miaj samregnanoj, de kia ajn deveno, lingvo aŭ religio ili estas ... mi devas penadi, ke en mia lando ĉiu gento havu la rajton fondi por siaj membroj lernejojn kaj aliajn instituciojn kun sia lingvo kaj sia religio, se ili tion ĉi deziras, sed ke en ĉiuj publikaj institucioj, ne destinitaj sole por unu gento, regu nur lingvo neŭtrale-homa kaj festoj neŭtrale-homaj aŭ regnaj ... kaj de ĉia reciproka batalado de lingvoj aŭ religioj pro regado mi devas teni min flanke, ĉar ĝi estas nur batalado inter unu maljustaĵo kaj alia.'

Provizore la hilelistoj akceptis Esperanton kiel lingvon 'neŭtrale-homan'.

'Mia religio mi nomas tiun religion, en kiu mi naskiĝis, aŭ al kiu mi estas oficiale alskribita; sed al ĝia nomo mi devas ĉiam aldoni la nomon "hilelista" por montri, ke mi konfesas ĝin laŭ la religiaj principoj de la hilelismo, kiuj konsistas en jeno:

a) Sub la nomo "Dio" mi komprenas tiun al mi nekomprenblan plej altan Forton, kiu regas la mondon kaj kies esencon mi havas la rajton klarigi al mi tiel, kiel diktas al mi mia saĝo kaj koro.

b) Kiel fundamentan leĝon de mia religio mi rigardas la regulon "agu kun aliaj tiel, kiel vi deziras ke aliaj agu kun vi, kaj aŭskultu ĉiam la voĉon de via konscienco"; ĉion alian en mia religio mi rigardas nur kiel legendojn aŭ kiel religiajn morojn, kiuj estas enkondukitaj de homoj, por enporti en la vivon definitan programon kaj spiritan varmon, kaj kies plenumado aŭ neplenumado dependas de mia persona deziro.

c) Mi konscias, ke ĉiu homo apartenas al tiu aŭ alia tradicia religio ne tial, ke ĝi la plej multe respondas al liaj personaj konvinkoj, sed nur tial, ke li en ĝi naskiĝis, kaj ke la esenco de ĉiaj religioj estas la sama, kaj ili distingiĝas unu de alia nur per legendoj kaj moroj, kiuj ne dependas de persona elekto de homo. Tial mi konscias, ke oni neniun povas laŭdi nek mallaŭdi por lia tradicia religio, kaj ke bonaj aŭ malbonaj agoj de homo dependas ne de lia religio, sed nur de li mem kaj de la cirkonstancoj de lia vivo ...' Zamenhof esperis, ke iam la homoj trovos neŭtrale-homajn religiajn morojn, kaj ke iam 'hilelistaj temploj' estos fonditaj en diversaj urboj. Tie hilelistoj de diversaj religioj ellaboros ion, kion Zamenhof priskribas tiel: 'filozofie pura, sed samtempe bela, poezia kaj varma vivo-reguliga religio komunehoma, kiun gepatroj povos sen hipokriteco transdoni al siaj infanoj'.

Hilelismo ne sukcesis. La malfacilaĵo estas, ke tiuj, kiuj intelekte kaj psikologie povus akcepti la ideon, estas precize tiuj, kiuj ne bezonas ĝin; fanatikuloj, bigotoj, kaj ankaŭ ĉiuj, kiel ajn toleremaj kaj mildaj, kiuj kredas, ke ilia religio estas unika, revelacia kaj pli-malpli absoluta vero, ne povas akcepti tian sintenon. Kaj persekutemaj fanatikuloj tute ne deziras liberiĝi de siaj psikaj malsanoj; male, ili kredas sian kruelecon kaj etmensecon virtoj. Sed hilelismo tre bone montras la humilecon kaj amon al la homoj, kiuj estis konstantaj faktoroj en la vivo de Zamenhof.

Iomete poste, eble ĉar la nomo *hilelismo* sonas jude, Zamenhof ŝanĝis la nomon de sia kredo al *homaranismo*; sub tiu ĉi titolo li eldonis rusan kaj esperantan broŝurojn; la pli granda parto de la teksto similas al la artikoloj en *Ruslanda Esperantisto*, sed li iom interese ampleksigas siajn ideojn, ekzemple per strange profeta averto:

'En la celado al libereco la popoloj komencis persekutadi unu alian aŭ serĉadi pseŭdoliberalajn kompromisojn inter la plimulto kaj la malplimulto, forgesante, ke ĉiuj kompromisoj *estas maljustaj kaj nefortikaj*, kaj ke honesta kaj fortika libereco povas esti atingita nur per *absoluta* justeco kaj egaleco, sed ne per modifikado de kruda besta forto, por kiu ekzistas nur la demando "kiu kie super kiu kaj en kia grado devas regi"'.

En la marta numero 1906 de *Ruslanda Esperantisto*, Dambraŭskas akre (kvankam sen persona malĝentileco) atakis la novajn dogmojn; Zamenhof, en la maja numero de la sama gazeto, respondis per pacienca rezonado; lia artikolo finiĝas:

'Vin, s-ro D., pri kiu mi scias, ke vi estas homo sincere kaj profunde religia, efektive kaj kore sindona pastro de Dio – vin

mi demandas: se vi povus vin turni al tiu granda morala Forto,
kiun vi nomas "Dio" kaj demandi Lin, ĉu li preferas, ke la homoj
havu *multajn* religiojn kaj tial malamadu sin reciproke kaj ĉiu
diru, ke nur *lia* religio estas la vera, aŭ ke la homoj aranĝu inter
si ponton, per kiu ĉiuj religioj povos iom post iom kunfandiĝi
en *unu* religion, kaj ili konstruu templojn komunajn, en kiuj ili
povos frate ellaboradi al si idealojn kaj morojn komunajn – kion
Dio respondus? Se vi estas certa, ke Li preferus la *unuan*, tiam
batalu kontraŭ la homaranismo; sed se vi pensas, ke Li elektus la
duan, tiam ... ne batalu *por* ni (ĉar mi komprenas, ke kiel pastro
vi ne povas tion ĉi fari, almenaŭ nun), sed almenaŭ ne batalu
kontraŭ ni, ĉar, batalante kontraŭ ni, vi batalos kontraŭ la volo
de Tiu, al kiu vi ĉiam sincere kaj honeste servis.'

Sed tiuj du sinceraj, kuraĝaj homoj havis kriteriojn tiel mal-
similajn, ke interkompreno estis neebla. Alia romkatoliko atakis
la projekton de Zamenhof (ankoraŭ anoniman, sed multaj jam
divenis la aŭtoron) multe pli akre, kun nemeritita, iom infaneca
satirado: de Beaufront.

Dume, pli malboniĝis la tragika situacio, kiu pelis Zamenhof
al publika anonco pri sia projekto. Ekde januaro ĝis septembro
1906, la politika situacio malebligis kunvenojn de la varsoviaj
esperantistoj. Kelkajn tagojn post la morto de la bopatro la 27an
de marto, Zamenhof denove suferis pro novaĵoj el Bjalistoko;
terura pogromo okazis tie.

Laŭ la judoj mem de Bjalistoko, la ordinaraj kristanoj ne
estis kulpaj: dum longa tempo judoj, katolikoj kaj ortodoksuloj

vivadis kune sen gravaj konfliktoj. Sed la caristaj aŭtoritatuloj lerte uzis la fakton, ke multaj judoj troviĝis inter revoluciemuloj. Tri tagojn antaŭ la pogromo, iu murdis la policestron en Bjalistoko. Lia nomo estis Dergatĉov kaj oni ĝenerale estimis lin kiel administranton justan kaj bonintencan. Kiam la judoj petis permeson meti florkronon sur lian tombon, la respondo estis: 'Vi ricevos respondon ĵaŭde.' Jaŭde estis la festo de la Korpo de Kristo. Kvankam la ortodoksa eklezio ne havas tiun feston, katolika procesio renkontis ortodoksan procesion; iu pafis kontraŭ la ortodoksuloj; la policanoj komencis krii 'Mortu la judoj!' kaj masakro komenciĝis. Ŝajnas, ke la tuta abomena afero estis antaŭaranĝita.

La kulpuloj estis la policanoj, kelkaj soldatoj, lokaj krimuloj kaj sentaŭguloj, kaj kelkaj kanajloj, kiujn oni verŝajne venigis speciale. Tiuj trakuris la stratojn de Bjalistoko, kun hakiloj kaj feraj stangoj, enrompis domojn, murdis aŭ kripligis multajn senkulpajn judojn. Poste, en tiuj hejmoj ili detruis ĉion detrueblan: meblojn, vestojn, mastrumilojn; eĉ forŝiris murpaperon de la muroj. Junulino vidis la dudekjaran kaj dudekunujaran fratojn murdataj kune kun dektrijara fratino. Multaj judoj de ambaŭ seksoj kaj ĉiuj aĝoj tiuokaze perdis la okulojn.

Zamenhof sentis apartan intereson pri sia naskiĝurbo; sed oni portis multajn el la plej grave vunditaj viktimoj al la Hebrea Hospitalo en Varsovio. Zamenhof preskaŭ certe aŭdis multajn detalojn de siaj kolegoj; eble tiuj ĉi eĉ vokis la okuliston de Dzika Strato por helpi dum tiu inundo de blindigitoj ... Homaranismo ne estis ia kabineta ekzerco en morala filozofio: el tiaj aferoj ĝi fontis.

En septembro 1905, Zamenhof komencis konfidi sian projekton al Javal, kiu avertis lin, ke Francujo ne estas lando, kiu facile akceptos tiajn ideojn. Javal dum kelkaj monatoj diskrete esploris la gazetaron kaj diversajn oficialajn organizojn pri hilelismo. Jean Jaurès ne atendis favoran reagon inter la francaj socialistoj. La raportoj, kiujn Javal sendis al Zamenhof, estis malinstigaj sed tre amikaj: dume, de Beaufront atakadis hilelismon. Zamenhof defendis ĝin (sub la kaŝnomoj *Homarano* aŭ *D-ro Aleksander Naumann*) milde, rezonante kaj sen sarkasmoj, ekzemple:

'Vi diras, ke ni naive esperas, ke la homaranismo donos al la homaro plenan pacon kaj feliĉon! Tion ĉi oni antaŭ 18-19 jaroj diris ankaŭ pri la esperantistoj. Sed kredu al ni, ke ni tute ne estas tiel naivaj kiaj vi nin prezentas al la legantoj; ni scias tre bone, ke la homaranismo ne faros el la homoj anĝelojn, tiel same kiel la esperantistoj ĉiam sciis tion ĉi pri Esperanto. Ni tute ne esperas ŝanĝi la korojn de tiuj homoj, kiuj *ne volas* pacon – ni volas nur:

a) ebligi intergentan justecon kaj fratecon al tiuj tre multaj personoj, kiuj ĝin *deziras* kaj al kiuj la neekzistado de neŭtrala lingvo, religia kaj morala fundamento ĝis nun faris ĉian reciprokan fratiĝadon *ne ebla*;

b) fiksi (kaj per komuna interkomunikiĝado konstante perfektigadi) precize formulitajn principojn, per kiuj povus sin gvidi tiuj personoj, kiuj en la koro sentas la necesecon de intergenta egaleco kaj frateco, sed konstante pekas kontraŭ ĝi simple nur pro nesufiĉa pripensado kaj pro nehavado de ia difinita programo.

'Vi diras, ke inter la esperantismo kaj la homaranismo ekzistas nenia parenceco! Sed en tia okazo kial do vi nin tiel atakas? Kial vi tiel timas, ke la mondo intermiksos la ambaŭ ideojn? ... Se kontraŭ la homaranismo batalas tiaj esperantistoj, kiuj en Esperanto vidas nur rimedon por interŝanĝi ilustritajn poŝtajn kartojn aŭ por fari bonajn negocojn, aŭ eĉ por sukcese militi inter si – mi ne mirus, sed se kontraŭ la homaranismo batalas tiaj esperantistoj, kiuj en Esperanto ĉiam vidis *ideon* kaj kiuj por tiu ĉi ideo multe kaj ame laboris – tio ĉi ŝajnas al ni stranga.'

Iu esperantisto, kiu timus pri ia kompromito, povus ĉiam citi la *Bulonjan Deklaracion*.

Sed de Beaufront reatakis en artikolo, kiu enhavis ne nur krudajn, malbelajn sarkasmojn, sed multan sinlaŭdadon ne tre plaĉan; ekzemple:

'Ho jes, mi konfesas, kaj tre sincere, ke mi ĉiam vidis kaj ankoraŭ vidas en Esperanto *ideon*, kaj tiun ĉi ideon mi ĉiam tre klara prezentis ... la *ideon de lingvo internacia* ekstreme utila al la homaro ... Jes, tiun ĉi *ideon* mi ĉiam vidis, kaj ĝi plene sufiĉis por min instigi al multaj veraj idiotaĵoj de sindonado; ĉar mi estas certa, ke ni alportas al la mondo fonton da nekalkuleblaj bonoj. Sed mi konfesas, ke mi eĉ ne divenetis, ke mi kaj ni ĉiuj estas fondintoj de nova religio ... Mi eĉ konfesas, ke, se oni estus avertinta min pli frue – *kaj pri tia grava afero oni devas averti* – la Esperantismo ne havus min en siaj vicoj, kvankam mi tute ne estas hommanĝanto, nek vampiro nek fanatikulo ...'

Tiaj strangaj tordoj kaj misprezentoj estis, verŝajne, iasence

sinceraj; de Beaufront, laŭ temperamento tre dogmema, kaj sper-
tinte nenion kompareblan kun la pogromoj, ekstreme malsimilis
al Zamenhof psikologie, morale kaj spirite.

La originala intenco de Zamenhof estis, ke li prezentos homa-
ranismon ĉe la Kongreso en Ĝenevo kaj klarigos la ideon en
sia ĉefa kongresa parolado. La teksto de la proponita parolado
ankoraŭ ekzistas[27] kaj enhavas kiel peroracion:

'... mi esprimis al vi mian opinion tute *privatan*, kiun ĉiu el
vi povas akcepti aŭ malakcepti. Tiuj el vi, kiuj mian opinion pri
la interna ideo de la esperantismo trovas neĝusta, povas simple
ne akcepti ĝin, kaj ili tute ne devas timi de la homaranismo ian
danĝeron por Esperanto, ili povas montri al la tuta mondo la
Bulonjan Deklaracion kaj diri al la mondo, ke la homaranismo
prezentas ne la principaron de la tuta esperantistaro, sed nur la
tute privatan principaron de tiu esperantista partio, kiu nomas
sin homaranoj kaj al kiu tute private apartenas ankaŭ la aŭtoro
de Esperanto, kiu, simile al ĉiu homo, havas ja la rajton posedi
siajn privatajn principojn; sed tiuj el vi, kiuj trovas, ke mia opinio
pri la ideo de la esperantismo estas ĝusta, ne lasu vin konfuzi, ne
timu la atakontajn ŝovinistojn aŭ rutinulojn, kredu, ke de iliaj
senkaŭzaj atakoj Esperanto ne pereos kiel ĝi ne pereis ĝis nun,
malgraŭ multaj miloj da atakantoj. Ni respondu al ili kuraĝe:
"Tiun kulpon kaj hontigon, kiun vi ĵetas sur nin, ni ĝin akceptas
malkaŝe kaj fiere, ĉar en nia celado, kiu tiel malplaĉas al vi, ni
vidas nenion krom bela kaj bona." Amikoj, ne timu konstante pri

27 Mi tre dankas al Gaston Waringhien, kiu pruntis al mi kopion.
– M. B.

tio, kion diros la sensence krianta kaj grimacanta rutina mondo, sed agu ĉiam tiel, kiel diktas al vi via konscienco kaj koro. Kredu, ke ĉio, kio per si mem estas bona kaj justa, malgraŭ ĉiuj insultoj pli aŭ malpli frue devas venki kaj nepre venkas. En la daŭro de deknaŭ jaroj ni ĉiam kantadis pri la nova sento, kiu venis en la mondon – nun ni ne fariĝu timuloj, kaj laŭ la vortoj de nia himno ni ne ĉesu labori por nia idealo de intergenta frateco, "ĝis la bela sonĝo de l' homaro por eterna ben' efektiviĝos"!'

Tamen, la akreco de la polemiko kontraŭ homaranismo estis tia, ke en julio Javal konsilis Zamenhof ne viziti la Kongreson. Male, Sebert forte konsilis lin veni, ĉar lia foresto farus tre malbonan impreson. Zamenhof, tiutempe kuraciĝante en Bad Reinerz, Germanujo, finfine, post kelkaj ĉagrenaj suspektoj pri intrigoj kaj eblaj skandaloj, kiuj rilatis ĉefe al de Beaufront, decidis viziti la Kongreson, sed skribis: 'Vi povas tamen esti trankvila. Mi faros en Ĝenevo nenion sen antaŭa konsiliĝo kun la komitato de organizado.' Li estis eĉ preta rezigni pri ĉiu aludo al homaranismo, se la komitato volos.

La apero de homaranismo estis ja tro frua. Zamenhof, laŭ temperamento neordinare libera de potencavido aŭ aŭtoritatemo, kaj samtempe tre sendependa mense, vere ne kapablis kompreni tiujn kredantojn, kiuj ne povis akcepti lian koncepton, ke vero estas io neeviteble fragmenta, aŭ ke religiaj institucioj estas home faritaj. Li povis kompreni nek la bigotan katolikon nek la nelogike dogmeman ateiston. Kaj la mondo ne estis matura por la ideoj de Zamenhof. Ni plejparte bezonas kredi nin pravaj kaj aliajn simple malpravaj; vivi konstante kun duboj, necertecoj, toleremo, humileco postulas maloftajn spiritajn kapablojn. Eĉ hodiaŭ, kiam en multaj landoj la perversa plezuro de religia persekutemo estas forgesita, la sama sinadoremo restas pri politiko aŭ kelkaj aspektoj de moralo.

Zamenhof devis konfesi, ke li grave eraris pri tempo kaj cirkonstancoj; konsilite de Javal kaj Sebert, li decidis tiuokaze rezigni pri homaranismo kaj resti ĉe pli ĝeneralaj etikaj idealoj. Dume, generalo Sebert, kiu estis aplomba, kuraĝa kaj tre sperta pri krizoj kaj taktikaj problemoj, elpensis kelkajn saĝajn aranĝojn, kiuj rebonigis la delikatan situacion sen oferi la konsciencon aŭ personan feliĉon de Zamenhof.

ĜENEVO

Du knaboj eksterordinare talentaj faris la pli grandan parton de la organizado por la dua Universala Kongreso, en Ĝenevo, 1906. Edmond Privat, kiu jam impresis per bonegaj paroladoj en Bulonjo, estis tiam deksepjara, kaj unu hotelo tute ignoris lian mendon de ĉambroj por kongresanoj, kredanta ĝin trompŝerco de lernejano. Hector Hodler estis dekokjara. Tamen, dum multaj plenaĝuloj montris nematurecon per kverelemo aŭ etmenseco, tiuj du junuloj tiel bone organizis, ke poste oni menciis nur unu mankon ĉe iliaj laboroj: kelkaj kunvenejoj estis akustike ne kontentigaj. Ambaŭ knaboj havis noblajn destinojn en la Esperanto-Movado.

La Kongreso komenciĝis per solena malfermo je la oka vespere, la 28an de aŭgusto, kaj oficiale finiĝis la 1an de septembro, kvankam kelkaj kunvenoj kaj ekskurso tritaga al Montreux, Spiez,

Interlaken, Mürren kaj Bern okazis poste.

Sebert solvis multajn problemojn, kiam li voĉdonigis pri rezolucio: *Deklaracio pri la Neŭtraleco de la Kongresoj de Esperanto.* Ĉiuj akceptis la rezolucion, kiu tekstis:

'La Komitato elektita en Boulogne por organizi la duan Kongreson zorgis, de la komenco, por ke tiu kongreso estu malfermata al ĉiuj personoj, kiuj povas esti nomataj Esperantistoj, laŭ la *Deklaracio de Boulogne* pri la esenco kaj neŭtraleco de Esperanto, t.e. al "ĉiuj personoj, kiuj scias kaj uzas la lingvon Esperanto, tute egale por kia celo ili ĝin uzas".

'Aliparte, certe estas, ke la ĝenerala alpreno de helpa lingvo internacia havos, eble nur post longa tempo, gravajn kaj tre fruktoportajn konsekvencojn por la vivo de la popoloj, en la politika, religia kaj sociala kampoj.

'Tio vere inspiris de l' komenco nian majstron, D-ron Zamenhof, kaj ĉiam subtenis lin dum la malfacilaj bataladoj kaj oferoj, el kiuj konsistis lia tuta ĝisnuna vivo. Tiun saman ideon li prezentis al la mondo en la famaj poezioj, kiujn ĉiu esperantisto konas kaj admiras.

'Sed certe estas ankaŭ, ke tiuj konsekvencoj estas atingeblaj nur per grandaj aliformigoj de la nunaj institucioj kaj moroj. Pri tiaj ŝanĝoj, oni povas opinii tre diversmaniere, kaj ilia nuntempa esploro povus do naski nedezirindajn diskutojn kaj malkonsentojn inter la esperantistoj, kies ĉefa bezono estas unueco, por la venko de ilia kara lingvo.

'Pro tio, la organizintoj de tiu ĉi Kongreso, konsiderante, ke ĝia programo ne devas permesi la diskuton de politikaj, religiaj aŭ socialaj demandoj, konigis tiun kondiĉon, laŭ la peto de D-ro Zamenhof mem, al ĉiuj personoj, kiuj petis klarigon en tiu rilato ... La Prezidanto devos nepre rifuzi la parolon al ĉiuj, kiuj deziras trakti la pli supre aluditajn temojn, kaj haltigi la oratorojn, kiuj enirus unu el tiuj ne permesitaj kampoj.

'Tamen, por ebligi al la kongresanoj, kiuj interesiĝas pri unu aŭ alia el tiuj demandoj, ilin priparoli inter si en privataj kunsidoj, la Komitato zorgis, por ke ili povu disponi ĉambrojn, kien ili kunvenos laŭ deziro. La kunvenaj lokoj kaj horoj, elektitaj de ĉiu tiel formiĝinta grupo, estos oficiale sciigataj.'

En la embarasa cirkonstancaro, tiu ĉi rezolucio estis admirinda rimedo, fontanta el delikata saĝeco. Poste okazis multaj viglaj, utilaj kunvenoj de apartaj grupoj, ekzemple: framasonoj, farmaciistoj, instruistoj, ĵurnalistoj, maristoj, oficiroj, pacifistoj, katolikoj, protestantoj, 'ruĝuloj' (kiel ili mem nomis sin); sed, ĉar ĉiuj rajtis aranĝi privatajn kunvenojn kaj la Kongreso kiel tuto restis neŭtrala, la atmosfero en Ĝenevo estis tiel bona, ke raportanto en *The British Esperantist* povis komenti:

'En movado kiel la nia, kie tiom da samideanoj, responde al alvoko de ilia pli alta naturo, ĵetis sin al laboro, kiu postulas konstantan sinoferemon sed ne donas materian kompenson, ne estas eble, ke oni adekvate rekonu la meritojn de ĉiuj; estas ja neeviteble, ke multa streĉa laboro restu nekonata al la publiko. En tiaj cirkonstancoj, oni povus atendi, ke niaj Kongresoj estos plenaj de sennombraj ĵaluzoj; kaj tion niaj amikoj la Malamiko[28] firme profetis. Sed verŝajne la nura ĉeestado de Zamenhof magie efikas. Ĵaluzo ne povas vivi apud li, kaj, dum la tuta Kongreso, malindaj motivoj aŭ malamikaj vortoj rimarkinde malĉeestis.'

Zamenhof faris sian atenditan Kongresan Paroladon en la vespero de la 28a de aŭgusto. Li ne estis en bona sanstato: post kuracado en Bad Reinerz, li faris rapidan viziton al la esperantistoj en Berlino kaj Frankfurto; li estis lacega. Sed, kvankam la voĉo estis malforta, la potenca spirito atentigis ĉiujn ĝis la fino. Li komencis sian paroladon per ordinaraj dankoj kaj komplimentoj; sed subite la voĉo kaj okuloj plivigliĝis:

'Sinjorinoj kaj sinjoroj! Ĉe la malfermo de nia Kongreso vi atendas de mi ian parolon; eble vi atendas de mi ion oficialan, ion indiferentan, palan kaj senenhavan, kiel estas ordinare la oficialaj paroloj. *Tian* parolon mi tamen ne povas doni al vi. Mi ĝenerale ne amas tiajn parolojn, sed precipe nun, en la nuna jaro, tia senkolora oficiala parolo estus granda peko de mia flanko. Mi venas al vi el lando, kie nun multaj milionoj da homoj malfacile batalas por libereco, por la plej elementa homa libereco, por la *rajtoj de homo*. Pri tio ĉi mi tamen ne parolus al vi; ĉar se kiel *privata homo* ĉiu el vi eble sekvas kun intereso la malfacilan bataladon en la granda multemiliona lando, tamen kiel *esperantistojn* tiu ĉi batalado ne povas vin tuŝi, kaj nia Kongreso havas nenion komunan kun aferoj politikaj. Sed krom la batalado pure politika en la dirita lando estas nun farata io, kio nin kiel esperantistojn ne povas ne

---

28 Ironia angla esprimo, malbone tradukita.

tuŝi: ni vidas en tiu lando kruelan bataladon inter la *gentoj*. Tie ne homo de unu lando pro politikaj patrolandaj interesoj atakas homojn de alia lando – tie la naturaj filoj de sama lando ĵetas sin kiel kruelaj bestoj kontraŭ la tiel same naturaj filoj de tiu sama lando nur tial, ĉar ili apartenas al alia gento. Ĉiutage estingiĝas tie multe da homaj vivoj per batalado politika, sed multe pli da homaj vivoj estingiĝas tie ĉiutage per batalado intergenta. Terura estas la stato de aferoj en la multelingva Kaŭkazo, terura estas la stato en Okcidenta Rusujo. Malbenita, milfoje malbenita estu la intergenta malamo!

'Kiam mi estis ankoraŭ infano, mi en la urbo Bjelostok rigardadis kun doloro la reciprokan fremdecon, kiu dividas inter si la naturajn filojn de sama lando kaj sama urbo. Kaj mi revis tiam, ke pasos certa nombro da jaroj, kaj ĉio ŝanĝiĝos kaj boniĝos. Kaj pasis efektive certa nombro da jaroj, kaj anstataŭ miaj belaj sonĝoj mi ekvidis teruran efektivaĵon; en la stratoj mia malfeliĉa urbo de naskiĝo sovaĝaj homoj kun hakiloj kaj feraj stangoj sin ĵetis kiel plej kruelaj bestoj kontraŭ trankvilaj loĝantoj, kies tuta kulpo konsistis nur en tio, ke ili parolis alian lingvon kaj havis alian gentan religion, ol tiuj ĉi sovaĝuloj. Pro tio oni frakasis la kraniojn kaj elpikis la okulojn al viroj kaj virinoj, kadukaj maljunuloj kaj senhelpaj infanoj! Mi ne volas rakonti al vi la terurajn detalojn de la bestega Bjelostoka buĉado; al vi kiel al esperantistoj mi volas nur diri, ke terure altaj kaj dikaj estas ankoraŭ la interpopolaj muroj, kontraŭ kiuj ni batalas.

'Oni scias, ke ne la rusa gento estas kulpa en la besta buĉado en Bjelostok kaj multaj aliaj urboj; ĉar la rusa gento neniam estis kruela kaj sangavida; oni scias, ke ne la Tataroj kaj Armenoj estas kulpaj en la konstanta buĉado en Kaŭkazo, ĉar ambaŭ gentoj estas gentoj trankvilaj, ne deziras altrudi al iu sian regadon, kaj la sola, kion li deziras, estas nur, ke oni lasu ilin trankvile vivi. Oni scias nun tute klare, ke kulpa estas aro da abomenindaj krimuloj, kiuj per diversaj ruzoj kaj plej malnoblaj rimedoj, per amase dissemataj mensogoj kaj kalumnioj arte kreas teruran malamon inter unuj gentoj kaj aliaj. Sed ĉu la plej grandaj mensogoj kaj kalumnioj povus doni tiajn terurajn fruktojn, se la gentoj sin reciproke bone konus, se inter ili ne starus altaj kaj dikaj muroj, kiuj malpermesas al ili libere komunikiĝadi inter si kaj vidi, ke la membroj de aliaj gentoj estas tute tiaj samaj homoj, kiel la membroj de nia gento, ke ilia literaturo ne predikas iajn terurajn krimojn, sed havas tiun saman etikon kaj tiujn samajn idealojn kiel nia? Rompu, rompu la murojn inter la popoloj, donu al ili la eblon libere konatiĝi kaj komunikiĝi sur neŭtrala fundamento, kaj nur tiam povos malaperi tiaj bestaĵoj, kiujn ni nun vidas en diversaj lokoj.

'Ni ne estas tiel naivaj, kiel pensas pri ni kelkaj personoj: ni ne kredas, ke neŭtrala fundamento faros el la homoj anĝelojn; ni scias tre bone, ke la homoj malbonaj ankaŭ poste restos malbonaj; sed ni kredas, ke komunikiĝado kaj konatiĝado sur neŭtrala fundamento forigos almenaŭ la grandan amason de *tiuj* bestaĵoj kaj krimoj, kiuj estas kaŭzataj ne de malbona volo, sed simple de reciproka sinnekonado kaj de devigata sinaltrudado.

'Nun, kiam en diversaj lokoj de la mondo la batalado inter la gentoj fariĝis tiel kruela, ni, esperantistoj, devas labori pli energie ol iam. Sed por ke nia laborado estu fruktoporta, ni devas antaŭ ĉio bone klarigi al ni la *internan ideon* de la esperantismo. Ni ĉiuj senkonscie ofte aludadis tiun ĉi ideon en niaj paroloj kaj verkoj, sed ni neniam parolis pri ĝi pli klare. Estas jam tempo, ke ni parolu pli klare kaj precize.

'El la *Deklaracio* unuanime akceptita en la Bulonja Kongreso ni ĉiuj scias, kio estas la Esperantismo en rilato *praktika*; el tiu ĉi Deklaracio ni ankaŭ scias, ke "Esperantisto estas nomata ĉiu persono, kiu uzas la lingvon Esperanto, tute egale, por kiaj celoj li ĝin uzas". Esperantisto sekve estas ne sole tiu persono, kiu revas unuigi per Esperanto la homaron, Esperantisto estas ankaŭ tiu persono, kiu uzas Esperanton sole kaj ekskluzive por celoj praktikaj, Esperantisto ankaŭ estas persono, kiu uzas Esperanton por gajni per ĝi monon, esperantisto estas persono, kiu uzas Esperanton nur por amuziĝadi, esperantisto fine estas eĉ tiu persono, kiu uzas Esperanton por celoj plej malnoblaj kaj hommalamaj. Sed krom la flanko *praktika*, deviga por ĉiuj kaj montrita en la *Deklaracio*, la Esperantismo havas ankoraŭ alian flankon, ne devigan, sed multe pli gravan, flankon *idean*. Tiun ĉi flankon diversaj esperantistoj povas klarigi al si en la plej diversa maniero kaj en la plej diversaj gradoj.'

Oni estis libera akcepti aŭ malakcepti la 'internan ideon', sed, kvankam ne deviga, ĝi ne estis malpermesita.

'Se ni, batalantoj por Esperanto, propravole donis al la vasta mondo plenan rajton rigardadi Esperanton nur de ĝia flanko praktika kaj uzadi ĝin nur por sia utilo, tio ĉi kompreneble al neniu donas la rajton postuli, ke ni ĉiuj vidu en Esperanto nur aferon praktikan. Bedaŭrinde en la lasta tempo inter la Esperantistoj aperis tiaj voĉoj, kiuj diras: "Esperanto estas *nur* lingvo; evitu ligi eĉ tute private la Esperantismon kun ia *ideo*, ĉar alie oni pensos, ke ni ĉiuj havas tiun ideon, kaj ni malplaĉos al diversaj personoj, kiuj ne amas tiun ideon!" Ho, kiaj vortoj! En la timo, ke ni eble ne plaĉos al tiuj personoj, kiuj mem volas uzi Esperanton nur por aferoj praktikaj por ili, ni devas *ĉiuj* elŝiri el nia koro tiun parton de la Esperantismo, kiu estas la plej grava, la plej sankta, tiun ideon, kiu estis la ĉefa celo de la afero de Esperanto, kiu estis la stelo, kiu ĉiam gvidadis ĉiujn batalantojn por Esperanto! Ho, ne, ne, neniam! Kun energia protesto ni forĵetas tiun ĉi postulon. Se nin, la unuajn batalantojn por Esperanto, oni devigos, ke ni evitu en nia agado ĉion idean, ni indigne disŝiros kaj bruligos ĉion, kion ni skribis por Esperanto, ni neniigos kun doloro la laborojn kaj oferojn de nia tuta vivo, ni forĵetos malproksimen la verdan stelon, kiu sidas sur nia brusto, kaj ni ekkrios kun abomeno: "Kun *tia* Esperanto, kiu devas servi ekskluzive nur al celoj de komerco kaj praktika utileco, ni volas havi nenion komunan!"'

Zamenhof estis pala kaj preskaŭ timanta. Kvankam liaj vortoj estis mildaj kaj modestaj, kelkaj povus interpreti ilin kiel defion. Sed tondra aplaŭdo vibrigis la salonegon, kaj li ekcertis, ke la vasta plimulto aprobas lian koncepton. Daŭrigante, li klarigis, ke iam, plene disvastigite, Esperanto ja perdos la 'karakteron idean';

sed ĝis tiam instigos la esperantistojn 'nur la penso pri la sankta, granda kaj grava *ideo*, kiun lingvo internacia en si enhavas. Tiu ĉi ideo – vi ĉiuj sentas ĝin tre bone – estas *frateco* kaj *justeco inter ĉiuj popoloj* [...] Se mi la tutan pli bonan parton de mia vivo memvole pasigis en grandaj suferoj kaj oferoj kaj ne rezervis por mi eĉ ian rajton de aŭtoreco – ĉu mi faris tion ĉi pro ia praktika utileco? Se la unuaj Esperantistoj pacience elmetadis sin ne sole al konstanta mokado, sed eĉ al grandaj oferoj, kaj ekzemple unu malriĉa instruistino longan tempon suferis malsaton, nur por ke ŝi povu ŝpari iom da mono por la propagando de Esperanto – ĉu ili ĉiuj faris tion ĉi pro ia praktika utileco? Se ofte personoj alforĝitaj al la lito de morto skribadis al mi, ke Esperanto estas la sola konsolo de ilia finiĝanta vivo, ĉu ili pensis tiam pri ia praktika utileco? Ho, ne, ne, ne! ĉiuj memoris nur pri la interna *ideo* entenata en la esperantismo; ĉiuj ŝatis Esperanton ne tial, ke ĝi alproksimigas reciproke la *korpojn* de la homoj, eĉ ne tial, ke ĝi alproksimigas la cerbojn de la homoj, sed nur tial, ke ĝi alproksimigas iliajn *korojn*.'

Tiom da ideologia enhavo oni tiutempe estis preta akcepti; kaj Zamenhof prudente rezignis pri homaranismo, prokrastigante seriozan enkondukon de ĝi al pli taŭga tempo – kio fakte neniam alvenis.

La Kongreso havis konsiderindan sukceson. Ĝia Honora Prezidanto estis la svisa filozofo Ernest Naville, tiam naŭdekjara kaj apogee renoma. En 1899 li jam rekomendis, ke oni instruu Esperanton en lernejoj tra la tuta mondo; li ankaŭ rekomendis

Esperanton ĉe Universala Kongreso de Filozofio, en 1905. Li estis Honora Prezidanto de la Svisa Esperanta Societo. Lia plej grava verko estis *La logiko de la hipotezo*, sed li estis eminenta ankaŭ kiel brila originala edukisto, kiel verkisto pri etiko, kiel unu el tiuj, kiuj enkondukis en Svislandon la proporcian voĉdonadan sistemon, kiel esploranto de la problemo pri virinaj rajtoj. Eĉ tiel aĝa, li restis ĉiam intelekte aktiva, progresema kaj helpema. Kiam li aŭdis, ke Edmond Privat redaktas esperantan gazeton, li mirigis la familion per vizito al tiu brila lernejano, poste amikiĝis kun Privat kaj ofte invitis lin al sia hejmo aŭ surmonta somerdometo. Naville ĉiam havis en sia studĉambro esperantajn librojn, gazetojn kaj portreton de Zamenhof.

Li skribis al la Kongreso ĉarman, simpatian leteron, en kiu li salutis la kongresanaron kaj diris, ke nur lia alta aĝo malhelpas lin ellerni Esperanton. En la kvara Ĝenerala Kunveno, la 1an de septembro, oni aŭdis pri alia mesaĝo. De Beaufront, ĵus farinte kelkajn prelegojn pri Esperanto en Italujo, iris al la podio. Lia mieno impresis raportanton en *The British Esperantist* tiel:

'... per sia senĉesa laborado por la antaŭenigo de nia afero, li ne nur oferis sian tempon, siajn grandajn talentojn kaj sian privatan monon, sed li ankaŭ oferis sian sanon. Liaj provoj kaŝi sian fizikan malfortecon ne sukcesis, kiam ĉi-foje kaj alifoje, dum la Kongreso, li preskaŭ svenis pro emocio. Ni preskaŭ emas lin riproĉi pro troa entuziasmo, kiu endanĝerigas valoran vivon.'

De Beaufront deklaris, ke li iris al la somerdometo de Naville sur la monto Salève:

'Mi portis al li la salutojn de nia Majstro, de la Kongresa Komitato, de vi ĉiuj, kun miaj propraj. Li ripetis sian intereson pri nia entrepreno, sian admiron pri la laboro de nia kara Majstro kaj sian simpation kun vi ĉiuj. Finfine, petante, ke mi transdonu al la Kongreso liajn salutojn, li diris, kiam mi estis forironta, 'Nun ni interkisu frate!', kaj dufoje kisis min. Ĉar mi ne povas gardi tiun duoblan kison por mi mem, mi plej respekteme petas nian karan Majstron, ke li permesu, ke mi ĝin transdonu al li kaj pere de li al ĉiuj esperantistoj.' Li ĉirkaŭbrakis Zamenhof, kisis lin, longe tenis lin al sia brusto, poste falis en seĝon, la manon sur la koro, kvazaŭ tro da emocio premus lin. Sekvis granda ovacio, kun krioj de 'Vivu Zamenhof!', 'Vivu de Beaufront!' Belega repaciĝo post eta miskompreno ...?

Nur kelkaj en la salonego staris sufiĉe proksime al Carlo Bourlet por aŭdi la solan vorton, kiu tiumomente falis mallaŭte el liaj lipoj:

'Judaso ...'

Iom poste, Naville aŭdis pri la epizodo, kaj diris, ke li neniam kisis de Beaufront.

Malpli dramecaj, sed pli utilaj aferoj ĉe la Kongreso inkluzivis: kunvenojn de la Lingva Komitato; formalan fondiĝon de la jam neoficiala ekzistanta Centra Oficejo; starigon de konstanta komitato, kiu prizorgos Kongresojn. Eĉ pli grava estis plano pri Esperantaj Konsulejoj. Lokaj esperantistoj devis aranĝi la detalojn laŭ lokaj cirkonstancoj; sed la ĝenerala principo estis, ke kompetentaj esperantistoj, kiujn lokaj societoj elektos, sin proponu por helpi al aliaj esperantistoj, dum vojaĝoj aŭ perletere. Tia sistemo ne nur unuigos esperantistojn per multaj ligetoj de interhelpo, sed montros al la ekstera mondo praktikan utilecon de Esperanto. Tiu ĉi 'konsula servo' estis la ĝermo de la nun mirinda delegitara reto de U.E.A.

Svisa profesoro pri psikologio, kiu ĉeestis la unuan kunvenon, tute serioze petis de Boirac, ke li verku fakan artikolon por faka gazeto, kaj klarigu, kiel lingvo povas krei tian entuziasmon. Estis post la Ĝeneva Kongreso, ke Boirac kreis, verkante alian artikolon por la *Revue Pédagogique*, la frazon 'Esperanto estas la latino de la demokratio'.

Kolonelo Pollen invitis la sekvontan Kongreson al Kembriĝo (Cambridge), Anglujo. Dum diversaj amuzoj, Montagu Butler (nun konata kiel la sindediĉinta bibliotekisto de B.E.A.) ludis la harpon: Leono Zamenhof ludis rolon en unuakta komedio; Edmond Privat ludis rolon en dramo pli serioza. Jaŭdon, la 30an de aŭgusto, oni ekskursis al Vevey per la vaporŝipo *Winkelried.* La vetero estis perfekta kaj multaj kongresanoj kantis esperantajn kantojn. Dum tiu ekskurso centoj da subskribpetantoj svarmis ĉirkaŭ Zamenhof, kiu ĉiam pacience penadis kontentigi ĉiujn. Oni denove havis esperantan ekspozicion kaj diversajn kulturajn eventojn.

Esperanto ja progresis. La Londona Komerca Ĉambro jam aranĝis publikajn ekzamenojn pri Esperanto. La Esperanta Laborista Movado fondis malgrandan propran gazeton. Esperanto ekfloris en Japanujo, kun nova nacia societo kaj pli ol sescent esperantistoj. Oni fondis la unuan esperantan klubon en Brazilo kaj la unua bulgara nacia esperanta kongreso okazis en Sofia, ankaŭ la unua germana kongreso tia, en Braunschweig. La Ruĝa Kruco ekinteresiĝis pri Esperanto. Tiaj esperigaj novaĵoj venis al Zamenhof el ĉiuj kontinentoj. Kaj eble li dum momento ridis amike, kiam li eksciis, ke Michaux, ĉiam entuziasma, anigis sian nepeton en la Bulonjan Grupon, kiam tiu bravulo estis nur dutaga bebo!

Tamen, tragika-komika epizodo en Samoso, en decembro, antaŭmontris la suferojn de multaj aliaj esperantistoj. La pioniro Anakreon Stamatiadis fondis malgrandan esperantan societon tie kaj komencis kurson. Iom poste, du advokatoj, nur por ŝerctrompi, konvinkis malkleran vilaĝanon, ke Esperanto estas speco de framasonismo, kaj kontraŭreligia. Tiu vilaĝano kondukis eble tridek fanatikulojn, armitajn per bastonoj, hakiloj kaj forkegoj, al la sidejo de la societo. Feliĉe, neniu estis tiam en la domo, kaj la furiozaj bigotoj devis kontentigi sin per detruado: ili frakasis ĉiujn meblojn kaj la portreton de Zamenhof; ili disŝiris ĉiujn librojn kaj minacis, ke ili revenos kaj mortigos ĉiujn esperantistojn. Ĝis septembro, 1907, oni tial malpermesis Esperanton en Samoso, pretekstante, ke la societo estas danĝera al la publika ordo.

Estis nek la unua nek la lasta okazo, kiam esperantistoj devis suferi pro kruela kaj falsa identigo kun ia timata grupo. Oni diversokaze false akuzis esperantismon, ke ĝi estas kaŝilo por anarkismo, komunismo, 'reakciemo', framasonismo, katolikaj intrigoj, judaj konspiroj, naciistaj komplotoj, spionado, kri-moj ... io ajn, kio estas malaprobita aŭ danĝera en la lando, kie tiam parolas iu malamiko de Esperanto. Ĉar iu ajn rajtas libere uzi Esperanton, kalumniantoj kaj tiranoj kutime povis iel kunmeti la bezonatajn atestaĵojn per lerta misuzado de kelkaj individuaj kazoj. Kaj preskaŭ ĉiuj tiranoj malamas Esperanton: ĝi helpas al la diskonatigado de aŭtentikaj faktoj kaj novaĵoj, ofte mildigas internaciajn kaj intergentajn malamojn, kaj ofte kunvivas kun raciaj, toleremaj kaj humanaj idealoj.

Antaŭ la tria Kongreso, Zamenhof perdis amikon en cirkon-stancoj aparte kortuŝaj, kiuj, tamen, montras Zamenhof en nova aspekto de lia nobleco: kiel homon, kiu kapablas oferi eĉ principon al homa kompato. Zamenhof tre sincere amis Javal; sed malfeliĉa obsedo kaptis tiun bonkoran kaj malavaran pioniron dum la lastaj jaroj. Li kredis, ke ĉiuj supersignoj kaŭzas specialan laboron al la okuloj; perdinte sian propran vidkapablon, li komprenebla havis tre fortajn sentojn pri la afero. Li petegis, ke Zamenhof forigu la supersignojn el Esperanto – samtempe kiel Cart, de Beaufront kaj aliaj urĝe insistis, ke li ne permesu iun ajn modifon de la lingvo.

Zamenhof komprenis la bonegajn motivojn de Javal, sed opi-niis, ke disputoj pri tiaj temoj, dum la tiama evoluostadio, nur malbonfaros al la ĝenerala celo. Iam Javal kaj Charles Lemaire proponis al Zamenhof 250.000 francajn frankojn (proksimume 10.000 tiamajn anglajn pundojn) por helpi lin, dum li enkondukos la proponitajn reformojn. En oktobro 1906 Zamenhof vojaĝis al Bruselo por viziti Lemaire, poste al Parizo por viziti Javal, kiu estis tro malsana por vojaĝi. Zamenhof ĝentile rifuzis la monon. Li provis cedi ion al Javal, sendante specialan memuaron al Boirac por la Lingva Komitato; sed poste, laŭ konsilo de Boirac, li reprenis tiun memuaron. Diversaj provoj pri kompromiso malsukcesis. Finfine tiu bela amikeco de du noblaj koroj iĝis iom trostreĉita; post multa laciga korespondado, tro klare videbliĝis, ke Zamenhof kaj Javal neniam vere komprenis unu la alian. Kaj ĝuste tiam, generalo Sebert skribis al Zamenhof speciale por informi lin, ke Javal estas mortanta.

Tiu ĉi novaĵo frostigis la koron de Zamenhof; doloroplena li skribis al Sebert:

'La malĝoja sciigo premas min ne sole, ĉar D-ro Javal estas fervora kaj multemerita esperantisto, sed antaŭ ĉio ĉar li estas homo, kiun mi tuj de mia unua konatiĝo tre forte ekestimis kaj ekamis por la efektive tre altaj kaj malofte renkonteblaj ecoj de la kapo kaj koro. Mi volus nun esti kun li, mi volus nun multe skribi al li, sed komprenebla mi tion ĉi ne povas fari ... Kiel forte mi dezirus nun diri al li ion agrablan aŭ fari por li ion agrablan ... Sed bedaŭrinde mi ne havas la eblon tion ĉi fari, mi ne kuraĝas skribi al li leteron en liaj lastaj tagoj de vivo, ĉar mi timas, ke, kion ajn mi skribos, estos malbona kaj tiu neebleco skribi al li leteron estas nun por mi efektiva turmento.' Sed, iom poste, Zamenhof ekspedis alian leteron al Sebert, kun letereto por Javal, kaj petis, ke Sebert liveru la letereton, se li opinias, ke ĝi donos malgrandan kontentigon al la mortanto.

Zamenhof ne povis scii, kio okazos al la dokumentoj de Javal post ties morto: li ja sciis, ke kelkaj homoj avide kaptus ian ajn indikon, ke la aŭtoro de Esperanto volas modifi ĝin; li ankaŭ sciis, kio estos la sola rimedo por doni ĝojmomenton al la mortanta amiko. Laŭ semantiko, la letereto, kiun la filo de Javal laŭtlegis al li la 14an de januaro 1907, nur esprimis bondezirojn kaj amikecon; sed ĝi iom pli signifis: ĝi havis la literon *h* anstataŭ ĉiuj supersignoj. Javal diktis rimarkon, kiun la filo skribis sur la letereton, priskribantan ĝian 'nur pure personan valoron'. Post ses tagoj, Javal mortis.

Lia bagatela obsedo kaŭzis al Zamenkof multan ĉagrenon, maltrankvilon kaj nenecesan, lacigan laboron. Nun Zamenhof verkis lian nekrologon por *La Revuo*: post mencio pri lia malavara subteno al la Centra Oficejo, lia kolosa laborado por Esperanto spite altan aĝon kaj blindecon, liaj atingoj sur aliaj kampoj, Zamenhof tiel priskribis por la publiko la lastan doloran konflikton:

'Estante jam ne tute sana, li veturis tamen al la kongreso Ĝeneva. En oktobro mi, laŭ lia deziro, vizitis lin en Parizo; kaj, malgraŭ ke li tiam estis jam serioze malsana kaj antaŭdiris al mi, ke li ne vivos pli ol kelke da monatoj, li pasigis kun mi kelkajn tutajn tagojn en laborado Esperanta, li faris kun mi vizitojn, preparajn studojn k.t.p. Kiam ni pri unu punkto neniel povis interkonsenti kaj miaj profesiaj okupoj ne permesis al mi resti pli en Parizo, tio ĉi lin tiel turmentis, ke li tute serioze estis preta veturi kun mi Varsovion, por daŭrigi la diskutadon. Blindulo-maljunulo volis pro Esperanto veturi en malproksiman kaj danĝerplenan landon! Post mia forveturo li, malgraŭ sia malbona farto, veturis ankaŭ Bruselon, por priparoli kelkajn demandojn de propagando kun la komandanto Ch. Lemaire.

'Javal estis esperantisto en la plej bela senco de tiu ĉi vorto. Li estis esperantisto pure idea. Esperanto povas esti fiera pro tio, ke ĝi havis Javalon; Esperanto estos feliĉa kaj glora, se ĝi havos multe da Javaloj.

'Mi ne povas jam saluti vin, kiel mi faris tiom multe da fojoj, – mi salutas malĝoje vian cindron, kara, neforgesebla amiko!'

Tian amikecon Javal meritis; sed preskaŭ heroa estis la karitato kaj komprenemo, kiuj povis post lia grandanimeco al mortanto montri tiel perfektan grandanimecon al mortinto.

ZAMENHOF EN ANGLUJO

Jam en 1907 Brita Esperantista Asocio estis forta, kun viglaj ĉefoj kaj bona dulingva gazeto tre serioza. La ĉefaj organizantoj de la nova Kongreso, kiuj ricevis la kromnomon 'La Trio por la Tria', estis: Kolonelo Pollen, kvankam dum parto de la jaro li vojaĝis en Hindujo, D-ro G. Cunningham kaj H. Bolingbroke Mudie.

Felix Moscheles, pentristo, kiu en 1905 faris portreton de Zamenhof, dum W. T. Stead intervjuis lin, estis tiama prezidanto de la Londona Klubo, kaj invitis Zamenhof al sia hejmo post la Kongreso; sed Zamenhof dubis, ĉu li ĉeestos la Kongreson:

'... bedaŭrinde mi ne scias ankoraŭ tute certe, ĉu mi povos veni Anglujon. Por ne fari ian malhelpon al la tre grava Kongreso, mi al ĉiuj demandantoj konstante respondas, ke mi esperas certe veni; mian dubadon mi zorge kaŝos antaŭ ĉiuj ĝis la lasta minuto, sed al Vi kaj al la "Trio por la Tria" mi devos konfesi tute konfidence, ke mia veno Anglujon ne estas ankoraŭ afero decidita.

'Pro mia persono mi kompreneble tre forte dezirus esti en Kembriĝo kaj vidi ĉiujn miajn amikojn; sed ekzistas du kaŭzoj, kiuj min iom detenas:

a) la unua kaŭzo estas la stato de mia sano, kiu multe suferus de tiel malproksima vojaĝo;

b) la dua kaŭzo, multe pli grava, estas la sekvanta: ŝajnas al mi, ke por la progresado de nia afero estas multe pli bone, se mi ne partoprenus en la kongresoj: mia partoprenado donas al la kongresoj tro personan karakteron, kaj tial ĝi estas tre ĝenanta kiel por mi mem, tiel ankaŭ por la kongresanaro.'

Finfine Zamenhof decidis pasigi kelkajn tagojn en Kembriĝo kaj Londono, denove oferante sian sanon al Esperanto. Kun Klara, li vojaĝis al Calais; li alvenis la 9an de aŭgusto, tuj iris al Bulonjo kaj tiam estis tiel laca, ke li kolapsis kaj devis enlitiĝi. Tamen li refortiĝis sufiĉe por denove ekvojaĝi la 10an aŭ 11an, kaj alvenis en la unua tago de la Kongreso kaj jam post kelkaj kunvenoj. Kiam la kongresanoj eksciis, ke Zamenhof alvenos lundon, je la 2a posttagmeze, ili amasiĝis en la stacidomo. Orkestro ekludis melodion de Handel ofte uzitan en Anglujo por honorsaluti: *Vidu, venas konkerant'* ... Krioj de 'Vivu Zamenhof!' kaj 'Vivu Esperanto!' bonvenigis Zamenhof kaj Klaran. Honora gvardio de la Legion of Frontiersmen eskortis la kaleŝon, en kiu Zamenhof kaj Klara, bonvenigite de la Urbestro kaj Urba Konsilantaro, iris al la

Fitzwilliam Muzeo. Tie la universitata vickanceliero[29] bonvenigis ilin. Zamenhof komPreneble devis tiam premi multajn manojn; la entuziasmo en la Nova Teatro vespere tre similis al la ovacioj de la du aliaj kongresoj: huraoj, vivuoj, svingoj de ĉapeloj kaj tukoj; sed en la tiama sanstato de Zamenhof eĉ okupiteco tiel honora estis pli danĝera ol agrabla.

En sia kongresa parolado Zamenhof parolis plejparte pri la signifo de la ĉiujaraj kongresoj. Post la normalaj dankoj kaj komplimentoj, kaj kelkaj vortoj omaĝaj al esperantistoj mortintaj dum la jaro, li diris:

'Ĉar ni decidis kunvenadi ĉiujare el ĉiuj landoj de la mondo kaj multaj el ni faras eĉ tre grandajn oferojn, por povi partopreni en niaj kongresoj, tial ni devas klarigi al ni, por kio ni kunvenas. Se ni konscios bone la esencon kaj celon de niaj kongresoj, tiam ni venados al ili kun ĉiam freŝa kaj neniam malfortiĝanta entuziasmo, kiel homoj, kiuj klare vidas antaŭ si la belan celon, al kiu ili iras; sed se ni ne konscios la celon de niaj kongresoj, tiam ni baldaŭ tute malvarmiĝos por ili, kiel homoj, kiuj vagas sencele kaj kiujn tiu vagado baldaŭ lacigas kaj enuigas. Por kio do ni kunvenas? Ĉu ni kunvenas por paroli pri esperantaj lingvaj demandoj? Ne! Tiuj ĉi demandoj apartenas ne al la kongreso, sed ekskluzive al la Lingva Komitato, kaj por ili sufiĉus kongreso de komitatanoj. Ĉu ni kunvenas por ekzerciĝi en esperanta parolado? Por tio sola ni ne bezonas veturi al kongreso, ĉar en niaj hejmaj grupoj ni povas en la daŭro de la tuta jaro multe pli ekzerciĝi,

29 En anglaj universitatoj, la vickanceliero estas en la praktiko administracia ĉefo; la kanceliero estas pli ornama ol funkcianta persono.

ol en la kelkaj tagoj de la kongreso, kaj por la sola kelktaga ekzerciĝo en parolado neniu entreprenus grandajn vojaĝojn. Ĉu ni kunvenas por fari manifestacion kaj sekve propagandon? Jes, certe! Sed ĉar el cent kongresanoj almenaŭ naŭdek-naŭ havas de Esperanto nur *moralan* profiton, por kiu do ni ĝin propagandas? Mi ne dubas, ke la plimulto el vi donos al ni nur unu respondon: ni faras manifestacion kaj propagandon por la esperantismo ne pro ia utilo, kiun ĉiu el ni persone povas havi de ĝi, sed pro tiu gravega signifo, kiun la esperantismo havas por la tuta *homaro*, por tiu komune-homa celo, kiu nin, aktivajn esperantistojn, altiris al Esperanto, ni kunvenas ĉiujare el ĉiuj partoj de la mondo, por havi la ĝojon vidi samideanojn, por premi al ili la manon, por varmigi en ni per reciproka renkontiĝo kaj kunvivo la amon kaj entuziasmon por la ideo, kiun la esperantismo en si enhavas. Kiel la antikvaj hebreoj tri fojojn ĉiujare kunvenadis en Jerusalemo, por vigligadi en si la amon al la ideo monoteisma, tiel ni ĉiujare kunvenas en la ĉefurbo de Esperantujo, por vigligi en ni la amon al la ideo esperantisma. *Kaj tio ĉi estas la ĉefa esenco kaj la ĉefa celo de niaj kongresoj.*'

Zamenhof denove memorigis pri la Bulonja Deklaracio: oni rajtas uzi Esperanton sen ia ajn devo esti partiano de tiu aŭ alia ideo; sed unu komuna ideo ja ligas la plimulton de la esperantistaro:

'Ĉiu *privata* esperantisto povas havi tiajn konvinkojn aŭ fari tiajn agojn, kiajn li volas, kaj ni ne respondas por liaj konvinkoj nek agoj, kiel li ne respondas por niaj. Li povas esti la plej granda egoisto, genta ŝovinisto, malamanto de homoj aŭ eĉ la plej malnobla krimulo, kaj se li nur uzas la lingvon Esperanto, ni ne povas malpermesi al li nomi sin esperantisto. Sed se li volas veni al esperantista *kongreso*, aŭ se li volas aliĝi al ia alia institucio, kiu portas la verdan standardon, tiam la afero ŝanĝiĝas. Tiam li venas en landon, kiu havas siajn apartajn leĝojn, siajn apartajn morojn kaj principojn.

'En Esperantujo regas ne sole la *lingvo* Esperanto, sed ankaŭ la interna *ideo* de la esperantismo; en Esperantujo regas ne sole la oficiala ĝenerala esperantismo – tie regas ankaŭ io alia, io ĝis nun ankoraŭ ne precize formulita, sed tre bone sentata de ĉiuj Esperantujanoj – tie regas la *verda standardo*! [...] Ni konstante ripetadis, ke ni tute ne deziras nin enmiksi en la *internan* vivon de la gentoj, sed ni deziras nur krei ligantan ponton *inter* la gentoj. La devizo de la ideaj esperantistoj, neniam ĝis nun precize formulita, sed ĉiam klare sentata, estas: *Ni deziras krei neŭtralan fundamenton, sur kiu la diversaj homaj gentoj povus pace kaj frate interkomunikiĝadi, ne altrudante al si reciproke siajn gentajn apartaĵojn.*

'Tia, laŭ mia opinio, estas la devizo de la verda standardo, de tiu bela kaj majesta standardo, kiu kunvokas nin ĉiujare el ĉiuj partoj de la mondo en la nomo de la plej bela revo de la homaro.

'Por formuli precize ĉiujn detalojn de la dirita devizo, ne venis ankoraŭ la tempo; ili formuliĝos per si mem, iom post iom, per nia ĉiujara kunvenado kaj kunvivado. Mi volis nur atentigi vin, ke niaj kongresoj, farataj sub la signo de la verda standardo, estas ne sole kongresoj de la *lingvo* Esperanto, sed ankaŭ de la interna ideo de la esperantismo. Sekve ĉiu temo, en kiu ni sentas la spiriton de la verda standardo, ĉio kio kondukas al rompado de la muroj inter la gentoj, apartenas al nia kongreso [...] Iom post iom Esperantujo fariĝos edukejo de la estonta interfratigita homaro, kaj en tiu ĉi konsistos la plej gravaj meritoj de niaj kongresoj.'

Verŝajne Zamenhof ne ekskursis kun multaj el la kongresanoj al la tiutempe eksperimenta ĝardenurbo Letchworth dum la sekvanta tago; kredeble li devis kapti la okazon ripozi, sed Klara ekskursis tien private. Dum la Kongreso Zamenhof tamen ĉeestis multajn kunvenojn kaj amuzeventojn. Jaŭdon, li ĉeestis sportfeston de la policanoj kaj donacis pokalon al fortika brita policano, serĝento Gates, kiu estis inter la steloj de la Kongreso. Tiu afabla kaj bonhumora policano eklernis Esperanton nur kelkajn monatojn antaŭe, kaj multe deĵoris en la kadro de la Kongreso. Serĝento Gates, en sia aŭtentika polica uniformo, ludis la rolon de kortuma policano en esperanta prezentado de farso *Bardell* kaj *Pickwick* (drama reverkaĵo de sceno el la romano de Dickens, *The Pickwick Papers*); li aktoris tre vigle kaj ĉiuj multe ridis. Kredeble britaj policanoj – kiuj dum longa tempo havis, kaj ankoraŭ hodiaŭ konservas, tre fortan tradicion pri nekrueleco, helpemo, ĝentileco kaj pacienco – estis al Zamenhof interesaj. Ili tre malsimilis al la ĝendarmoj de la caro, aŭ al anoj de la kruela carista Oĥrana, la sekreta politika polico. En la farso aktoris, inter aliaj, Kolonelo Pollen, Bolingbroke Mudie, Edmond Privat, kaj esperantistoj el Bohemujo, Francujo, Hispanujo, Italujo kaj Kanado. Oni ankaŭ prezentis en mallongigita esperanta traduko

Ŝi kliniĝas por venki (She Stoops to Conquer), klasikan anglan komedion de Oliver Goldsmith. Diversaj fakaj kunvenoj kaj societaj aŭ kulturaj kunvenoj okazis.

Multaj blindaj esperantistoj, el ok landoj, vizitis la Kongreson kaj loĝis en unu granda domo, kie Cart prizorgis ilin tre bone kaj kompreneme. Zamenhof vizitis ilin en tiu domo, manpremis kun ĉiu blindulo kaj parolis al ili kuraĝige; ili dankis lin pro la lingvo, kiu portis etan lumon en mallumajn vivojn. Sed unu alian privilegion ili petis: ke ili rajtu per la manoj tuŝi kaj ekkoni la homon, pri kiu ili tiel multe aŭdis, sed kiun ili neniam vidos. La perceptantaj manoj de blinduloj, manoj, kiuj tiel neordinare portas pensojn kaj emociojn, flugtuŝetis respekteme la malgrandan, malfortan korpon, la barbon, la malgrandajn ovalajn okulvitrojn, la glatan kalvan kapon. Ĉu eble, dum tiuj manoj de blinduloj karesis lin por ekkoni lin, Zamenhof dum momento pensis pri la morta amiko Javal? Aŭ eble pri tiuj judaj geknaboj, kies okulojn barbaroj elpikis antaŭ jaro, dum la pogromo en Bjalistoko?

En Kembriĝo la eminenta profesoro John E. B. Mayor, jam okdekdujara, parolis dufoje. La unuan fojon li citis vortojn de la angla eseisto Charles Lamb: 'Estas neeble koni homon kaj malami lin'. Mem eklerninte Esperanton, profesoro Mayor asertis la utilecon de internacia lingvo. Sed dum la ferma kunsido, profesoro Mayor faris sian unuan paroladon en Esperanto. La eminenta poligloto diris:

'Nur unu vorton al nia honorinda Majstro, la vorton de

Herder:

Neu und freier wird das Herz
Durch besiegte Leiden.

New-born and freer beats the heart
For troubles overcome.

Pli juna batas la koro, pli libera
Per venkita malĝojo.

'En tiuj ĉi tagoj ni vidis miraklon post miraklo: – Miraklon de kompateco; sub la patra zorgo de profesoro Cart blindulo legas, vidas, per la fingroj, per la oreloj: – Miraklon de Jeriko; muroj de malfido, de reciproka nescio, falis, dissaltis sub la forta voko de nia Josuo, de niaj Izraelidoj: – Miraklon de Pentekosto; Partoj, Medoj, Elamitoj, Rusoj, Francoj, Germanoj, Poloj, Danoj, Italoj, Svisoj, Hispanoj, Amerikanoj, Angloj, "komprenante unu la alian", riparante la malfeliĉaĵon de Babelo, fariĝas "unu granda rondo familia". Tie ĉi la poeto Ovidio ne bezonas plendi:

Barbarus hic ego sum, quia non intelligor ulli.

'Tie ĉi mi estas barbaro, ĉar neniu min komprenas. Ne! Post kelkaj horoj kun nia Esperanta lernolibro li ekkrius ĝojege:

Non sum barbarus hic: intelligor omnibus.

'Tie ĉi mi ne estas barbaro: ĉiuj min komprenas. Tial Vivu! Kresku! Floru la nove eltrovita lando Esperantujo, kune kun ĝia nova Kristoforo Kolumbo, kaj la tuta Esperantistaro!

Vivat Esperantismus, crescat, floreat multos in annos! [30]

_____

30 *Latine*: 'Vivu la esperantismo, ĝi kresku, ĝi floru dum multaj

Post la Kongreso, multaj kongresanoj ekskursis al Kimrujo aŭ Skotlando, sed Zamenhof kaj Klara iris al Londono kaj tie gastiĝis ĉe Moscheles, kiu aranĝis specialan festvesperon. Ili ekskursis por vidi la vidindaĵojn de Londono, kaj iris al koncertoj. Dum akcepto en la Guildhall, Londono, Zamenhof faris paroladon, en kiu diskreta aludo al maturiĝanta krizo pensigis multajn: 'Ekzistas personoj, kiuj, penante deklini nin de nia vojo, havas la plej bonan kaj plej honestan intencon; ili estas tre sindonaj al nia afero, sed ili pensas, ke se ni faros tiujn plibonigojn, kiujn ĉiu el ili proponas, nia afero iros multe pli bone. Pri tiuj personoj, ni estas konvinkitaj, ke pli aŭ malpli frue ili komprenos sian eraron; ili komprenos, kiel danĝeraj estas iliaj proponoj en la nuna tempo, kiam ni antaŭ ĉio bezonas plej severan unuecon, kaj ili pacience laboros kun ni laŭ la vojo elektita ĝis tiu tempo, kiam la estonteco de nia afero estos absolute ekster danĝero. Sed ekzistas aliaj personoj, kiuj laboras simple por detrui; al tiuj sinjoroj, kiujn nia bele elkreskinta arbo ne lasas dormi kaj kiuj per ĉiuj fortoj penas ĝin subfosi, ni vokas: se vi havas alian vojon, kiu povas nin konduki al nia celo pli bone kaj pli certe, montru ĝin al ni, kaj ni ĝin sekvos. Sed vi scias, ke vi proponas ne ion pretan kaj certan, sed nur supozojn kaj teoriajn opiniojn; vi scias, ke la akcepto de via tre duba kaj baldaŭ siavice kritikita plibonaĵo ruinigus la laboron de dudekjara disciplina kaj sukcesa laborado de miloj da personoj kaj nenion kreus anstataŭ ĝi; vi scias, ke se ni dekliniĝus de nia disciplina vojo kaj lasus fali Esperanton,

jaroj!'

tiam la konfido de la mondo por la ideo mondolingva, konfido fine akirita post centoj kaj miloj da jaroj de nekredado, pereus por ĉiam kaj jam neniam povus esti reakirita; vi tion scias, kaj tamen vi per ĉiuj fortoj penas senkreditigi nin en la okuloj de la mondo ... Bone, daŭrigu do vian Herostratan laboradon, kaj ni iros trankvile nian vojon.'

Li faris tiel delikatan finan averton. Sed al kiuj? – Estis karakterize de Zamenhof, ke li volis savi la reputaciojn de aliaj eĉ lastmomente.

Poste li refutis la stultan kalumnion, ke esperantistoj ne amas la propran landon, kaj diris kelkajn vortojn pri patriotismo, kiuj ankoraŭ restas sufiĉe dirindaj hodiaŭ:

'Ĉar tiuj esperantistoj, kiuj traktas la esperantismon kiel ideon, predikas reciprokan justecon kaj fratecon inter la popoloj, kaj ĉar laŭ la opinio de la gentaj ŝovinistoj patriotismo konsistas en malamo kontraŭ ĉio, kio ne estas nia, tial ni laŭ ilia opinio estas malbonaj patriotoj, kaj ili diras, ke la esperantistoj ne amas sian patrujon. Kontraŭ tiu ĉi mensogo, malnobla kaj kalumnia kulpigo ni protestas plej energie, ni protestas per ĉiuj fibroj de nia koro! Dum la pseŭdo-patriotismo, t.e. la genta ŝovinismo, estas parto de tiu komuna malamo, kiu ĉion en la mondo detruas, la vera patriotismo estas parto de tiu granda tutmonda amo, kiu ĉion konstruas, konservas kaj feliĉigas. La esperantismo, kiu predikas amon, kaj la patriotismo, kiu ankaŭ predikas amon, neniam povas esti malamikaj inter si. Ĉiu povas paroli al ni pri ĉiuspeca amo, kaj ni kun danko lin aŭskultos; sed kiam pri amo al la patrujo parolas al ni la ŝovinistoj, tiuj reprezentantoj de abomeninda malamo, tiuj mallumaj demonoj, kiuj ne sole inter la landoj, sed ankaŭ en sia propra patrujo konstante instigas homon kontraŭ homo – tiam ni kun la plej granda indigno nin deturnas. Vi, nigraj semantoj de malpaco, parolu nur pri malamo al ĉio, kio ne estas via, parolu pri egoismo, sed neniam uzu la vorton "amo", ĉar en via buŝo la sankta vorto 'amo' malpuriĝas.'

Li daŭrigis per kortuŝa alvoko al la naskiĝlando, eble memorante pri la komencaj vortoj de *Sinjoro Tadeo* de Adam Mickiewicz: 'Vi staras nun antaŭ miaj okuloj, mia kara Litovujo, mia malfeliĉa patrujo, kiun mi neniam povas forgesi, kvankam mi forlasis vin kiel juna knabo. Vi, kiun mi ofte vidas en miaj sonĝoj; vi, kiun nenia alia parto de la tero iam povos anstataŭi en mia koro, vi atestu, kiu vin pli multe, pli kore kaj pli sincere amas: ĉu mi, idea esperantisto, kiu revis pri frateco inter ĉiuj viaj loĝantoj, kvankam mi devis bedaŭrinde forlasi vin, simile al multaj centoj da miloj da aliaj viaj filoj – aŭ ĉu tiuj personoj, kiuj deziras, ke vi apartenu nur al ili, kaj ĉiuj aliaj viaj filoj estu rigardataj kiel fremduloj aŭ sklavoj! Ho patriotismo, patriotismo, kiam fine la homoj lernos kompreni ĝuste vian sencon! Kiam via sankta nomo ĉesos esti armilo en la manoj de diversaj malhonestuloj! Kiam fine ĉiu homo ricevos la rajton kaj la eblon algluiĝi per sia tuta koro al tiu peco da tero, kiu lin naskis!

'Longe daŭros ankoraŭ malluma nokto sur la tero, sed ne eterne ĝi daŭros. Venos iam la tempo, kiam la homoj ĉesos esti lupoj unuj kontraŭ aliaj. Anstataŭ konstante batali inter si, elŝiri la patrujon unuj al la aliaj, perforte altrudi al si reciproke siajn lingvojn kaj morojn, ili vivos inter si pace kaj frate, en plena interkonsento ili laboros sur la tero, sur kiu ili vivas, kaj kontraŭ tiuj krudaj fortoj de la naturo, kiuj ilin ĉiujn egale atakas. Kaj kune kaj interkonsente ili celados ĉiuj al unu vero, al unu feliĉo. Kaj se iam venos tiu feliĉa tempo, ĝi estos la frukto de konstanta kaj senlaca laborado de tiuj homoj, kiujn ni vidas nun en ĉi tiu ĉambrego kaj kies nomo, ankoraŭ tre malmulte konata kaj tre malmulte ŝatata, estas "esperantistoj".'

En Londono, Zamenhof kiel kutime sorĉis multajn per ĉarmo, afableco kaj inspirkapablo; sed lia sanstato ne taŭgis por streĉoj de tiel vigla societa vivo. Certe jam en 1908 li ne havis pulson en la piedoj, kaj ricevis kelkajn atakojn de *angina pectoris*[31]. Dum la vizito al Londono li tamen esprimis apartan deziron vidi, kiel judoj vivas en Anglujo. Oni akompanis lin al la hebrea kvartalo en Whitechapel, kaj li vizitis rifuĝejon en Leman Strato, kie Hermann Landau, administranto de tiu rifuĝejo (kie oni helpis viktimojn de la pogromoj en Rusujo) oficiale akceptis lin. Zamenhof rigardis hebreajn infanojn, kiuj ludis brue apud la rifuĝejo, kaj diris: 'Kiel granda la diferenco inter Anglujo kaj Rusujo, kie la infanoj fariĝas tro frue timemaj kaj preskaŭ ne kuraĝas ludi sur la stratoj!' De Londono li iris, tra Calais kaj Frankfurt, al Bad Nauheim, kie li kuraciĝis dum kvin-ses semajnoj; sed eĉ tie li devis labori super amaso da leteroj.

Tamen li havis multajn kaŭzojn por ĝoji. La tria Kongre-

---

31 Brusta angino, brustangoro.

so vere sukcesis: la britaj gazetoj presigis pli ol mil artikolojn, novaĵojn aŭ leterojn pri Esperanto, plejparte simpatiajn, preskaŭ ĉiam seriozajn. 82 grupoj jam ekzistis en Norda Ameriko; la unua esperantista societo en Kubo ĵus fondiĝis; la nova nacia esperantista societo en Estonujo vigle propagandis per kursoj kaj ekskursoj, societaj vesperoj, eldonaĵoj kaj ekspozicioj, spite la nefavoran sintenon de la carista polico. Esperanto tiutempe komencis penetri en foran Ĉinujon; dum 1907 aperis novaj esperantaj gazetoj en Aŭstrujo, Danujo, Finnlando, Germanujo, Jamaiko, Meksikio. La literaturo de Esperanto pliriĉiĝis per *Kastelo de Prelongo*, la unua originala esperanta romano; la aŭtoro estis franca kuracisto, Henri Vallienne, kiu, katenite al brakseĝo per dolora kormalsano, verkis tre abunde en Esperanto, originale kaj traduke, dum siaj tri restantaj vivojaroj.

Raportanto en *The British Esperantist* menciis komikan detalon de la Kongreso en Kembriĝo: ke multaj esperantistoj subite montris specialan talenton por perdi ĉion perdeblan: manĝokuponojn, okulvitrojn, librojn, bastonojn, gantojn kaj aliajn objektojn. Eĉ Zamenhof mem, normale tre kompetenta, infektiĝis: en letero al Moscheles li pardonpetis, ĉar li kaŭzis al li klopodojn per perdo de sia ŝipa karto. 'En Calais mi ankaŭ trovis en mia poŝo tiun ŝipan karton ...' Lia tiama distriĝemo tamen permesis al s-ino Moscheles ŝtelmeti donacon – belan cigaredujon – en lian poŝon.

Denove en Varsovio, post ĝojplena kongreso, Zamenhof devis alfronti unu el la plej komplikaj, rafinitaj spiritaj suferoj de la tuta vivo, kaj Esperanto ricevis baton, kiu nekalkuleble malhelpis ĝian progreson dum kelkaj jaroj. La ombro de Herostrato, tiu efezano, kiu bruligis la templon de Diana en Efezo, ĉar li volis senmortan famon, ŝvebis supre dum kelka tempo: baldaŭ la 'Herostrata laborado' venis al klimakso.

PERFIDO

Siatempe la Ido-skismo estis grava skandalo en la Movado; nuntempe ĝi estas jam eksmode bagatela, kvankam ĝiaj malhelpoj al la progreso de Esperanto restis gravaj dum pluraj jaroj. La daŭre interesaj flankoj de historio malbela kaj komplika estas ĝia stranga psikologia fono, kaj la grandanimeco de Ludoviko Zamenhof meze de trompoj, perfido kaj kalumnioj.

Dum multaj jaroj Zamenhof esperis, ke ia aŭtoritata organizo ekrespondecos pri la internacia lingvo; li jam esperis pri la Amerika Filozofia Societo, sed seniluziiĝis. Kiam, en 1900, du instruistoj pri filozofio, D-ro Louis Couturat kaj iu L. Leau, proponis projekton pri Delegacio por la Elekto de Internacia Lingvo, la plimulto de la esperantistaro aprobis. Laŭ la originala programo, oni organizos ĝeneralan Delegacion, konsistantan el reprezentantoj de ĉiuj, kiuj komprenas la dezirindecon de internacia lingvo; tiu ĉi Delegacio elektos Komitaton, kiu de tempo al tempo kunvenos; kaj la Delegacio prezentos la problemon al la internacia Asocio de Akademioj; la Komitato havos la rajton krei propagandan societon; kaj, se la Internacia Asocio de Akademioj ne kunlaboros, la Komitato mem elektos internacian lingvon. La Delegacio invitis sciencistojn, komercistojn kaj turistojn aniĝi.

D-ro Louis Couturat, franca esperantisto, naŭ jarojn pli juna ol Zamenhof, estis riĉe dotita intelekte, kaj tre laborkapabla. Li faris gravajn laborojn sur la kampo de logistiko, redaktis kelkajn ĝis tiam manuskriptajn verkojn de Leibnitz, kun komentarioj; kaj, kun Leau, verkis erudician duvoluman *Histoire de la Langue Universelle*[32], kiu siatempe estis utila al multaj esperantistoj. Multrilate li estis plaĉa, alloga, impona viro; li parolis elegante, li estis taktoplena, li kapablis persvadi; Michaux, prudenta homo, iam diris pri Couturat: 'Ju pli oni konis lin, des pli oni estimis lin'. Lia ĉefa manko ŝajnis esti, ke la intelekto pli ol la koro fortis; li impresis kiel teoriumulo, ĉe kiu homa korvarmeco iom mankis.

Tiu ĉi intelekte brila franco restas inter la plej enigmaj rolantoj en la tuta historio de Esperanto. Tiu historio akuzas lin, ke li organizis grandan konspiron, ke li reĝisoris strangan komedion, kaj trudis al multaj honestaj homoj rolojn, kiujn ili ne komprenis. Estas neeble certe scii, ĉu li komencis sian laboron kun malbona intenco.

Couturat laboris kiel kasisto de la Delegacio, Leau kiel sek-

---

32 *France*: Historio de la Universala Lingvo.

retario, kvankam ŝajnas, ke Leau estis nur ombro de Couturat. Zamenhof subtenis kaj kuraĝigis ilin. Multaj esperantistoj tre klopodis por varbi al la Delegacio sciencajn societojn kaj aliajn prestiĝajn grupojn. En 1907, 310 tiaj societoj, 1.250 individuaj sciencistoj kaj universitataj profesoroj apogis la Delegacion: la cifero estis iasence impona, sed ne mondskala. Kiel Zamenhof, preskaŭ ekde la komenco, avertis Couturat, la Delegacio neniam estis organizo vere aŭtoritata. Ĝi jam akiris la apogon de diversaj eminentaj homoj; inter ili estas Wilhem Ostwald, granda germana kemiisto, kiu iom poste, en 1909, ricevis la Nobel-premion, kaj kiu ellaboris la Ostwald Kolorsistemon; sed la Delegacio havis nek difinitan konstitucion nek realan regularon.

Couturat ofte kaj emfaze certigis al Zamenhof, ke nur bono al Esperanto povas rezulti de la Delegacio. Sed, la 2an de majo 1907, Charles Lemaire sendis al Couturat leteron kun tiuj ĉi enigmaj vortoj:

'Ĉu vi povos prezenti vian projekton al la Delegacio? Se ne, mi metos min sub vian disponon, kiel pajlohomon.' – Pri kio temis? Couturat ne akceptis tiun ĉi misteran proponon, sed dume li estis en kontakto kun Gaston Moch, esperantisto meritplena sed reformema; Moch kontaktigis lin kun la ĉefa konservativulo, de Beaufront, kiu estis ankoraŭ soleca, neŭroza, kun menso strange tordita, malsane ambicia ...

La 29an de majo, la Internacia Asocio de Akademioj kunvenis en Vieno, diskutis pri la peto de la Delegacio kaj decidis ne agi. Couturat tuj aranĝis voĉdonadon por elekti la Komitaton de la

Delegacio. En la mondo voĉdonis nur ducent kvindek personoj. La elektita Komitato mem anigis tri aliajn anojn.

Tiu ĉi Komitato, elektita laŭ tiu ĉi preskaŭ farsa procedo, konsistis el homoj ja iom eminentaj: C. Barrios, prezidanto de la Senato en Peruo; J. Baudouin de Courtenay, profesoro pri slava lingvistiko ĉe la Peterburga Universitato, polo malproksime francdevena, kiu estis vere altnivela faka lingvisto, ano de la Pola Akademio, amiko de Esperanto, estimata ankaŭ pro siaj kuraĝaj laboroj por helpi naciajn minoritatojn kaj starigi konscienc-liberecon; Emile Boirac; Charles Bouchard, profesoro ĉe la Medicina Fakultato en Parizo; G. Rados, ano de la Hungara Akademio pri Sciencoj; W. Forster, eks-direktoro de Berlina Observatorio, ankaŭ eminenta fakulo pri etiko kaj sociaj sciencoj, sed ne pri lingvoj; G. Harvey, eldonisto de *North American Review*[33]; Otto Jespersen, profesoro pri filologio en la Universitato de Kopenhago, vere eminenta (ankoraŭ nun postmorte mondrenoma) kaj vere erudicia filologo, kies intereso pri la interlingva demando estis serioza, kvankam ne tre informita; S. Lambros, eks-rektoro de la Universitato en Ateno; C. Le Paige, administranto de la Universitato en Liège; Wilhelm Ostwald; G. Peano, profesoro pri matematiko ĉe la Universitato de Torino; H. Schuchard, profesoro ĉe la Universitato en Graz; W. T. Stead, redaktoro de la bona angla gazeto *The Review of Reviews*[34]. Sed, kvankam la listo aspektis impona, nur du vere altrangaj lingvistoj troviĝis tie.

Post la elekto de la Komitato Zamenhof kiel eble plej kunlab-

33 *Angle*: Nord-Amerika Revuo.
34 *Angle*: La Revuo de Revuoj.

oradis; sed baldaŭ kelkaj strangaj detaloj vekis en li suspektojn. Ekzemple, unu el la malmultaj definitivaj reguloj de la Delegacio estis la verŝajne iom sensenca regulo, ke la aŭtoro mem de lingva projekto ne rajtos partopreni en la Komitato, sed devos sendi reprezentanton; tamen, Peano jam en 1903 eldonis sian projekton *Latine sine flexione*[35]. Eble la ĉefa celo de tiu regulo estis certigi, ke Zamenhof mem ne defendos Esperanton ... Zamenhof elektis kiel sian reprezentanton la personon, kiu ŝajnis plej taŭga: de Beaufront. Tamen, jam en oktobro de Beaufront, kiu prelegis en diversaj francaj urboj, parolis kun kelkaj gravaj esperantistoj, penante persvadi ilin akcepti 'la reformojn, kiujn la Delegacio proponos'. Stranga estis tia antaŭscio.

Tiu Komitato, kies nomoj sonas tiel impone, neniam kunvenis kiel tuto. Kiam la kunsidoj komenciĝis, la 15an de oktobro, ĉeestis Baudouin de Courtenay, Jespersen kaj Ostwald; Peano, tenata de sia ofico en Torino, kaj Boirac, same en Dijono, povis ĉeesti nur malmulte; Boirac ofte sendis Moch kiel anstataŭanton; P. D. Hugon anstataŭis W. T. Stead; Dimnet anstataŭis Bouchard; oni elektis Forster honora prezidanto, sed li ne povis ĉeesti kaj Ostwald reprezentis lin. Neniu povus sincere aserti, ke tia grupo iel reprezentis la esperantistaron, la lingvistikon, eĉ la homaron. La lingvo de la kunsidoj estis la franca: tio iom malhelpis la nefrancojn.

De Beaufront defendis Esperanton, kaj diversaj aŭtoroj aŭ reprezentantoj venis aŭ skribis por defendi siajn proprajn pro-

---

35 *Latine*: Latino sen fleksio.

jektojn. Laŭ la ricevitaj informoj, estis nedubeble, ke Esperanto estas la plej facila lingvo kaj jam vivas en la praktiko ... Tiam Couturat montris malgrandan gramatikon kaj vortaron de projekto 'anonima', kiun la modesta aŭtoro deziris nomi *Ido*. Supraĵe, ĝi multe similis al Esperanto, sed senigis Esperanton je kelkaj 'slavaj' aspektoj, kiel ekzemple la supersignitaj literoj kaj la akuzativo; efektive ĝi estis multe malpli elasta kaj libera. Dum kunveno, kiun Boirac ne ĉeestis, de Beaufront defendis *Idon*, kaj kredigis, ke tiu projekto kontentigos la esperantistojn. Couturat, responde al demando de Ostwald, diris, ke nek li nek Leau estas la aŭtoro de Ido. Vespere, la 24an de oktobro, kiam denove Boirac malĉeestis, Couturat trudis voĉdonadon pri rezolucio, kiun ĉiuj ĉeestantoj akceptis:

'La Komitato deklaris, ke la teoriaj diskutoj estas fermitaj kaj elektis la konstantan Komisionon, kies unua tasko estos studi kaj fiksi la detalojn de la lingvo alprenota. Tiu Komisiono enhavas s-ojn Ostwald, Baudouin de Courtenay, Jespersen, Couturat kaj Leau. – La Komitato decidis, ke neniu el la lingvoj ekzamenitaj povas esti alprenata "bloke" kaj sen modifoj. Ĝi decidas alpreni principe Esperanton, pro ĝia relativa perfekteco kaj pro la multaj kaj diversaj aplikoj jam ricevitaj de ĝi, sub kondiĉo de iaj modifoj efektivigotaj de la konstanta Komisiono en la direkto difinita per la konkludoj de l' Raporto de la Sekretarioj kaj per la projekto de Ido, se eble laŭ interkonsento kun la esperantista Lingva Komitato. Fine ĝi decidis aligi s-ron de Beaufront al la konstanta Komisiono, pro lia speciala kompetenteco.'

Ŝajnis tiel modera; ŝajnis, eĉ, kiel sukceso por Esperanto; ne estas mirinde, ke homoj sen detala scio akceptis ĝin.

La 25an de oktobro, kvar anoj de la Komisiono – Baudouin de Courtenay, Couturat, Jespersen, Ostwald – faris kunsidon; la 26an, Ostwald informis Boirac pri la decidoj; poste la nefrancoj iris hejmen kaj lasis sur la kampo Couturat, de Beaufront kaj Leau, en stranga situacio de ŝajna aŭtoritato, kiun ili neniam ricevis laŭ iu ajn normala konstitucia sistemo. Couturat informis Zamenhof pri la decidoj, degne esprimis esperon, ke la nova lingvo povos daŭre havi la nomon Esperanto: 'kaj la Komitato estos feliĉa rekoni tiamaniere, ke vi estas ĝia unua kaj ĉefa aŭtoro kaj fari justecon al via bela verko, kiun ĝi admiras'.

Sed Moch, malkontenta, jam sendis diversajn raportojn al Sebert; tial Zamenhof estis iom pli bone informita, ol kelkaj homoj intencis. Jam la 27an de oktobro li konsilis al Sebert, ke la esperantistoj preparu sian defendon, sed silentu pri la Delegacio, se eble. Al trankviltona letero li aldonis postskripton:

'Pri la persono de "Ido" mi nenion scias; lian gramatikon mi neniam vidis. De s-ro Couturat mi en la lastaj tri semajnoj ricevis nenian leteron. La konduto de s-ro de Beaufront ŝajnas al mi tre suspektinda; por montri al li mian konfidon, mi elektis lin kiel mian reprezentanton antaŭ la Delegacio – kaj li, tute min ne demandante, subite kaj tro surprize transiris al la reformistoj kaj skribis al mi leteron, ke Esperanto nepre devas morti, ke post 5 jaroj restos nur memoro pri Esperanto k.t.p.'

La sekvantan tagon li skribis al Cart:

'Ĉar vi bone konas s-ron de Beaufront, mi petas Vin, ĉu Vi ne povas doni al mi ian klarigon pri lia ago? En plena konfido mi elektis lin, ke li estu mia reprezentanto (aŭ la "advokato de la senŝanĝa Esperanto") antaŭ la "Delegacio" – kaj li, nenion al mi dirante nek demandante, transiris – mia oficiala reprezentanto – ... al la eksteresperantista komitato de ŝanĝoj! Ĉu tio ĉi estas vera? Al li persone mi ne volas plu skribi pri tio.'

En tiu ĉagrena situacio, Zamenhof la saman tagon skribis al Moch leteron tre amikecan kaj konsolan, certigantan al li, ke la esperantistoj ne kulpigos lin pri la afero.

Ĝis tiam la afero ne faris grandan bruon; ĉiuj klopodoj de Zamenhof celis pacon, trankvilon kaj interkomprenon; sed nun Couturat sendis ekzempleron de la Ido-gramatiko al D-ro Pierre Corret, nova redaktoro de *Lingvo Internacia*, esperantisto dediĉita kaj tre kontraŭreforma. Ŝokite, Corret montris la libron al la ekscitiĝema Bourlet, kiu koleris, diskonigis la aferon kaj vekis negrandan indignon inter la esperantistoj. Zamenhof estis karakterize seka en sia posta letero al Couturat, la 30an de oktobro:

'Estimata Sinjoro!

'Vian leteron de 26. X. kun la eltiro el la protokoloj kaj ankaŭ la verkojn de 'Ido' mi danke ricevis. Respondon mi povos doni al Vi ne pli frue ol, kiam mi scios la opinion kaj deziron de la esperantistoj.'

La saman tagon li sendis telegramon al Sebert proponante konsiliĝon en Parizo, kaj skribis longan leteron pri tiu plano; en postskripto li diris:

'Hodiaŭ vizitis min s-ro Baudouin de Courtenay (kiun mi antaŭe tute ne konis). Li konfesis al mi, ke la Delegacia Komitato havas nenian aŭtoritatecon kaj ke la demando pri ŝanĝoj devas esti decidata de la esperantistoj mem. El la parolado kun li, mi konvinkiĝis, ke li estis tute pasiva, li eĉ ne memoris bone la tekston de la decido kaj li estis surprizita, kiam mi montris al li, ke la teksto de la decido estas ofenda por la esperantistaro!'

La sekvantan tagon li skribis al Boirac:

'La tuta historio kun la Delegacia Komitato montras, ke ni estas simple trompitaj. Ĉio estis preparita antaŭe kaj la kreditaj scienculoj eĉ ne komprenas, ke ili estis nur pupoj en la manoj de lertaj artifikuloj. En la unuaj tagoj mi estis tre ĉagrenita, sed nun mi tute retrankviliĝis. Ni devas nin teni fortike, ĉar la tuta ruza konstruaĵo baldaŭ falos – pri tio mi ne dubas eĉ unu momenton. Mi nur bedaŭras, ke nia sindona kaj honesta amiko Moch tiel perdis la kuraĝon kaj lasis sin kapti ... S-ro Baudouin de Courtenay (kiun mi antaŭe tute ne konis) vizitis min hieraŭ, traveturante Varsovion. El parolado kun li mi konvinkiĝis, ke li estis simple ofero de malkompreniĝo; li estis simple sub la sugestio de Couturat.' Zamenhof ne iris al Parizo, sed volis fari ĉion necesan per leteroj kaj cirkuleroj.

Couturat sendis al Zamenhof kaj Boirac la decidon de la 'Komitato' kun peto, ke ili prezentu ĝin al la Lingva Komitato; sed, skribante la 2an de novembro, li postulis ĉiujn respondojn antaŭ la 5a de decembro; kaj li indikis, ke laŭ lia interpreto la rezolucio signifis principan adopton de Ido. Estis netolerebla ultimato, al kiu akurata respondo estis eĉ neebla por membroj de la Lingva Komitato ekster Eŭropo. Respondoj, kiujn Boirac komencis ricevi, enhavis multajn indignajn demandojn; sed, kiam Boirac menciis tiujn demandojn al Couturat, la respondo estis tiel krude malĝentila, ke eĉ la milda Boirac ne povis plu esperi pri interpaciĝo.

Couturat nun komencis disfamigi onidiron, ke nur la komercaj interesoj de Zamenhof, Hachette kaj la Presa Esperantista Societo de Cart kaj Fruictier obstrukcis la reformojn de Ido. Cart respondis per firma artikoleto en *Lingvo Internacia.* 'Ni restu fidelaj!' estis lia batalkrio. 'Ni ne perdu nian tempon, babilante kaj diskutante; nia fosilo estas bona, *ni fosu nian sulkon!*'

Dum Zamenhof estis meze de delikataj kaj ofte ĉagrenaj diskutoj, Marko Zamenhof mortis, la 29an de novembro, kaj Ludoviko iĝis ĉefo de la familio. Oni povas imagi la efikon de tiom de ŝokoj kaj doloroj sur lian jam grandparte detruitan sanon.

Ostwald ĉiam skribis ĝentile al Zamenhof, sed neniam povis kompreni lian starpukton; tamen, la 7an de januaro 1908, li ĉesis labori por la Komisiono: li pretekstis malbonan sanstaton, sed oni kredas, ke la koterieca etoso naŭzis lin. Oni povas diri, ke Zamenhof plene rompis kun la Delegacio la 18an de januaro, kiam li skribis, ĝentile sed firme, al Ostwald, esprimante bedaŭron pri la maleblo aranĝi interkonsenton; Boirac skribis samsignife sed pli detale; kaj pluraj esperantaj gazetoj presigis leteron de Zamenhof *Al ĉiuj Esperantistoj* – mildan, persvademan cirkuleron. Tie Zamenhof ne menciis la malhonestaĵojn, sed atentigis: ke internaj kvereloj povus ruinigi Esperanton; ke nur la esperantistoj mem rajtas modifi la lingvon; ke la Movado estas multe pli libera kaj demokrata, ol la Delegacia Komitato ŝajne kredas; tiu Komitato ne havas rajton modifi la lingvon, kaj estis neeble, 'ke la tuta multemila kaj longe laboranta esperantistaro akceptu la decidojn, kiujn kelkaj flankaj personoj ellaboris en la daŭro de 8-10 tagoj'.

Je la fino de januaro Couturat skribis al Zamenhof – en ne ĉiam korekta Esperanto – kaj, miksante flataĵojn kun nebulaj minacoj, petis lin, ke li ne lasu sin blindigi 'de la fanatikaj ĉefoj, kiuj konsideras en tio nur ilian[36] personan profiton aŭ situacion ...' Zamenhof respondis, denove, firme sed ĝentile; li memorigis al Couturat pasintajn leterojn kaj avertis lin, ke la komuna celo povos esti senkreditigita per skandalo. La 6an de februaro en letero al Sebert, li montris eĉ kompaton pri Couturat, 'kiu nun eksentis la tutan senesperecon de sia situacio kaj penas per ĉiuj fortoj sin savi. Mi konfesas, ke mi tre kompatas lin nun; sed bedaŭrinde nenio estas farebla, ĉar li mem kreis al si tiun situacion'.

Nun milito per cirkuleroj konfuzis multajn esperantistojn, turmentis Zamenhof kaj grandskale perdigis tempon kaj energion al li kaj al multaj lojalaj esperantistoj. La voĉdonado, kiun Couturat organizis, finiĝis iom farse: Baudouin de Courtenay kaj Ostwald sin detenis: la solaj, kiuj voĉdonis por Ido, estis kvar personoj: Couturat, de Beaufront, Leau, kaj Jespersen, kiu subtenis ilin pro motivoj de disciplino, iom kontraŭ sia propra opinio.

---

36 tiel!

En marto 1908, aperis nova gazeto, *La Progreso*; komence ĝi uzis Esperanton kun novaj radikoj; baldaŭ ĝi iĝis plene idista gazeto. Couturat kaj Leau promesis, en la unua numero, ke ili ne faros personajn atakojn; poste tiu ĉi promeso ŝajnis pli kaj pli ironia. Dum ili preparis tiun unuan numeron de *La Progreso*, Jespersen – kies erudicio estis aŭtentika kaj kiu estis honesta – ricevis leteron, kiu ŝajnis sensenca, kaj baldaŭ divenis, ke Couturat intencis ĝin por de Beaufront kaj hazarde interŝanĝis la kovertojn. La enhavo de la letero estis tia, ke Jespersen postulis klarigon; Couturat klarigis, ke de Beaufront estas la aŭtoro de Ido; Jespersen, ŝokite, insistis, ke ili devos diri la veron, kaj minacis, ke alie li eksiĝos kiel prezidanto de la Komisiono.

Couturat provis savi sin, skribante al Zamenhof leteron ĝentilan, sed verŝajne hipokrite flatan, en kiu li petis, ke Zamenhof permesu la uzon de la nomo *Esperanto simpligita* por la nova projekto. Zamenhof, same ĝentile kaj probable pli sincere, rifuzis. Li konsilis la esperantistajn ĉefojn ne ekscitiĝi aŭ skribi krudajn polemikojn, sed kelkaj estis jam tro indignaj por obei. Diversmaniere, Bourlet kaj Cart tondris kaj anatemis; la granda sveda pioniro Paul Nylén (kiu restis fidela al Esperanto ĝis sia morto en 1958) publikigis artikolon, kies flama indigno kaj neniiga logiko ne lasis eblon rebati. La idistoj apenaŭ povis plu defendi sin: Couturat penis prokrasti la konfeson, kiun Jespersen insiste postulis, kaj provis la rimedon de kotumada kampanjo. En aprilo, Charles Lemaire, transirinte al la idista tendaro, atakis kelkajn eminentajn esperantistojn en *La Belga Sonorilo*, kaj sugestis, ke eĉ Zamenhof mem nur deziris gajni monon. Por la tria numero de *La Progreso*, Max Talmey, iama esperantista pioniro en Usono, verkis artikolon naŭze kruelan, triviale sarkasman kaj kelkloke rekte mensogan; kaj tiaj atakoj, eĉ kontraŭ Zamenhof mem, daŭris en la idistaj gazetoj dum jaroj.

Iu ajn persono normale sentema sentas severan moralan ŝokon pro publika kalumnio. Zamenhof estis iom pli ol normale sentema, vivis tre milde, pacame kaj malegoisme, kaj estis kormalsanulo … Li travivis siajn spiritajn suferojn kun mirinda digno, sereneco kaj pardonemo. Dume, en *L' Espérantiste*, en majo, de Beaufront konfesis:

'DEKLARO DE IDO

Venis la tempo ne lasi pli longatempe kuri la tiel malĝustajn interpretojn faritajn pri la ago kaj intencoj de kompatinda Ido …

'*Lasante prezenti* sian laboron, aŭ studon pri reformoj, al la Komitato de la Delegitaro, Ido volis evitigi al Esperanto danĝeron tiel antaŭvideblan, ke ĝi ŝajnis certa: la puran kaj simplan forĵeton … Lia formala volo, konita de la sekretarioj de la Delegitaro estis, ke tiun laboron oni prezentu kiel projekton pri reformoj por Esperanto, projekton diskuteblan kaj ŝanĝeblan, sed neniel kiel sistemon konkurantan. Kaj tiamaniere ĝi ja estis prezentita, kaj plie kun pseŭdonimo … En la penso de Ido ne verko diferenca aperis, sed Esperanto daŭris *sub la sama nomo* kun kelkaj ŝanĝoj. Li do forlasis al D-ro Zamenhof kaj al la esperantistoj la tutan gloron rajte akiritan. Pri li mem tute ne devis esti parolite. Post la akcepto de la reformo, li intencis tute malaperi de la scenejo.

Poste kiel antaŭe, la mondo restus kun Esperanto sola. Tio estis la volo de Ido, tia lia revo efektivigebla, se oni estus *akceptinta.*

'Se nun lia verko sin prezentas al la publiko aparte de Esperanto primitiva, la kaŭzo estas, ke bedaŭrinde la estroj de la esperantistoj ĝenerale eĉ ne volis ekzameni la demandon serioze. Tial en tempo venonta ili certe estos riproĉataj pro tio. Ilia sincera konvinko ekskuzas ilin; sed la estonteco ilin elrevigos ...

IDO

'*La deklaro, kiun oni ĵus legis, estas mia. Kiel oni vidas, mi forĵetas la anonimecon ...*

L. DE BEAUFRONT'

Eble de Beaufront iel sukcesis konvinki sin mem, ke li agis kun la plej bonaj motivoj; sed por la plimulto de la esperantistoj tiu ĉi letero estis konfeso pri nigra perfido, kaj lia sinlaŭdemo ne plibeligis la impreson. Se de Beaufront vere estis Ido, li havis la lingvoprojekton jam preta, kiam en Genevo li tiel dramece kisis sian karan Majstron ...

'Judaso ...'

La vero estas eĉ pli stranga. Ric Berger (occidentalisto) skribis ŝajne kredindan artikolon, laŭ kiu li vidis nepublikigitajn dokumentojn, kiuj pruvis, ke la vera aŭtoro de *Ido* estas Couturat. La plej forta pruvo estas la jam citita letero de Lemaire al Couturat. Berger vizitis la vidvinon iom post la morto de Couturat en 1914; sed de Beaufront estis jam detruinta multajn leterojn, kvankam estas neeble scii, ĉu li volis kaŝi ian sekreton por protekti la honoron de amiko aŭ sin mem. La rilato inter tiuj du homoj restas enigmo, tre interesa kiel psikologia problemo, sed verŝajne ne solvebla, almenaŭ ĝis novaj informoj estos trovitaj aŭ publikigitaj.

Se de Beaufront estis la aŭtoro de *Ido*, li perfidis Zamenhof kaj milojn da esperantistoj; sed, se Couturat estis la aŭtoro, kial de Beaufront faris tiun deklaron, kiu por ĉiam detruis lian reputacion pri honoro kaj honesteco? Li estis homo psike malfeliĉa, nesekura, kiu kompensis sin per dogmemo kaj aroganteco, kiu soifegis eminentecon, kiu havis supernormalan apetiton esti grava; ĉiuj liaj antaŭaj mensogoj celis pli belan reputacion. La konduto de Couturat estas same stranga: kial li prezentis sian projekton anonime; rifuzis la proponon de Lemaire, kiu estis preta iĝi 'pajlohomo' kaj povus tion fari sen grava makulo sur sia honoro; kaj finfine persvadis de Beaufront fari falsan konfeson? Aŭ ĉu eble de Beaufront faris tiun falsan konfeson proprainiciate?

Eble la malfeliĉa de Beaufront iel konvinkis sin, ke li faras heroe grandaniman oferon por sia amiko? Li deziris esti konata kiel homo, kiu faris grandajn oferojn: eble li atendis, ke iam la vero estos konata kaj li estos adorata kiel la unua martiro de Ido. Tia povus esti la revo de neŭrozulo, kiu jam dum longa tempo inklinis al intrigoj kaj fikciaĵoj. Eble Couturat, sciante, ke lia projekto plej facile penetros tien, kie oni jam estas konvinkita pri la neceso de internacia lingvo, utiligis tiujn malsanajn inklinojn por subfosi Esperanton. Eble de Beaufront, aroganta kaj bigota, dum tempo amis Zamenhof kiel patro-surogaton, poste ekmalamis lin pro la afero de la homaranismo, kaj volis suferigi lin. Lemaire

estis riĉa; kune kun Javal li proponis tiujn 250.000 frankojn al
Zamenhof; povas esti, ke ia tia persvado pli bone sukcesis ĉe de
Beaufront, sed ni ne scias pri iu ajn atestilo pri io tia. Eble Cou-
turat, en sia ege malfacila situacio, utiligis ian personan scion
pri de Beaufront, kvazaŭ ĉantaĝe? La plej amaraj malamikoj ne
akuzis de Beaufront pri ia grava krimo aŭ malvirto krom lia men-
sogado kaj perfido, sed ŝajnas, ke ekzistis ia malbela aŭ humiliga
sekreto en lia vivo. Li ekuzis aristokratan titolon strange malfrue,
kaj Zamenhof mem, kies juĝoj kutime estis malseveraj, skribis al
Sebert jam en marto (antaŭ la *Deklaro de Ido*):

'Mi ne dubas ankaŭ pri la fiktiveco de la titolo de markizo,
kiu aperis tute subite antaŭ 2-3 jaroj; mi ne dubas ankaŭ pri la
fiktiveco de la tuta biografio de s-ro De Beaufront.'

Ŝajnas, ke preskaŭ ĉio, kion de Beaufront kredigis pri si mem,
estis ja nur *beau front* (en la franca 'bela fronto'), kiun homo
humiligita kreis por igi sin grava.[37] Eble en krizo li preferis la
dramecan, gravan rolon de Judaso al la nur absurda rolo de or-
dinara trompisto.

Interesa estas la mistero pri la motivoj de tiuj du homoj; kaj,
se de Beaufront kondutis tiel malbone pro motivoj vualitaj en
la tragikaj, neniam plene sondeblaj profundoj kaj neburoj de la
homa psiko, li meritas almenaŭ tiun heziteman kompaton, kiun
oni devas senti pri neŭrozulo. Leteroj indikas, ke unu esperantisto
iom komprenis liajn konfuzojn kaj suferojn, kaj deziris helpi lin;
tiu ĉi kompatanto estis Zamenhof mem. Sed por la ordinaraj

---

37 Kelkaj informoj ankoraŭ ekzistas, kiujn ne decas nun publikigi,
ĉar ili povus suferigi vivantojn.

esperantistoj en 1908 nek mistero nek psikologio estis interesaj: ili vidis nur la abomenan perfidon. Polemikoj ambaŭflanke iĝis akraj; nur Zamenhof detenis sin de ĉiuj personaj atakoj. Jespersen malkonsilis kotumadon kaj penis mildigi la disputojn, sed sen sukceso. Artikoloj en *Lingvo Internacia* pruvis, ke *Adjuvanto*, 'oferita' de grandanima de Beaufront, neniam ekzistis, ke liaj 'specimenoj' estis imitaĵoj de Esperanto. La idistoj, precipe Couturat, atakis Zamenhof en serio de artikoloj, kalumniaj kaj ofte krude ofendaj: Zamenhof estis promesrompinto, monavida, diktatoro. 'D-ro Zamenhof obstine fermas siajn orelojn al ĉiu ekstera kaj libera voĉo; kiel aŭtokrata suvereno, li aŭdas nur siajn korteganojn kaj flatantojn; li vidas nur la esperantistan mondon, kiu ĉirkaŭigas lin per adoro kaj incenso; la cetera mondo ne plu ekzistas por li.' Max Talmey informis la idistojn, ke de Beaufront scipovas Esperanton pli bone ol iu ajn alia esperantisto, eĉ Zamenhof mem. Dum jaroj, Zamenhof, eĉ tro modesta, humila, sinkaŝema, estis por la idistoj 'reĝo'; oni gurdadis tiun satiran temon kun multaj pitoreskaj metaforoj kaj kruelaj sarkasmoj. En 1911 Couturat skribis, ke nur Zamenhof kulpis pri la skismo, per la rifuzo permesi la uzon de la nomo 'Esperanto' por 'Ido'; Zamenhof iĝis 'ĉarlatano', 'homo, por kiu la forto estas la plej bona argumento, kiel ĝi estas por ĉiuj malfortaj animoj'. 'Esperanto degenerigas la karakteron.' 'Esperanto dronas en la koto.' Ĉiam la polemikuloj ĉe *La Progreso* elfosis kaj publikigis iun ajn malsukceson, malkonsenton aŭ bagatelan misfaron inter esperantistoj. Kaj, se kelkaj esperantistoj polemikis preskaŭ same draste, ekzistas diferenco, ofte forgesita, inter atakemo agresa kaj atakemo sindefenda.

Inter tiaj disputoj, amaraj, malbelaj, vundaj, ofte ankaŭ absurdaj, Zamenhof, viktimo kiu plej suferis, ĉiam restis pardonema. La perversa malico de liaj malamikoj povis nur reliefigi lian grandanimecon. En Dresdeno, kiam Zamenhof estis foriranta post la Kongreso (priskribota en la sekvanta ĉapitro), germanaj esperantistoj Julius Glück kaj d-ro Mybs, kune kun Cart, ĉeestis sur la perono por adiaŭi lin. Dum la vagonaro ekmoviĝis, Mybs subite turnis sin al la aliaj, kaj eksplodis:

'Kion vi opinias, ke Zamenhof volas fari? Li intencas veturi al Beaufront, al tiu sia iama kvazaŭamiko ... al kiu li konfideme transdonis la reprezentadon de sia verko, kaj kiu tiam perfidis sian konfideman amikon! Zamenhof volas nun entrepreni la malproksiman vojaĝon al Beaufront por pardoni tiun perfidulon ... tiun Judason!' Mybs, kutime serena, parolis nur per rompitaj frazoj; Cart preskaŭ histeriiĝis.

Se tiu ĉi eksterordinara intervjuo ja okazis, ni ne havas detalojn pri ĝi: la teksto kredeble estus streĉe interesa psikologia dokumento. Ekzistas, tamen, malneto de letero, kiun Zamenhof volis sendi al de Beaufront en decembro, post la apero de pluraj kruelaj personaj atakoj. Zamenhof sendis tiun malneton al Sebert, petante lian opinion; finfine li decidis ne sendi ĝin, dirante: 'Kvankam mi tre dezirus, ke li saviĝu el tiu situacio, en kiun li sin enmetis, tamen konante lian tro nefidindan karakteron – mi timas, ke mian leteron li povus malbonuzi, por alporti malbonon al Esperanto.' La decido estis preskaŭ certe korekta; sed, ke li povis eĉ skribi tian leteron, montras la kvaliton de lia menso.

Estimata Sinjoro!

Jam de longe mi volis skribi al Vi; mi tamen tion ne faris, ĉar mi estis konvinkita, ke en mia letero Vi vidos nur ian timon de minacata konkuranto.

Nun mi fine decidis preni la plumon. Mi ne volas admoni Vin, mi ne volas peti Vin, ke Vi revenu al Esperanto; agu tiel, kiel diktas al Vi Via propra koro kaj prudento; mi volis nur esprimi al Vi, kiel forte min doloras tio, kion Vi faris. Se alia tion farus, mi restus tute indiferenta; sed tre malĝojigis min la fakto, ke tion faris ĝuste Vi, Vi, kiu en la daŭro de 20 jaroj tiel multe kaj meritplene laboris por nia afero, kiu ĝuis tian estimon kaj konfidon de la tuta mondo Esperantista kaj kiu nun, sub ia fatala influo, detruis la laboron de ĉiuj siaj plej bonaj jaroj kaj enpuŝis sin en situacion, kiu – ho ve – devas fariĝi ĉiam pli kaj pli senelira!

Mi ne akuzas Vin. Mi estas konvinkita, ke ĉio, kio fariĝis, estis de Via flanko simpla eraro, kies fatalaj sekvoj puŝas vin ĉiam pluen kaj pluen. Mi forte kredas, ke en la profundo de Via koro Vi bedaŭras Vian eraron, sed al Vi ŝajnas, ke nun estas jam tro malfrue, ke Vi jam ne povas retiri Vin ... Sed ĉiu el ni povas erari, kaj eraron oni ne devas honti.

Mi antaŭvidas, ke vi respondos al mi, ke Vi scias, kion Vi faras, ke Vi ne bezonas mian instruon, ke Vi estas prava kaj ni ĉiuj estas malpravaj, ke la estonteco montros ...

Mi ne admonas Vin.

Se Vi estas konvinkita, ke Vi agas bone, ke Vi staras sur bona
vojo kaj Via entrepreno nepre sukcesos, tiam mi ne volas Vin
revoki al ni, tiam rigardu ĉi tiun mian leteron kiel ne ekzistan-
tan; sed se Vi komencas dubi, se vi bedaŭras tion, kion Vi faris,
tiam memoru, ke vi ĉiam povas ankoraŭ kun honoro reveni al tiu
anaro, kun kiu Vi meritplene laboris dum la 20 plej bonaj jaroj
de Via vivo.

Se mia letero ŝajnos al Vi tro naiva, tiam pardonu min; la
plumon en mian manon metis ne la prudento, sed la rememoroj.

Via

L. ZAMENHOF

Estas tre dubinde, ĉu Bourlet, ĉu Cart aŭ Sebert fakte estis
pretaj rebonvenigi de Beaufront, post tiom da malbelaĵoj, en
la francan movadon; sed Zamenhof, la plej vundita, jam plene
pardonis.

'NI DANKAS LA VENTON ...'

La Ido-skismo kaŭzis multan suferon al Zamenhof, kaj tre eble tiel mallongigis lian vivon; ĝi perdigis plurajn valorajn anojn de la Espe-ranto-Movado; ĝi kaŭzis multajn ĉagrenojn, konfliktojn kaj senfrukta-jn tempoperdojn; sed ĝi ankaŭ devigis multajn esperantistojn rekoni, finfine, la neceson de pli forta organizo – se nur kiel ŝirmilo kontraŭ senaŭtoritataj pseŭdoorganizoj. 1908 vidis la fondon de Universala Esperanto-Asocio, kiu restas la plej granda kaj grava esperantista organizo. Ĝiaj celoj estis difinitaj kiel: faciligi ĉiujn rilatojn inter per-sonoj de diversaj naciaj lingvoj, kaj krei fortan ligon de solidareco inter la anoj; la sola lingvo de UEA estis Esperanto. La pioniraj Esperantaj Konsuloj baldaŭ iĝis Delegitoj de UEA. La oficiala naskiĝdato de UEA estis la 1a de majo 1908. En la sama jaro aperis la unua UEA-Jarlibro, malgranda volumo de 23 paĝoj en verda kartona kovrilo. Ni povas kontrasti tion kun la du volumoj de la UEA-Jarlibro en 1961, kiuj havas 496+192 = 688 paĝojn. Ĉe la kvara Universala Kongreso, en Dresden, Zamenhof iĝis Honora Prezidanto de UEA.

La sama jaro alportis multajn pozitivajn farojn. Zamenhof mem, ignorante kalumniojn, pardonante perfidojn, trankvile laboradis super siaj tradukoj el la germana. La ankoraŭ floranta Internacia Scienca Asocio Esperantista fondiĝis, kun Sebert kiel la unua prezidanto kaj kun oficiala gazeto, Scienca Revuo; ISAE multe laboris pri sciencaj kaj teknikaj terminoj. La usonaj esperantistoj havis unuan nacian esperantan kongreson; en Bohemujo aperis du rivalaj esperantistaj societoj kaj nova gazeto. Je pentekosto, la unua Brita Esperanta Kongreso okazis, en Edinburgo, kun 600 kongresanoj. Oni instruis Esperanton en Egiptujo; gazeto aperis en Filipinujo; lernolibroj kroata, serba kaj slovena estis eldonitaj, kaj kroata, serba kaj slovena societoj fondiĝis. Novaj Esperanto-grupoj troviĝis en lokoj tiel disaj kiel ekzemple Jerusalemo, Madejro kaj Sudafriko.

Zamenhof kaj aliaj iom dubis pri la plano okazigi la Kongreson de 1908 en Dresdeno, en la lando de Ostwald; sed ĝi bone sukcesis, kun 1.368 kongresanoj el kvardek landoj. La germana, japana kaj usona registaroj montris intereson pri la Kongreso kaj la Internacia Ruĝa Kruco sendis reprezentanton, kiu observis ruĝkrucan ekzercon, en kiu oni uzis Esperanton. La famaj geaktoroj Emanuel kaj Hedwig Reicher lernis Esperanton speciale por ludi la ĉefrolojn en *Ifigenio en Taŭrido*, traduko de Zamenhof el

Goethe. Tiu ĉi traduko grandparte redonas la majestecon de la germana teksto, kvankam en kelkaj lokoj ia delikata nuanco iom perdiĝas aŭ kelkaj vortoj estas ellasitaj. Hedwig Reicher, orvoĉa aktorino, larmigis sian aŭdantaron, tiel, ke multaj diris, ke tia prezentado pli bone ol lingvistikaj argumentoj rebatis la asertojn de oponantoj.

La esperantistoj akceptis Zamenhof tre lojale, arde, preskaŭ adore, kun entuziasmo, kiun li mem ne deziris. Zamenhof mem estis ĉiam preta kuraĝigi, danki, laŭdi; sed liaj travivaĵoj devigis lin kompreni, ke laŭdoj pri iu alia vundas la orelojn de multaj homoj, spiritaj avaruloj; *La Progreso* atestis, ke tiu hero-adorado, kiun Zamenhof objektive meritis sed kiun li mem neniam deziris, incitis malamikojn.

En aŭgusto li ekvojaĝis al Dresdeno, kun Klara, kaj restis inkognite en Berlino dum du-tri tagoj. Li ankaŭ restis inkognite en Dresdeno, dum mallonga tempo, ĉe D-ro Arnhold. Bourlet vizitis lin antaŭ la Kongreso, kaj rimarkis, ke la restantaj haroj multe pli griziĝis, ke Zamenhof aspektas multe pli maljuna; sed la okuloj estis vivoplenaj kaj li parolis rapide. Ĉeestis ankaŭ la tri fratoj de Zamenhof, kaj ĉarma knabineto Wanda Frenkel.

Denove la plej grava ero de la kongresa programo estis la parolado de Zamenhof ĉe la Solena Malfermo, lundon, la 17an de aŭgusto, je la 10.30a matene, en la Vereinshaus. Terure delikata estis tiam la situacio. Kiam Zamenhof leviĝis por paroli, la silento mem estis impona. Certe multaj atendis, eble eĉ deziris, tondran denuncadon kontraŭ la perfiduloj. Tiu lacaspekta, grizhara hometo, kiun trolaborado, malsanoj kaj spiritaj suferoj jam frue maljunigis, komencis per la kutimaj dankoj, komplimentoj kaj salutoj. Kaj poste:

'Karaj samideanoj! – En la daŭro de la lasta jaro en nia afero okazis faktoj, kiuj maltrankviligis por iom da tempo la mondon esperantistan. Nun ĉio jam denove trankviliĝis. Nia arbo, pri kiu mi parolis en Kembriĝo, en la pasinta jaro plej konvinke montris sian tutan fortecon kaj sanecon, ĉar malgraŭ la tute ne atenditaj atakoj, kiuj en la daŭro de kelka tempo kaŭzis grandan krakadon, la arbo konservis sian tutan potencon kaj perdis nur tre malmultajn foliojn. Malgraŭ la kaŝite preparitaj kaj rapide plenumitaj atakoj, kiuj ne donis al niaj soldatoj la povon dece orientiĝi kaj interkomunikiĝi, ĉiu el ili sur sia aparta loko staris forte kontraŭ ĉiuj forlogoj, kaj nur tre malmultaj lasis sin kapti per lertaj vortoj. Super la okazintaj faktoj ni povus sekve silente transiri al la tagordo. Tamen, por gardi niajn venontajn batalan-tojn kontraŭ similaj surprizoj, mi permesos al mi diri kelke da vortoj pri tiu temo. El la tempo pasinta ni ĉerpu instruon por la tempo venonta.'

Komence Esperanto estis malforta, sed 'niaj pioniroj laboris, kaj la afero kreskis'. Esperanto progresis; la epoko de reformpro-ponoj pasis jam; ĉio iris antaŭen en harmonio; oni enkondukis necesajn novajn vortojn, sed kviete; disdialektiĝo tute ne okazis, sed male. 'Nia afero regule kaj trankvile iras antaŭen. La tempo de la teoriaj juĝoj kaj de kliniĝado antaŭ ŝajnaj aŭtoritatoj jam de longe pasis. Se iu nun esprimas sian opinion aŭ konsilon pri

Esperanto, oni jam ne demandas, ĉu li estas homo grandfama aŭ ne – oni nur demandas, ĉu liaj konsiloj estas konformaj al la naturaj bezonoj kaj la natura irado de nia lingvo aŭ ne.'

'La longa kaj malfacila batalado nin hardis, kaj ne sole la voĉoj de apartaj personoj, sed eĉ la premo de ia granda potenco nun jam ne povus deklini la esperantistaron de ĝia klara kaj rekta vojo. Kia do estas la kaŭzo, ke en la pasinta jaro en nia tendaro subite naskiĝis tia granda vento, kiu en la daŭro de momento minacis alporti al ni tiom da malbono? Kiu estis tiu ŝajne grandega forto, kiu por momento enportis tian neatenditan konfuzon en nian mezon? Nun, kiam ĉio jam klariĝis, ni povas konfesi, ke ĝi ne estis ia eksterordinare granda potenco, ĝi estis simple kelkaj malmultaj personoj; sed la danĝereco de ilia atako konsistis en tio, ke tiu atako ne venis malkaŝe el ekstere, sed ĝi estis kaŝite preparita kaj tute neatendite aranĝita *interne* de nia tendaro.

'Ĝi estas historio, pri kiu mi ne volas paroli. Nun mi volas nur diri jenon: ni ĉiuj estas reprezentantoj de la ideo de lingvo internacia, ni faru kun ĝi, kion ni volas, sed ni agu honeste kaj ni memoru, ke pri niaj agoj la estonteco severe nin juĝos. Memoru, ke Esperanto estas nenies propraĵo, ke la esperantistoj havas plenan rajton fari kun ĝi ĉion, kion ili volas, se ili nur faros ĝin singarde, lojale kaj interkonsente. Nur por gardi nian lingvon kontraŭ anarĥio de la flanko de apartaj personoj, nia lingvo havas sian plej senpartie elektitan kaj el plej kompetentaj personoj konsistantan kaj konsistontan Lingvan Komitaton, kiu, dependante de neniu mastro, havas plenan rajton kaj plenan povon espliri kaj prezenti al la sankcio de la esperantistaro ĉion, kion ĝi volos. La Bulonja Deklaracio malpermesas nur, ke apartaj personoj rompu la lingvon *arbitre*, ĝi estas kreita nur por gardi la ekstreme necesan *kontinuecon* en nia lingvo. Se iu el vi trovas, ke ni devas fari tion aŭ alian, prezentu vian deziron al la Lingva Komitato. Se tiu Komitato ŝajnos al vi tro konservativa, tiam memoru, ke ĝi ekzistas ne por la plenumado de diversaj personaj kapricoj, sed por la gardado de la interesoj de la tuta esperantis-taro; ke pli bone estas, ke la Komitato faru tro malmulte, ol ke ĝi facilanime faru ian paŝon, kiu povus malutili al nia tuta afero. Ĉar vi ĉiuj konfesas, ke la esenco de nia lingvo estas ĝusta kaj oni povas disputi nur pri detaloj, tial ĉio bona kaj ĉio efektive necesa povas facile esti farata en ĝi per vojo lojala, en harmonio kaj paco [...]. Se iu diras al vi, ke oni devas ĉion krude rompi, se oni per ĉiuj fortoj kaj per ĉiuj eblaj rimedoj penas malkontentigi vin; se de la vojo de severa unueco, de tiu sola vojo, kiu povas konduki nin al nia celo, oni penas forlogi vin – tiam gardu vin! tiam sciu, ke tio kondukas al malordigo de ĉio, kion multaj miloj da personoj atingis por la granda ĉiuhoma ideo per multejara pacienca laborado.

'Mi finis.'

Nenian vorton li diris pri apartaj personoj; nenian vorton pri kalumnioj; nur la plej diskreta kaj milda aludo al perfido. Serena, feliĉa kaj feliĉigante, li daŭrigis peroracie:

'Pardonu al mi la malagrablan temon, kiun mi elektis. Ĝi estas la unua kaj espereble ankaŭ la lasta fojo en la historio de niaj kongresoj. Kaj nun ni ĉion forgesu; ni komencu la grandan feston, por kiu ni ĉiuj kunvenis el la diversaj landoj de la mondo; ni ĝoje pasigu nian grandan ĉiujaran semajnon de la pure homara festo. Ni memoru pri tio, ke niaj kongresoj estas ekzercanta kaj edukanta antaŭparolo por la historio de la estonta interfratigita homaro. Por ni estas gravaj ne iaj bagatelaj eksteraj detalaĵoj de nia lingvo, sed ĝia esenco, ĝia ideo kaj celo; tial ni antaŭ ĉio devas zorgi pri ĝia seninterrompa vivado, pri ĝia senhalta kreskado. Granda estas la diferenco inter homo-infano kaj homoviro; granda eble la diferenco inter la nuna Esperanto kaj la evoluciinta Esperanto de post multaj jarcentoj; sed dank' al nia diligenta gardado, la lingvo fortike vivos, malgraŭ ĉiuj atencoj, ĝia spirito fortiĝos, ĝia celo estos atingita, kaj niaj nepoj benos nian paciencon.'

Zamenhof sidiĝis. Eble lia grandanimeco eĉ pli ol liaj vortoj emociis la aŭdantaron, kiu kiel unu homo leviĝis. Tra la tondraj aplaŭdoj sonis krioj: 'Vivu Esperanto!', 'Vivu Zamenhof!', 'Vivu nia Esperanto!', 'Vivu honesteco!'

La nombro de fakaj kunvenoj kreskis. Okazis la unua kunveno de la Akademio de la Lingva Komitato. En la ekspozicio en Dresdeno oni jam povis vidi 60 diversajn esperantajn gazetojn, longajn vicojn de lernolibroj kaj skribmaŝinojn adaptitajn por Esperanto.

Post la Kongreso, Zamenhof ĉeestis propagandan kunvenon en Chemnitz, la 22an de aŭgusto; tie proksimume 500 ĉeestantoj aŭskultis francan kaj germanan paroladojn. La sekvantan tagon

Zamenhof kaj Klara iris al Loschwitz, kie la lokaj esperantistoj bonvenigis ilin per muziko, flagoj kaj floroj. Ili promenis ĝis Weisser Hirsch, bela vilaĝo, kuracloko, kie multaj vilaĝanoj jam lernis Esperanton. Klara kaj Zamenhof eĉ restis kaj dancis vespere: la familio ofte miris pri la nekutima forto, kiun Zamenhof iel ricevis dum kongreso.

Ili iris hejmen tra Berlino, kie la germana Ministro pri Klerigado akceptis Zamenhof, kaj tra Kopenhago, de kie li ekskursis al Hälsinbörg kaj Helsingør. Dum societa vespero li sidis flanke de dana esperantistino, Margrethe Noll, kiun ŝia instruisto elektis por tiu honoro: ŝi poste iĝis la ĉefa defendantino de Esperanto en Danujo, kie, pro la influo de la merite eminenta Jespersen, Ido dum tempo estis reala danĝero. Pri tiu konversacio Margrethe Noll memoris precipe, ke Zamenhof neniam parolis pri 'mia lingvo', sed ĉiam diris 'nia lingvo'. Zamenhof ripozis dum kelkaj tagoj en Bad Reinerz, poste reiris al la hejmo en Dzika Strato.

Ni scias tre malmulte pri la vivo de Zamenhof ekster liaj esperantistaj agadoj; laŭ la malmultaj dokumentoj ŝajnas, ke lia profesia vivo iris modere glate kaj rutine, sed ke li estis ĉiam preme okupita; li estis okulisto tre kompetenta, kun sufiĉe granda klientaro. Li neniam iĝis riĉa, kaj la longaj vojaĝoj al kongresoj ĉiam kostis al li gravajn oferojn; sed, post la turmentaj fruaj luktoj, lia enspezo sufiĉis por liaj modestaj bezonoj kaj vera mizero ne plu turmentis lin. Ankaŭ pere de Esperanto li finfine enspezis, iom, post tiom da noble ofera elspezado: li ricevis, ekzemple, vere utilajn kaj regulajn enspezojn de *La Revuo*. Li neniam perdis sian intereson pri la plej malriĉaj homoj en la kvartalo, kaj kutime dediĉis unu tagon, ofte du tagojn, ĉiusemajne al senpaga kuracado; li petis Adamon daŭrigi tiun ĉi kutimon. En la atendejo liaj pacientoj ĉiam trovis diversajn esperantajn gazetojn; Zamenhof ne plu devis sekreti pri sia lingvo. Oni ĝenerale estimis lin; eĉ armeaj kuracistoj akceptis senhezite liajn atestilojn, sciante, ke li ne estas koruptebla. Teorie, li kuracadis nur dum du horoj matene kaj du horoj posttagmeze, sed fakte li laboris multe pli longe preskaŭ ĉiutage.

Wanda Frenkel, estonta edzino de Adamo, por la unua fojo eniris la hejmon kiel eta pacientino, kies patro vizitis lernejon kaj universitaton samtempe kiel Zamenhof. Trovinte sin en la atendejo kun pacientoj, inter kiuj estis homoj tre malriĉaj, malpuraj aŭ kun naŭze malbelaj okulmalsanoj, la knabino tre timis; vokite en la kuracejon, ŝi kun tamburanta koreto rigardis la okuliston; sed kiam ŝi perceptis, kiaj neforgeseblaj bonkoreco kaj komprenemo radiis el la grizbluaj okuloj malantaŭ la okulvitroj, ŝi stoike permesis la necesan esploradon kun doloraj medikamentaj gutoj. Zamenhof laŭdis la kuraĝan knabineton, kaj ŝi diris poste, ke estis en tiu momento, ke ŝi decidis iĝi okulisto.

Ŝajnas, ke la familia vivo de Zamenhof estis kontentiga kaj relative trankvila. Kvankam li ne riĉiĝis pere de siaj libroj, ili enspezigis al li sufiĉon por iom plibonigi la vivostilon. La apartamento en Dzika Strato estis sufiĉe komforta kaj plaĉa. Zamenhof havis valoran libraron, ĉar ĉiuj esperantistaj verkistoj sendis al li siajn verkojn; kaj li ankaŭ havis interesan kolekton da memordonacoj kaj omaĝdonacoj, ofte valoraj. Kiel ĉiuj tiutempaj polaj familioj, kiuj ne vivis mizere, la familio havis servantinon. La familio povis ofte viziti la vilaĝon Miedzeszyn, malmultekosta semajnfina ripozloko por multaj varsovianoj.

La domo iĝis kvazaŭ pilgrimejo por esperantistoj, kaj Zamenhof kaj Klara ofte akceptis gastojn. Familiaj kunvenoj estis gravaj eventoj, kaj ĉiuj alte taksis la konsilojn de Lutek – intima karesnomo de Zamenhof. Multaj el la dua generacio memoris pri la fragotortoj kun kremo, kiujn Klara tiel bone preparis. Iu esperantista grupo unu fojon sendis al Zamenhof elegantan kukon kun verda stelo, okaze de lia naskiĝdatreveno; bedaŭrinde ĝi alvenis malfrue, jam ne bongusta. Ne ĉiuj donacoj tiel malbonsortis: ekzemple, letero al Moscheles, en 1907, dankis lin pro naskiĝdatrevena donaco de belaj pomoj kaj piroj, kiuj estis perfektaj.

Kvankam Zamenhof estis tiel memdisciplina, li neniam venkis sian kutimon de troa cigaredfumado, kvankam li sciis, ke tabako malbonigas lian sanon, kaj lia kuracisto, d-ro Kunig, plurfoje avertis lin pri la danĝero al la koro. Sentema kaj preskaŭ ĉiam sub premo de troa laboro; devigite, kiel preskaŭ ĉiuj verkistoj, praktiki du profesiojn, ĉar verkado ne enspezigas sufiĉajn vivrimedojn; kun nervoj nature iom malfortaj, kiujn ne nur trolaborado, sed konfliktoj kaj kalumnioj turmentadis, Zamenhof bezonis ian tian konsililon. Lia sano restis konstante nebona; sed, kvankam li devis kelkfoje mencii ĝin, por klarigi la maleblon fari ion, li evitis memkompatemon aŭ hipoĥondrion. Familianino rakontas kiel iam, kiel knabineto, ŝi vizitis lin kaj trovis lin inundita de forta nazkataro. Lia sola komento estis gaja: 'Mi ne kisas iun ajn hodiaŭ – mi estas malvarmuminta!' Kaj kiam la knabineto demandis, kial granda viŝtuko pendas sur lia seĝo, li klarigis: 'Mi uzas viŝtukon, ĉar naztuketoj kreus tro da laboro!'

En decembro 1908 li varme dankis s-inon Moscheles pro naskiĝdatrevena saluto, kaj, probable respondante al ia maltrankvila demando, diris: 'Mi havas efektive tre multe da laboroj kaj mi sentas min iom laca. Mi forte sopiras, ke mi povu iam ripozi, vere kaj plene ripozi kaj refreŝigi mian kapon. Tamen malsana mi ne estas.' Sed per noto sur la sama paperfolio Klara diris pri la sama temo: 'La sano de mia edzo estus en pli bona stato, se li povus eĉ iomete ripozi, sed bedaŭrinde li ĉiam tre laboradas kaj al tio ĉi li havas de tempo al tempo malagrablaĵojn, tial li estas en la lasta tempo pli nerva kaj ekscitita. Marŝi li ankoraŭ ne povas, tial li ĉiam sidas hejme apud sia skribotablo.'

En tiu hejmo en Dzika Strato oni ja konsilis kaj praktikis ĉiujn tiujn estimindajn, socie valorajn sed malvarmajn virtojn, kiujn Marko siatempe emfazis: honestecon, lojalecon, veramon kaj laboremon, eĉ ekscesan; sed nun la vivklimato estis pli varma. Zamenhof, kiu mem apenaŭ konis la karesemon de amanta patro, kies infanaj jaroj ofte estis intense malfeliĉaj, ne cedis al la ofta tento venĝi sin sur la postan generacion, sed iĝis milda, amema kaj komprenema patro. Li eĉ ne cedis al la pli nobla tento de multaj dediĉitoj: li ne oferis siajn plej proksimajn al granda nepersona celo.

Rilate al siaj infanoj li ne uzis la diktatorecan disciplinon de Marko. Korpaj punoj ne vundis la homan dignon de liaj gefiloj; sed liajn mildajn riproĉojn, bazitajn sur racio, ili longe memoris. Kelkfoje li sendis miskondutintan infanon stari en angulo; li konceptis pri puno nur kiel instruo, ke ni suferas konsekvencojn de niaj agoj. Li instruis siajn infanojn timi precipe mensogon de iu ajn speco. Li montris sin iom pli indulgema kun Lidja ol kun Adamo aŭ kun Sofia, kiu heredis la patrinan vervon, verŝajne parte pro la memfido, kiun sperteco donas, parte ĉar Adamo kaj Sofia naskiĝis dum la plej malfacila epoko de lia vivo.

En la granda Zamenhof-familio la provizo de ludemaj infanoj estis ĉiam abunda: kaj dimanĉe, posttagmeze, la Zamenhof-infanaro kutimis viziti unu el la hejmoj por amuzi sin kune. Kiam tiuj gekuzetoj kunvenis ĉe Onklo Lutek, ili ĝuis grandan liberecon por ludadi – sed la studĉambro restis rigore fermita kontraŭ ili. Vespere, tamen, Onklo Lutek iris al la familio en la salono, kie li sidis kviete en granda brakseĝo, iom apartigite de la aliaj, ekster la plej forta lumo, sed tute amikeca. Li estis eble la plej nebabilema, sed, kiam li volis diri ion, estis plej ofte io saĝa kaj utila. La infanoj volonte konfidis al li siajn etajn problemojn. Kelkfoje li partoprenis tre kviete en simpla kartludo nomata Okulo.

Zamenhof tiel vaste laboradis por Esperanto, ke estas facile forgesi, ke tiu krea, organiza, propaganda kaj konsila laboro okazis post tago da prema profesia laboro, post la foriro de eventualaj vizitantoj. Multaj taskoj estis faritaj post la noktomezo. Zamenhof laboradis super sia vasta korespondado, en kiu, malgraŭ urĝa okupiteco, li montris grandan ĝentilecon kaj delikatan atentemon al la sentoj de aliaj; super dokumentoj, kiujn li devis legi; super siaj verkoj originalaj kaj tradukaj. Klakadis dum tiuj noktoj la skribmaŝino kun la surskribo 'Ni laboru kaj esperu'. Iam eta Lidja trovis, ke la kovrilo de la skribmaŝino utilas kiel bonega bebveturilo por ŝiaj pupoj. Zamenhof mem iam laboris super projekto pri skribmaŝino; sed li forlasis siajn esplorojn, kiam li aŭdis pri jam farita pli bona maŝino.

Li ofte marŝadis en la ĉambro, kun la manoj malantaŭ la dorso; kelkfoje li zumadis ian melodion mallaŭte. Lia normala vizaĝesprimo estis milda kaj serena; sed li tre malofte ridis, kaj, laŭ infana memoro de Lidja, kiam li ridetis, nur la vangoj, ne la okuloj, ridetis.

Zamenhof mem kaj la tuta familio ŝuldis multon al Klara, brava, lojala, vigla dommastrino. Ŝi pli gaje kaj facile parolis, kaj grandparte gvidis la societan vivon en la hejmo: ĉarma gastigantino, sprita kaj verva, ŝi adoris la edzon kaj restis ankaŭ lia fidela, ege kompetenta sekretariino. Estis ŝi, kiu, post kongresvizitoj, rakontis pri la eventoj kaj ekskursoj, pri la honoroj kaj aplaŭdoj, kiuj bonvenigis Ludovikon. Oni ofte konversaciis en la familia rondo en Esperanto, kaj uzis la internacian lingvon por ordinaraj familiaj leteroj.

Oni flustris en la familio, ke unu el la malmultaj okazoj, kiam Klara montris sin malbonhumora, estis iom antaŭ la Bulonja Kongreso: Zamenhof mendis novan frakon por aspekti dece tie; sed poste li ne trovis tempon por viziti la tajloron, kaj Klara ploris pro ĉagreno, kiam li ekvojaĝis al la Kongreso kun frako, al kiu kelkaj plibonigaj steboj ankoraŭ mankis. Estis verŝajne tiu sama frako, kiun Zamenhof pruntis al sia nevo por lia edziĝfesto en Vilno en 1908.

Marko, diktatoreca, disciplinema, atendis, kvazaŭ pri rajto, mankison de siaj infanoj. Tiu ĝentilaĵo, tiel bela, nobla kaj kortuŝa, kiam ĝi estas spontana gesto de amo kaj estimo, tiel naŭze humiliĝa, kiam alia ordonas ĝin, ne tre plaĉis al la gustoj de Ludoviko: li neniam postulis mankison de siaj infanoj, sed la etoso de lia hejmo estis tia, ke ĉiuj tri infanoj kutimis kisi lian manon – pro spontana amo.

BARCELONO KAJ VAŜINGTONO

Novaj gazetoj aperis, kaj anstataŭis tiujn, kies redaktoroj dizertis al Ido. Je la fino de 1907, post longa sopirado kaj penado, la polaj esperantistoj ricevis permeson organizi veran, laŭleĝan nacian societon. Leono Zamenhof iĝis la unua redaktoro de 'Pola Esperantisto', eldonita en Varsovio. La fidela Nylén kaj kelkaj lojalaj helpantoj tiel bone rekonstruis la svedan movadon post la Ido-skismo, ke meze de oktobro jam ekzistis nova societo – iom poste nomita Sveda Esperanto-Federacio –, ankoraŭ nun floranta kun bona gazeto.

Zamenhof iel trovis la tempon, en januaro 1909, por verki serion de tri artikoloj pri la eblo de simpligita, reformita jida lingvo por judoj ĉie en la mondo: la artikoloj aperis en la jida gazeto *Lebn und Visnshaft* en Vilno. La *Jida Gramatiko*, kiun li iam verkis, estas konservita inter la manuskriptoj ĉe la Hebrea Universitato de Jerusalemo. Li ankaŭ multe okupis sin pri esperantaj lingvaj demandoj, ĉar la nova Akademio de Esperanto, elektita en 1908 de la pli granda Lingva Komitato kaj akceptita kiel la plej alta instanco pri tiaj demandoj, volis diskuti pri ili.

La kvina Universala Kongreso okazis en Barcelono, kontraŭ fono nigre tragika, sed kun kelkaj gajaj sparkoj de hazarda komiko. La hispana kaj la kataluna esperantistaj societoj, jam en februaro, ekplanis imponan programon, kiu inkluzivis multajn belartajn konkursojn. Sed en julio, ribelo de katalunaj iredentistoj, indignaj parte pro koloniisma milito en Norda Afriko, eksplodis; kaj dum la tielnomita 'Tragika Semajno' oni detruis pli ol sesdek preĝejojn kaj aliajn domojn dediĉitajn al religio; sekvis ĝenerala striko; la 27an kaj 28an de junio okazis pli drasta ribelo, kvankam la kolero de la popolo trafis precipe monumentojn, kaj atencoj kontraŭ personoj estis maloftaj. La venĝo de la registaro estis multe pli sangavida, ol la ribelo mem. Komprenelbe, dum kelka tempo ŝajnis, ke la Universala Kongreso ne povos okazi. Sed komence de septembro Barcelono estis denove trankvila, almenaŭ supraĵe; armitaj kavalerianoj gardpromenis surstrate. La 1an de septembro, Francisco Ferrer, iama fervojisto, kiu iĝis hispana pioniro pri neeklezia klerigado kaj pri socialismo, estis arestita kaj akuzita pri subteno al la kataluna ribelo. Unu tagon post la fino de la Universala Kongreso, militista tribunalo, post farse maljusta proceso, kondamnis Ferrer, kiu estis mortpafita, kriante antaŭ la fusiloj: 'Vivu la Moderna Lernejo!', la 13an de septembro. Post tri jaroj indignado preskaŭ tutmonda devigis la hispanan ĉefan militistan konsilantaron konfesi lian senkulpecon. En tia atmosfero de perforto, malamo kaj maljusteco, sub la ombro de estonta martiro, okazis la Kongreso en Barcelono.

Tiu atmosfero malgajige pensigis pri la maljustaĵoj, kiujn Zamenhof vidis en la propra patrujo. Sed li kaj pli ol mil kongresanoj kuraĝe iris al la maltrankvila regiono. Post tre longa vojaĝo, Zamenhof alvenis Barcelonon la 4an de septembro. La reĝo mem disponigis al li kortegan kaleŝon kun ok ĉevaloj, montris intereson pri la Kongreso kaj konsentis iĝi ĝia honora prezidanto. La Kongreso grandparte sekvis la jam starigitajn tradiciojn, sed kun Floraj Ludoj – la unuaj belartaj konkursoj ĉe esperanta kongreso. Tiuj konkursoj stimulis diversajn artlaborojn, kaj certe plaĉis al Zamenhof, kiu ofte emfazis la gravecon de literaturo por la progreso kaj fortigo de Esperanto. Profesiaj geaktoroj prezentis la katalunan dramon *Mistero de doloro* en Esperanto; la aŭtoro, Adrià Gual, mem reĝisoris la prezentadon, kiu tiel bone sukcesis, ke en 1914 oni esperis denove utiligi tiujn talentojn ĉe Universala Kongreso en Parizo. Frederic Pujulà i Vallès faris la tradukon. Inter la pli neatendeblaj ceremoniaj taskoj, kiujn Zamenhof faris, estis juĝado ĉe biciklaj kaj motorbiciklaj vetkuradoj, la 10an de septembro; iom pli taŭge, li pilgrimis al statuo de la kataluna poeto Aribau, kiu estis profetinta, ke iam internacia lingvo portos fratecon al la homaro.

La Kongresparolado de Zamenhof estis tre mallonga kaj konsistis grandparte el decaj komplimentoj: ne estus prudente paroli pri pli gravaj temoj en urbo, kie homoj antaŭ nelonge interbatalis pro religiaj, politikaj kaj gentaj konfliktoj. Li tamen kaptis la okazon klarigi iom pri si mem, iom kortuŝe:

'Sed dum ĉiu el vi prepariĝas al nia komuna festo kun koro tute ĝoja, mi faras tion saman ĉiam kun koro iom peza, ĉar en niaj kongresoj la sorto donis al mi rolon kvankam tre flatan, tamen samtempe ankaŭ tre ŝarĝan: mi estas devigata akceptadi honorojn, kiuj apartenas ne al mi. Prave aŭ malprave la mondo vidas en mi ĉiam la naturan reprezentanton de la anaro esperantista, la simbolon de la esperantismo, de la esperantista lojaleco kaj unueco; kaj ĉar la homoj ne povas esprimi siajn sentojn al io abstrakta, tial ĉiuj esprimoj de simpatio kaj entuziasmo por la esperantismo direktiĝas sub mia adreso.

'Ekzistas tamen personoj, kiuj tion ne komprenas aŭ ne volas kompreni; ili envias la flagon pro la honoroj, kiuj estas farataj al ĝi; ili vidas en mi personon, kiu kvazaŭ ludas la rolon de ia reĝo. Jen estas la kaŭzo, pro kiu mi ĉiam kun peza koro veturas al niaj kongresoj. Forte, tre forte mi dezirus forrifuzi mian por mi tro turmentan rolon, kaj stari ne antaŭ vi, sed inter vi; sed la afero ne dependas de mia volo, ĝi dependas de diversaj cirkonstancoj, antaŭ kiuj mi devas min klini, se mi ne volas malutili al nia movado. Tial ankaŭ hodiaŭ mi staras antaŭ vi kiel simbolo de via afero kaj de via unueco, kiel via konkreta reprezentanto; mi akceptas ĉion, kio estas destinita por vi, kaj mi ĉion fidele transdonas al vi, popolo esperantista.'

Post la streĉa programo de kongresa semajno, Zamenhof kaj Klara kredeble esperis, ke la postkongresa ekskurso al Valencio estos iom ripoziga; sed tiu vojaĝo iĝis eksterordinara miksaĵo de triumfprocesio kaj akcident-varieteo. Proksimume cent dudek kongresanoj trafis vagonaron el Barcelono je la oka matene; sed la alveno de Zamenhof kaj Klara nur kvin minutojn antaŭ la foriro estis aŭgura por la tuta vojaĝo. Amikoj iel enŝtopis Zamenhof, Klaran, generalon kaj sinjorinon Sebert kaj la sekretarion de Sebert, kun multaj pakaĵoj, en la lastan kupeon.

Taragono estis sur la limo inter la laborterenoj de du fervojaj kompanioj; tial subite, sen averto, oni malkuplis la vagonon, en kiu Zamenhof sidis. La multaj esperantistoj, kiuj tuj kuris por helpi Zamenhof el tiu vagono kaj en alian, montris pli da bonvolo ol da organizkapablo: Zamenhof trovis sin en unu kupeo, Klara estis en alia, generalo Sebert en tria kaj sinjorino Sebert en kvara. Rearanĝinte sin kaj kalkulante siajn pakaĵojn, ili rimarkis, ke la mantelo de Sebert kaj la mansako de Klara perdiĝis ...

Tagmeze, la vagonaro haltis denove. Kapoj aperis ĉe la fenestroj: la esperantistoj nun vidis gestantan hispanan stacidomestron, plurajn fervojistojn kaj multajn samideanojn, kiuj trenis aliajn el vagono; jen Zamenhof mem sur la perono, kaj aliaj, kiuj maltrankvile palpis lin kaj demandis pri lia farto. Iu ne sufiĉe ŝmiris la aksojn de la vagono – kaj pro tio ĝi ekflamiĝis. Feliĉe, neniu estis vundita; post multa bruo kaj konfuzo, kaj la perdo de kelkaj aliaj pakaĵoj, la grupo eksidis en nova vagono kaj komencis ĝui la preterpasatajn pejzaĝojn.

Ĝis tiam, la vetero estis tre bela; sed nun kelkaj blankaj nubetoj aperis, kaj baldaŭ la ĉielo iĝis minace griza. En Tortosa la kongresanoj forlasis la vagonaron por tagmanĝi; dum ili ĝuis bonan manĝon, ekpluvegis: ili revenis kaj trovis miniaturajn akvofalojn, kiuj fluis en la kupeojn tra lampotruoj. En unu kupeo, iu sinjorino iom haltigis la fluon per ĉifita ĵurnalo – ĝis ĝi pleniĝis, ŝvelis, krevis kaj duŝis la kalvan kapon de malbonŝanca sinjoro. Eĉ sinjorino kun ĵurnalo ne troviĝis en la kupeo de Zamenhof, kiun oni vidis staranta sur la benko, premanta sin kontraŭ la vandon, por eviti la akvon. Tamen, finfine, savite de devojiĝo, rostiĝo kaj dronado, Zamenhof povis dum tempo admiri la oranĝajn kaj karobajn arbarojn. Grupoj de esperantistoj sur multaj stacidomoj salutis la ekskursantojn, kun donacoj, floroj kaj kantoj; en Sagunto la esperantista grupo donacis al Zamenhof keston da bonodoraj oranĝoj, kaj disdonacis oranĝojn kaj oranĝflorojn al ĉiuj.

La ekskursantoj alvenis Valencion iom antaŭ la sesa vespere. Salutis ilin ne nur la lokaj esperantistoj kun orkestro, kiu ludis la esperantan himnon, sed amaso da ordinaraj valencianoj, kiuj aŭdis ion pri Zamenhof kaj volis bonvenigi lin precize tiel, kiel, antaŭ du monatoj, ili bonvenigis vizitantan princon. Zamenhof kaj lia lingvo entuziasmigis la hispanajn laboristojn ĉie. Aplaŭdoj salutis lin ĉiufoje, kiam li montris sin sur la balkono de la Palaca Hotelo. La hispana reĝo donis al li la ordenon de Izabela la Katolika.

Nova ŝoko malbonfaris al lia sano: la sekvantan tagon, ekskursantoj reveninte el Sagunto trovis en la stacidomo tre malĝojan Zamenhof kun Sebert kaj aliaj. Parto de la malnova romia muro en Sagunto falis sub la pezo de tro multaj turistoj; kelkaj esperantistoj falis iom longan distancon kaj rubŝtonoj falis sur ilin. Fakte tiu ĉi akcidento vundis nur kvin, kaj ne grave; sed iu senrespondeca ĵurnalisto, ne kontrolinte, tuj telegrafis al Valencio, ke kvin esperantistoj mortis.

Dum la revenvojaĝo al Varsovio, Zamenhof vizitis Ostwald en Dresdeno, poste iom ripozis kaj kuraciĝis en Bad Reinerz, kie, eĉ post la grandioza akcepto en Hispanujo, li impresis la germanan esperantiston Behrendt, kiu vizitis lin, ĉefe per tre malofta uzo de la vorto *mi*. Alia esperantisto, Julie Wolfson, vizitis lin kun malgranda grupo, trovis lin kaj Klaran tre amindaj kaj ridetis pri eta Lidja, 'sesjara blondulineto, kiu jam plene komprenis la signifon de la vorto *ĉokolado*.'

Oni festis la kvindekan naskiĝdatrevenon de Zamenhof en multaj landoj. Li ricevis tiom da donacoj kaj salutoj, ke li devis peti, ke la esperantistaj gazetoj publikigu ĝeneralan dankesprimon pri la multaj 'telegramoj, leteroj, poŝtkartoj, gazetartikoloj, libroj, manuskriptoj, fotaĵoj, k.t.p.' La aŭstraj esperantistoj sendis al li speciale belan albumon kun bildoj kaj subskriboj. En Varsovio okazis granda festo, kun koncertoj kaj solenaĵoj, kiujn entute pli ol sep cent homoj ĉeestis. Aliaj festoj okazis en Lvovo, Lodzo, Piotrków, Kielce kaj aliaj urboj polaj, kaj en multaj urboj en multaj aliaj landoj. Zamenhof mem insistis, ke ĉiuj donacoj, salutoj kaj festoj rilatis al Esperanto, ne al li; sed li estis verŝajne la sola, kiu opiniis tiel.

Oni komencis plani sesan Universalan Kongreson en Vaŝingtono, kvankam dum mallonga tempo tiel malbelaj onidiroj pri tiuj planoj komencis rondiri, ke Zamenhof mem devis interveni. Dume, Esperanto bone progresis en Rusujo, kaj utila gazeto, *La Ondo de Esperanto*, aperis. Iam ĝi publikigis ironie bonhumoran artikolon pri la malfacilaĵoj pri esperantistaj societoj en Rusujo, kie burokratismo ankoraŭ tre malhelpis. La verkinto tamen memorigis al rusaj esperantistoj, ke ili rajtas starigi societon 'sen reguloj', tute laŭleĝe, se du semajnoj jam pasis post permesopeto kaj la registaro ankoraŭ ne respondis. Valora privilegio, tie, kie la registaro estis malrapidema. Rusaj esperantistoj devis peti permeson eĉ por okazigi kurson pri Esperanto. Estis tamen laŭleĝe aranĝi 'kunvenon por studi Esperanton', kondiĉe ke oni informu la lokan policon tri tagojn antaŭe; tiam oni rajtas instrui, se unu el la lernantoj estos policano ...

La unua rusa nacia kongreso pri Esperanto okazis en S. Peterburgo en majo 1910; Zamenhof ĉeestis. Estis tie, ke li konsilis uzadon de Esperanto en eĉ ununaciaj kunvenoj de esperantistoj – kutimon, kiu ja pruvis sin ŝlosilo al vere altnivela esperantista kulturo; en parolado en la Aleksandra Halo de la Urbkonsilantara Domo, li diris:

'Estimataj sinjorinoj kaj sinjoroj! – Vi eble miros, ke mi parolas al vi ne Ruse, sed Esperante; vi eble diros, ke ĉar ni havas nun kongreson de samregnanoj kaj ĉiuj, aŭ almenaŭ preskaŭ ĉiuj ĝiaj partoprenantoj komprenas tre bone la saman lingvon, estas multe pli nature paroli al ili en tiu lingvo. Ekzistas tamen gravaj kaŭzoj, pro kiuj mi elektis por mia parolo tiun lingvon, por kiu ni batalas kaj por kiu ni kunvenis.

'Niaj kongresoj, ne sole la universalaj, sed ankaŭ la naciaj, havas antaŭ ĉio signifon instruan kaj edukan. Esperantistoj, disĵetitaj en diversaj urboj kaj urbetoj, kunvenas en pli aŭ malpli granda amaso, por aŭdi nian lingvon, por kontroli, ĉu ili ĝuste ellernis la lingvon, ĉu ili bone ĝin komprenas, por kompari sian propran manieron de parolado kun la parolmaniero de pli spertaj esperantistoj. Kiam ili poste revenas hejmen, ili ne sole mem parolas pli pure, sed ili alportas modelon de bona parolado al tiuj, kiuj restis hejme. Tiamaniere la kongresoj reguligas la uzadon de la lingvo, kaj dank' al niaj kongresoj jam nun oni parolas Esperanton perfekte egale ne sole en la plej malproksimaj anguloj de ĉiu aparta regno, sed en ĉiuj plej malsamaj lokoj de la tuta tera globo. Jam nun, kiam oni aŭdas bonan kaj spertan esperantan oratoron, oni neniel povas diveni, al kiu nacio aŭ lando li apartenas. La plena aŭtonomia vivo de nia lingvo, kun ĝia absolute propra, ne pruntita kaj ne imitita spirito, ĉiam pli kaj pli fortikiĝas tiamaniere, kvazaŭ ĉiuj esperantistoj de la mondo loĝus kune sur unu malgranda peco da tero.

'Ne malpli grava estas la *eduka* signifo de la esperantistaj kongresoj. Izolitaj esperantistoj, kiuj neniam havis la eblon praktike apliki tion, kion ili lernis, ofte dubas, ĉu efektive per Esperanto oni povas tute bone interkompreniĝi. Eĉ interne de la esperantistaj grupoj oni ofte ne kuraĝas paroli esperante, oni balbutas, oni preferas paroli en sia nacia lingvo, kaj proporcie al la nekuraĝeco de la parolado aperas ankaŭ nekuraĝeco de propagando, ĉar la esperantistoj-balbutantoj malgraŭvole ne povas liberigi sin de la timo, ke eble tamen Esperanto estas afero pli teoria, ol praktika. Sed kiam la balbutanto venas al kongreso, kie li havas la eblon aŭdi bonajn kaj spertajn esperantistajn oratorojn, kiam li per siaj propraj oreloj kaj okuloj konvinkiĝas, kiel bele kaj flue oni povas paroli en Esperanto, li entuziasmiĝas, li vidas, ke li laboras por io viva kaj vivoplena, li revenas hejmen kun nova kuraĝo kaj energio. Niaj kongresoj, ne sole la universalaj, sed ankaŭ la lokaj, tiamaniere edukas konvinkitajn, sekve ankaŭ entuziasmajn batalantojn por nia afero.'

Alian temon, iom danĝeran, li tuŝis delikate kaj prudente, sed tiun temon li certe sentis kiel gravan:

'Ankoraŭ dum longa tempo efektivaj kaj sincere partoprenataj kongresoj de la ruslandaj popoloj povos okazi nur sur fundamento neŭtrala. La unua el tiaj kongresoj estas la nuna tutruslanda kongreso esperantista. En la kongreso, kiu nun malfermiĝas, ne ekzistos konkurantoj kaj malamikoj, nek ekzistos humiligantoj kaj humiligatoj, ekzistos nur samideanoj kaj samregnanoj.'

Aliaj paŝoj antaŭen okazis en aliaj landoj: la rumanaj esperantistoj okazigis sian unuan nacian kongreson en 1909; Esperanto komencis vere progresi en Portugalujo; oni trovis specialan esperantan informejon ĉe la Internacia Aviada Ekspozicio en Frankfurto; dum la sekvanta jaro, la Itala Esperantista Federacio fondiĝis; en Augsburg, en julio, okazis la unua sendependa kunveno de UEA. 1.330 esperantaj libroj estis jam aperintaj antaŭ la fino de 1909.

En junio 1910 Zamenhof kaj Klara vizitis kelkajn esperantistojn en Ciechocinek, kien kelkaj aliaj esperantistoj el Bromberg iris por renkonti ilin.

Sed baldaŭ Zamenhof kaj Klara faris vojaĝon multe pli longan: la 2an de aŭgusto, ili ekvojaĝis el Bremen en la ŝipo *George Washington*, kiu, la 3an, haltis en Southampton. Tie kelkaj esperantistoj el Portsmouth salutis per kantoj; post vizito al Cherbourg, la granda ŝipo transiris la Atlantikon kaj alvenis Novjorkon la 11an de aŭgusto. Zamenhof kaj Klara pasigis du tagojn tie por iom rigardi la urbon. Tie amiko de kolonelo Pollen pruntis al ili kaj al tri germanaj esperantistoj grandan aŭtomobilon; tiel ili facile vizitis Fifth Avenue, Central Park kaj Riverside. Kolonelo Pollen ankaŭ amikiĝis kun la posedanto de luksa vaporjaĥto, kiun Zamenhof kaj Klara povis trarigardi; vizito al vendejoj en la juda kvartalo interese kontrastis.

Zamenhof kaj Klara alvenis Vaŝingtonon la 13an de aŭgusto, je la 4.30a vespere; tie ili loĝis en la hotelo Arlington. Relative malgranda estis la ekstereŭropa kongreso, sed laŭ siaj cirkonstancoj ĝi estis sukcesa: 83 eŭropanoj ĉeestis inter la 357 kongresanoj. Kiam Zamenhof leviĝis por paroli en la Solena Malfermo, la matenon de la 15a, li tuj montris, kiel Usono lumigis lian fantazion:

'Lando de libereco, lando de estonteco, mi vin salutas! Lando, pri kiu revis kaj nun ankoraŭ revas multaj suferantoj kaj senkulpaj persekutatoj, mi vin salutas! Regno de homoj, kiu apartenas ne al tiu aŭ alia gento aŭ eklezio, sed al ĉiuj siaj honestaj filoj, mi klinas min antaŭ vi, kaj mi estas feliĉa, ke la sorto permesis al mi vin vidi kaj spiri almenaŭ dum kelka tempo vian liberan, de neniu monopoligitan aeron.

'Saluton al vi, Usono, plej potenca reprezentanto de la nova mondo. Ni, filoj de la malnova kaj maljuna kontinento, venis al vi kiel gastoj; sed ne vidama turismo enŝipigis nin, ne la espero de ia komerca akiro pelis nin al via bordo; ni venis al vi, por alporti al vi novan senton kaj novan ideon, ni venis, por alporti novan kuraĝon al tiuj niaj samideanoj kaj samidealanoj, kiuj ĝis nun laboris inter vi kaj kies vortoj pri ia nova popolo eble ŝajnas al vi tro fabelaj. Peco de tiu miksdevena kaj tamen lingve kaj kore unuigita popolo nun staras antaŭ vi reale kaj vivante. Rigardu nin, aŭskultu nin, kaj konvinkiĝu, ke ni ne estas fabelo.'

Ne estis mirinde, ke judo el rusa Polujo perceptis ian freŝecon en la atmosfero.

'Ni estas diversgentanoj, kaj tamen ni sentas nin kiel samgentanoj, ĉar ni komprenas nin kiel samgentanoj, havante nenian bezonon humiligi aŭ fremdlingve balbutigi unu la alian. Ni esperas, ke dank' al nia laborado pli aŭ malpli frue la tuta mondo similiĝos al ni kaj fariĝos unu granda homa gento, konsistanta el diversaj familioj, interne apartlingvaj kaj apartmoraj, sed ekstere samlingvaj kaj sammoraj.'

Por aŭdantaro grandparte nova, Zamenhof iom reklarigis la

konceptojn de esperantismo kaj temojn jam multe priparolitajn, precipe pri la evoluo de la lingvo. La Kongreso mem estis la jam kutima miksaĵo de aferkunsidoj, festaj okazoj, kulturaj aranĝoj kaj turismo. Vaŝingtono tre varme akceptis siajn gastojn. La *Washington Evening Star*[38] eĉ presigis ĉeftitolon en Esperanto: *Zamenhof alvenas.* Tri usonaj ŝtatoj kaj tridek alilandaj registaroj sendis oficialajn reprezentantojn; aparte plaĉis al la kongresanoj eta ĉinlingva parolado de Lu Ping Tien el la ĉina ambasadejo, kun la tuja traduko en Esperanton farita de kongresano el Filipinujo.

Iam dum la posttagmeza sesio de la unua tago, iu sinjoro Sharpe, salutante por Britujo, menciis grupon en Torquay, 'kiu konsistas el 120 esperantistaj *sinjorinoj*, kaj ili ne nur sendas tre korajn salutojn al nia Majstro, sed petas, ke mi transdonu unu varman kison de ĉiu el ili'. Oni povas imagi la gajan ridon en la halo! Sed oni akceptis la kisojn 'kiel donitajn' por ŝpari tempon.

Dum kunveno de la Lingva Komitato, Zamenhof aparte emfazis la dezirindecon elekti kelkajn slavojn al ĉiuj komitatoj por studi lingvajn demandojn, ĉar ili, malpli proksimaj al la tiam ĉefaj eŭropaj lingvoj, povis pli bone kontroli la internaciecon de proponitaj radikoj. Unika ero en la programo estas la liberaera prezentado de la dramo de Ŝekspiro *Kiel plaĉas al vi*, en la modere bona traduko de D-rino Ivy Kellerman-Reed; loka grupo de profesiaj geaktoroj, kiuj eklernis Esperanton antaŭ nur kvin semajnoj, sukcese prezentis ĝin. Mankis la kutimaj pitoreskaj naciaj kostumoj – tiaj vestaĵoj estas ofte tre malfacile pakeblaj – sed

---

38 Angle: Vespera Stelo de Vaŝingtono.

ĉe la Kongresa Balo kolonelo Pollen aperis en ia stranga orienta kostumo kiel 'la Reĝo de Esperantolando', kaj usona esperantisto, s-ro Baff, portis la stelojn kaj striojn de Onklo Sam[39].

Post la Kongreso Zamenhof kaj Klara ĝuis postkongresan ekskurson, kiu komenciĝis la 21an de aŭgusto. Ili vojaĝis per Pullman-vagono (luksvagono) ĝis Buffalo, ĝuante belegajn montarajn panoramojn; poste, per ekskursa vagonaro, al Niagaro. La sekvantan tagon, Zamenhof renkontis kelkajn familianojn post dudekjara disiĝo: onklinon, s-inon Nathan Lewis; kuzinon, Helen Lewis, kaj kuzon, Jack Zamenhof, kiu eskortis lin al Montreal, kie aliaj gekuzoj atendis lin, kaj dudek Zamenhof-familianoj ĉeestis festan vespermanĝon. Tiuj familianoj gastigis Zamenhof kaj Klaran en la Hotelo Windsor. Unufoje ĵurnalisto intervjuis ilin, sed alie ili ĝuis iom da paco kaj ripozo, veturis al la familia somerumejo en Beaconsfield, apud la rivero Saint Lawrence, kaj ekskursis sur la kamparo. Kelkaj familianoj komencis lerni Esperanton, kaj promesis daŭrigi tiujn studojn.

La 3an de septembro, Zamenhof kaj Klara ekvojaĝis el Novjorko sur la ŝipo *Kaiserin Augusta*. Marie Hankel, dediĉita germana esperantistino kaj poetino, ofte sidis apud Zamenhof, kiam li ripozis sur ferdeka tolseĝo. Ŝi kredis lin bonfarta sur la ŝipo, sed malforta. Li diris al ŝi: 'Mi ne estas parolema, do pardonu min, se mi restos silenta. Sed se vi volos paroli aŭ demandi al mi pri io, mi ĉiam estos preta respondi. Mia legado ne estas grava kaj mi tute volonte interrompos ĝin.' Marie Hankel rimarkis kiel,

---

39 Usono.

dum konversacioj, li ĉiam sentigis, ke por li la opinioj de aliaj esperantistoj same valoras kiel la propraj; pri la idistoj li estis tute serena. Li aprobis la enkondukon de necesaj novaj vortoj, kaj kredis, ke nur tiuj, kiuj estos vere bezonataj, vivos. Li deziris, ke oni traduku la sanktajn librojn de ĉiuj religioj; li mem jam eklaboris super traduko de la Malnova Testamento. 'Se ĉiuj fondintoj de ĉiuj religioj povus persone renkontiĝi, ili premus unu al la alia la manon en amikeco, ĉar ĉiuj havis la saman celon: igi homojn pli bonaj kaj pli feliĉaj.'

Kiam Zamenhof alvenis Varsovion, la tieaj geamikoj opiniis, ke li aspektas multe pli sana post la longa marvojaĝo kun deviga ripozperiodo. Sed baldaŭ li ĵetis sin denove en kolosan programon de leteroj kaj tradukoj.

Oni planis Universalan Kongreson de Rasoj por julio en 1911, en Londono; jam en septembro 1910 Zamenhof verkis en Esperanto memuaron pri la temo, celante, ke iu traduku ĝin en la francan kaj proponu ĝin al la sekretario de tiu kongreso. Sebert poste faris la tradukon. Zamenhof argumentis, ke la kaŭzoj de interrasaj kaj internaciaj konfliktoj estas pli psikologiaj ol ekonomiaj, ke ekonomiaj kaŭzoj estas grandparte pretekstoj. Li tamen (verŝajne pripensinte tiun novan temon post la vizito al Usono) opiniis, ke multaj blankuloj sentas tute sinceran antipation kontraŭ nigruloj; sed tion li kredis, ne reala rasa antipatio, sed devenanta el sento, ke la negroj estas primitivaj, barbaraj: tiu antipatio ŝanĝiĝos al estimo post la pliciviliziĝo de la negroj. Zamenhof ankaŭ menciis, ke ĉiuj rasoj estas pli-malpli miksitaj kaj ke vera 'rasa pureco' ne

ekzistas: paroli pri 'sango' tiusignife estis grandparte sensenca.
Zamenhof opiniis, ke la rimedo kontraŭ interrasaj malamoj estos
la alpreno de unu lingvo, unu religio:

'*Principe* ĉiu amanto de la homaro sekve devas celi al tio, ke
la tuta homaro havu unu lingvon kaj unu religion. Sed ĉu prak-
tike tio estas necesa? Ne! Malfeliĉiga por la homaro estas ne la
ekzistado de la gentoj, sed ilia ĝis nun tute neevitebla reciproka
altrudiĝado. Ĉiufoje, kiam mi volas interrilati kun aligentano,
estas nepre necese, ke aŭ mi altrudu al li mian lingvon kaj mo-
rojn, aŭ li altrudu al mi siajn. Kiam malaperos tiu bedaŭrinda
neceseco de altrudado, tiam malaperos la intergenta malamo.' Kaj
esperantaj kongresoj jam pruvis la eblecon de internacia lingvo.

Konfliktoj inter esperantistoj tro ofendiĝemaj kaj suspektemaj
ofte malhelpis Zamenhof kaj plimalbonigis lian sanon; precipe
afliktis lin tiutempa rivaleco inter UEA de Hodler kaj Centra
Oficejo de Sebert, kaj kvereloj inter francaj esperantistoj. Li
ankaŭ finfine sentis necese publikigi respondon al kelkaj idistaj
kalumnioj, ĉar ili misprezentis lian rilaton kun Hachette.

Li preskaŭ ne vizitis la sepan Universalan Kongreson: la 28an
de junio 1911, li skribis malglatan rapidan leteron al Sebert:

'Kara Generalo!

'Kun granda bedaŭro mi rapidas sciigi Vin, ke al la Antver-
pena Kongreso mi ne povos veni.

'En la lasta tempo mi sentas min ĉiam pli kaj pli malbone. La
irado estas por mi tre malfacila (pro arteriosklerozo kaj manko
de pulso en la piedoj), ĉiu laboro min baldaŭ lacigas.

'Mi devas nur nepre iom kuraci min, kvankam mi ne scias, ĉu la kuracado multe min helpos. Kie kaj kiamaniere mi pasigos la someron, mi ankoraŭ ne scias. Ĉirkaŭ la 10an de Julio mi verŝajne forveturos al Bad Kissingen en Germanujo.

'Ne dezirante, ke oni sciu tro frue pri mia nevenado al Antverpeno, mi skribas pri tio dume nur al Vi kaj al s-ro Van der Biest.'

Sebert persvadis lin viziti la Kongreson. Li promesis paroli por defendi Sebert kaj Boirac en kazo de atako, sed kredis, ke alie li devos resti neŭtrala pri ĉiuj organizaj demandoj. La kuracado en Bad Kissingen ne multe helpis lin. La kuracistoj konsilis 'longan periodon de ripozo kaj trankvileco'.

Kaj tian kuracadon Zamenhof neniam povis ricevi.

ANTVERPENO KAJ KRAKOVO

La 18an de aŭgusto 1911, Zamenhof alvenis Antverpenon kun Klara; oni, kiel kutime, bonvenigis lin entuziasme. Kongresanoj plenŝtopis la Leys-Halon en la urbodomo por la akcepto ĉe la urbestro; tiuj, kiuj ne sukcesis enpuŝi sin, amasiĝis sube en la placo kaj kriadis 'Vivu! Vivu!' La urbestro donacis al Zamenhof la pokalon de la tosto; poste li donacis al Klara tiun parton de la urba blazono, kiu estis donacebla: tri ruĝajn rozojn. Dum Zamenhof kaj kelkaj aliaj subskribis la Oran Libron de la Urbo, iu ekkantis la Himnon; respondis voĉoj el la placo, ĝis ĉiuj kantis: multaj virinaj voĉoj donis kortuŝan purecon al la melodio.

Espereble la plimulto de la 1.733 kongresanoj ne sciis pri tiuj konfliktoj, kiuj deprimadis Zamenhof, turmentis liajn nervojn kaj mallongigis lian vivon. Por tiu plimulto, la sepa kongreso estis sukceso grandioza: la komitato, kiun ĉiuj kompreneble nomis 'la Sepo por la Sepa', bonege laboris. La dediĉita prezidanto, doktoro Amatus van der Biest-Andelhof, fakte tiel laboregis, ke li tiamaniere kondamnis sin al morto en la sekvanta jaro. Van der Biest-Andelhof ankaŭ tradukis *Kaatje*, franclingvan versan dramon kvaraktan de la ĵus famiĝinta belga verkisto Paul Spaak: profesiaj geaktoroj prezentis ĝin en la Operejo. La sama talentulo komponis akompanan muzikon kaj gvidis la orkestron. Aliaj prezentadoj estis: originala esperanta revuo, la *Revuo de la Sepa*, kun pli ol 100 rolantoj; amatora koncerto; amatora prezentado de unuaktaj dramo kaj komedio.

La belga ministro por alilandaj aferoj invitis ĉiujn landajn registarojn, kiuj havis reprezentantojn en Belgujo, sendi delegitojn al la Kongreso: dekkvar registaroj akceptis la inviton. La reĝo mem iĝis Oficiala Protektanto de la Kongreso, kaj 70 eminentaj belgoj sekvis lian ekzemplon.

Mallonga estis la kongresparolado de Zamenhof. Post rutinaj komplimentoj kaj omaĝo al Schleyer okdekjaraĝa, Zamenhof parolis pri la organiza demando:

'En sia privata esperantista vivo ĉiu persono aŭ grupo aŭ asocio estas kompreneble tute liberaj kaj povas agi, kiel ili volas kaj povoscias; sed pri ĉiuj demandoj, duboj aŭ entreprenoj, kiuj koncernas la tutan esperantan aferon, estas nepre necese, ke ni havu la eblon ĉiam scii la veran opinion aŭ deziron de la tuta esperantistaro. Esperanto ne estas ankoraŭ en tia feliĉa stato, ke ĉiu povu nur tiri el ĝi profiton, ne zorgante pri la bonstato de la afero mem: ni devas kaj dum longa tempo ankoraŭ devos propagandi ĝin, kreskigi ĝin, defendi ĝin kontraŭ malamikoj; sed se ni ne havas la eblon regule interkonsiliĝadi, aŭ se niaj interkonsiliĝoj, farataj ne en orda parlamenta maniero, ne havos moralan valoron por la esperantistoj, ni similos organismon sen kapo kaj sen manoj, ni nenion povos entrepreni, ni staros senmove kaj malpacos inter ni mem.'

Li tre petis la esperantistojn solvi la organizan demandon per lojala interkonsento kaj krei adekvatajn instancojn. La postaj diskutoj ja havis etoson relative tolereman. Plurfoje dum la kunsidoj Zamenhof leviĝis por difini, klarigi aŭ kvietigi. Stranga magnetiza forto radiis el tiu hometo nefortika, kiu parolis mallaŭte, eĉ timeme, kontraste al la kriantaj, gestantaj francaj delegitoj. Sed eĉ Zamenhof ne plene sukcesis: la kongresanoj akceptis kelkajn liajn proponojn, sed, pri la pli grava demando, pri centra organizo, akceptis per grandega plimulto proponon de Bourlet, ke plena diskutado estu prokrastita, ĝis komisiono studos la temon kaj raportos al la oka kongreso; Michaux, kiu estis konvinkita, ke demokrate elektita esperantista parlamento inklinos al 'reformoj' kaj akordiĝos kun la idistoj, kredis, ke tiu komisiono celis enterigon de la propono, kaj, kvankam Zamenhof publike pliklarigis la bonan intencon de Bourlet, sentis sian ŝajnan malvenkon tiel amare, ke, post reveno hejmen, li likvidis la grupon en Bulonjo, konsistantan el okcent kvindek esperantistoj. Tiu ĉi gesto, de tia persono, tre vundis Zamenhof.

Inter la plej inspiraj eroj de la programo estis bonega prelego de Edmond Privat pri la esperanta literaturo. Li aludis kortuŝe al la fruaj luktoj de Zamenhof. Alia tributo, ne laŭ la deziroj de Zamenhof, sed tre bonintenca, okazis, kiam la kongresanoj ekiris, procesie, de la Ateneo al la kajo de la rivero Scheldt, por fari riverekskurson. La aminda, petolema Bolingbroke Mudie vokis aliajn junajn britajn esperantistojn; alkuris ankaŭ kelkaj alinacianoj; ili maljungis la ĉevalojn, forlevis la koĉeron de la ĉaro el lia sidloko, aljungis sin mem – kaj Zamenhof, modesta, sinkaŝema, malestrema, kune kun Klara, iris tra la stratoj de Antverpeno kiel iu konkeranto el la antikva historio, en ĉaro trenata de entuziasmaj disĉiploj.

Neeviteble, estis tiu vaporŝipo, en kiu ekskursis Zamenhof mem, kiu havis difektitan helicon. 'Jen mia sorto!' komentis Zamenhof milde, kiam tiu helico rompiĝis kun konsterna bruego, senekvilibrigante la ŝipon.

Zamenhof jam ricevis multajn honordonacojn, sed ne multajn tiel kortuŝajn, kiel estis la esperanta flago, kiun oni portis por li al Antverpeno el Vaŝingtono: blindaj esperantistoj ĝin faris. Tenante la flagon alte, Zamenhof kriis: 'Tiu ĉi estu simbolo por ni ĉiuj, ke io ajn povas esti farita per bona volo!' Kaj, kvankam li kutimis diri al Leono, ke ĉiu Kongreso mallongigas lian vivon per kelkaj jaroj, en Antverpeno li diris: 'La ĝojo, kiun mi ĉi tie havis en la kongreso, tute forgesigis al mi la staton de mia farto.'

Post la Kongreso Zamenhof pasigis la 28an de aŭgusto en Parizo, kie li faris diversajn vizitojn. Ĉe la Centra Oficejo, kie kunvenis kelkaj gravaj personoj el la registaro, la universitato kaj la Franca Instituto, Sebert prezentis Zamenhof, dirante: 'D-ro Zamenhof, la patro de Esperanto. Esperanto estas lia unue naskita kaj dorlotata infano.' Respondis Zamenhof: 'Ho, mi estas nur fi-patro! Ho! jes, mi naskis infanon, ne zorginte antaŭe pri la necesa nutraĵo, nek pri azilo por ĝi ... Sen la malavara kaj bonkora generalo, la infano estus mortinta de malsato kaj frosto ... Feliĉe, la generalo donis al ĝi unu kaj alian ... Li do pli vere ol mi estas la patro ... la nutropatro!'

En 1912 la roloj renversiĝis: Zamenhof devis persvadi Sebert iri al la Kongreso en Krakovo, pro timo, ke eble oni imagos skismon inter la ĉefoj. Zamenhof restis la ĉefa paciganto inter la ĵaluzantoj, kies konfliktoj malhelpis al Esperanto en Francujo. Tiutempe la bonkora Cart, verŝajne pro la ŝoko de la Ido-skismo, estis iĝinta malsane suspektema, danĝere kverelema, kvankam li restis dediĉita laboranto. Tamen Esperanto bone progresis; ekzemple, oni jam instruis ĝin en diversaj lernejoj en Brazilo, Britujo, Bulgarujo, Germanujo, Hispanujo, Meksikio kaj Usono. Francujo havis la plej altan nombron de lernejoj, kie oni instruis Esperanton. Oni pli kaj pli uzis la lingvon por komerco, turismo, scienco kaj fakaj kongresoj: la gazetaro iĝis pli simpatia.

La 12an de junio 1912, Zamenhof ekvojaĝis al la Villa Waldfrieden, Bad Salzbrunn, por denove serĉi utilan kuracadon. Fine de julio li pasigis kelkajn tagojn en Varsovio. Li alvenis Krakovon, la 9an de aŭgusto, je la 11.30 vespere, kun Klara, Sofia kaj Aleksandro. Felikso vojaĝis per alia vagonaro.

Politikaj faktoroj gravis en la elekto de Krakovo kiel kongresurbo. Decus okazigi la jubilean kongreson (dudekkvin jarojn post la apero de Esperanto) ie en rusa Polujo, prefere en Varsovio mem. Sed ne eblis. En 1912 ordinara homo rajtis vojaĝi ien ajn en Eŭropo sen pasporto – escepte en la caristan Rusan Imperion! Kaj tie, pasportoj ne estis formalaĵoj, kiujn oni rigardas kun oscedo ĉe la landlimo: multaj bonaj, senkulpaj esperantistoj ne ricevus permeson transiri tiun landlimon, ĉar ili havis milde progresemajn aŭ neortodoksajn opiniojn. Alia malhelpa faktoro estis tiu groteska cenzurado de ĉiuj publikaj kunvenoj: la registaro bezonus por Universala Kongreso eble dudek cenzuristojn, kiuj perfekte scipovus Esperanton.

Ne pli taŭga estis Germana Polujo. Oni ne same malhelpis ordinarajn vizitojn: sed la germanoj pli kruele ol la rusoj persekutis la polojn. Iu ajn uzo de la pola lingvo por instrui, eĉ private, estis kontraŭleĝa. Oni vergis polajn infanojn, kiuj preĝis pole; polo ne rajtis eklabori kiel bienulo aŭ konstrui domon por si mem. La germanoj konfiskis por si mem multajn bienojn de poloj.

La esperantistoj do elektis Krakovon, mirinde belan kaj pitoreskan polan urbon en Aŭstra Polujo, kie, tiutempe, la pola vivo kaj nacia kulturo estis relative liberaj. La poloj havis eĉ iagradan aŭtonomion, la Pola Socialista Partio estis permesita, kaj la poloj havis propran universitaton, akademiojn, proprajn literaturon kaj arton.

946 kongresanoj venis, el dudek ok landoj. Profesiaj polaj geaktoroj prezentis Mazeppa de Julian Stowacki, en traduko de Grabowski; alian vesperon oni prezentis *Halka*, la nacian operon

de Moniuszko. Ĉe la kongresa balo oni vidis grandan sortimenton de belaj naciaj kostumoj – bohemajn, bulgarajn, ĉinajn, germanajn, hindajn, hispanajn, hungarajn, kaŭkazajn, polajn, rusajn kaj turkajn.

Komikaj epizodoj ne mankis en tiu Kongreso. La rajto de kolonelo Pollen prezidi ĉe la 'rusa grupa lunĉo' ŝajnis iom duba; sed tion li faris verve, nomante sin porokaze Ivan Ivanoviĉ. Dum societa vespero nomita *raŭto*, kiam ĉiuj devis preni siajn manĝaĵojn kaj bierglasojn kaj porti al la tabloj, raportanto speciale rimarkis: la lertan manovradon de Carlo Bourlet; la grandan apetiton de Grabowski; kaj la paciencon de Zamenhof mem, kiu sidis ĉe tablo meze de la salono, kaj surskribadis albumojn, notlibrojn, ventumilojn, rubandojn kaj la plej netaŭgajn objektojn, ĉiam afable. En la ĝardeno de la Arkitektura Ekspozicio fotoaparatoj celis lin el ĉiuj direktoj; komprenble ĉiu grupo deziris memorbildon kun Zamenhof, kaj li, kun indulgema rideto, iris serveme al ĉiu grupo, brave rigardis rekte al la lenso kaj bonintence ludis en la grupoj la rolojn de hungaro, japano, juristo aŭ poŝtisto, de homo speciale alta aŭ nur dekkvarjara knabo, kaj eĉ de pacifista sinjorino ...

Dum festvespero en malbone lumigata restoracio, Bourlet petis glason da biero de kelnero en kitelo, miris pri la tuja respondo 'Certe, sinjoro Bourlet!', rigardis la kelneron pli atenteme kaj rekonis – Zamenhof, kiu, tre laca kaj bezonante ripozon, kaŝis sin malantaŭ servotablo, kaj pruntprenis kitelon por ŝirmi siajn vestojn.

La 13an, Zamenhof kaj Klara ekskursis al la salminejoj en Wieliczka, kie ili pasigis tri-kvar horojn en la mirindaj labirintoj. Multaj kongresanoj dancis en la subtera halo cent tridek metrojn sub la ternivelo. Oni iluminis la subteran lagon per bluaj kaj ruĝaj flamoj.

Sed por Zamenhof persone la plej grava evento de la Krakova Kongreso estis lia eksiĝo de la ĉefpozicio. Dum longa tempo lia situacio suferigadis lin. Ju pli li montris sin modesta, ju pli li penis direktigi laŭdojn kaj honorojn al siaj helpantoj, ju pli li insistis, ke ĉiuj honoroj al li faritaj celas nur Esperanton, des pli oni estimis lin. Tre malagrabla al li estis la persona kulto, kiu kreskis ĉirkaŭ li; li sciis, ke la estonteco de Esperanto ankoraŭ tro dependas de malforta fadeno, lia propra vivo; li vidis, ke tiu heroadorado donas prekteston al la malamikoj de Esperanto kaj eĉ vekas envion ĉe la plej mallarĝaj mensoj inter esperantistoj. Multfoje jam li petadis, ke la esperantistoj ne uzu pri li la kultecan vorton *Majstro*; li petadis, ke ne li, sed ia demokrata organizo, faru ĉiujn gravajn decidojn. La esperantistoj amis lin, adoris lin, estis ĉiam pretaj kun floroj, albumoj, vivuoj, tostoj, honordonacoj; ili estis pretaj fari por Zamenhof ion ajn, sed ne liberigi lin de tiu laciga, ĝena, senkompata adorado.

Sian lastan kongresparoladon li faris posttagmeze, la 12an de aŭgusto, en la Malnova Teatro, kiu estis plenplena. Li aspektis pli sana ol en Antverpeno, kaj la voĉo ŝajnis pli forta kaj pli klara ol iam ajn antaŭe. Li gratulis la esperantistojn pro la jubileo; li mallonge skizis la progreson de la lingvo; li omaĝis la mortintajn pionirojn kaj speciale menciis Van der Biest-Andelhof, jam mortan; poste li daŭrigis:

'Nun, kiam la matureco de nia afero estas jam tute eksterduba, mi turnas min al vi, karaj samideanoj, kun peto, kiun mi jam antaŭ longe volis direkti al vi, sed kiun mi ĝis nun prokrastis, ĉar mi timis fari ĝin tro frue. Mi petas, ke vi liberigu min de tiu rolo, kiun mi, pro kaŭzoj naturaj, okupis en nia afero dum dudek kvin jaroj. Mi petas vin, ke de la nuna momento vi ĉesu vidi en mi *majstron*, ke vi ĉesu honori min per tiu titolo.

'Vi scias, ke tuj en la komenco de nia movado mi deklaris, ke mi ne volas esti mastro de Esperanto, sed ke la tutan mastrecon pri Esperanto mi en tuta pleneco transdonis al la esperantistoj mem. Vi scias ankaŭ, ke de tiu tempo mi ĉiam lojale agadis aŭ almenaŭ penis agadi konforme al tiu deklaro. Mi donadis al vi konsilojn, kiel mi povis, sed neniam vi aŭdis de mi la vortojn: "tion mi postulas" aŭ "tion mi deziras". Neniam mi provis altrudi al vi mian volon. Tamen, konsciante, ke ĝis sia plena fortikiĝo nia afero bezonas ian enkorpigitan standardon, mi – laŭ via deziro – dum dudek kvin jaroj plenumadis tiun rolon, kiel mi povis, kaj mi permesadis, kvankam tre nevolonte, ke vi vidu en mi ĉefon kaj majstron. Kun ĝojo kaj fiereco mi konstatas, ke vi ĉiam montris al mi sinceran konfidon kaj amon, kaj pro tio mi eldiras al vi mian plej koran dankon. Sed nun permesu al mi, ke mi fine formetu de mi mian rolon. La nuna kongreso estas la lasta, en kiu vi vidas min *antaŭ* vi; poste, se mi povos veni al vi, vi ĉiam vidos min nur *inter* vi.'

Multaj esperantistoj kapneis malĝoje. Subite la kongresanoj ekkantis la Himnon. Sed baldaŭ Zamenhof daŭrigis:

'Jen estas la kaŭzo, kiu devigis min fari la nunan decidon:

'La ekzistado de ia natura konstanta ĉefo, eĉ se tiu ĉefo havas nur la karakteron de unuiganta standardo, prezentas gravan maloportunaĵon por nia afero, ĉar ĝi donas al la afero kvazaŭ personan karakteron. Se al iu ne plaĉas mia persono aŭ miaj politike-religiaj principoj, li fariĝas malamiko de Esperanto. Ĉion, kion mi persone diras aŭ faras, oni ligas kun Esperanto. La tro honora titolo de majstro, kion vi donas al mi, kvankam ĝi en efektiveco koncernas nur la aferon de la lingvo, fortenas de Esperanto multajn personojn, al kiuj mi pro ia kaŭzo ne estas simpatia kaj kiuj timas, ke, fariĝante esperantistoj, ili devus rigardi min kiel sian moralan ĉefon.'

'Ne! Ne! Ne!' multaj kriis el la aŭdantaro. Zamenhof interrompis la legadon por diri spontane:

'Kredu min, estas vere – mi povus eĉ doni al vi ekzemplojn!'

Li returnis sin al sia teksto: 'Ĉiu, kies opinio pri aferoj esperantistaj estas alia ol mia, ofte sin ĝenas eldiri libere sian opinion, por ne kontraŭbatali publike tiun, kiun la esperantistoj nomas sia majstro. Se ies opinion la esperantistoj ne volas akcepti, li vidas en tio nur la ĉiopovan influon de la majstro. Nun, kiam nia afero estas jam sufiĉe forta, estas necese, ke ĝi fine fariĝu absolute libera, ne sole libera de ĉiuj personaj *dekretoj*, kia ĝi fariĝis jam antaŭ dudek kvin jaroj, sed ankaŭ de ĉia efektiva aŭ ŝajna persona *influo*. [...] Nomu min per mia nomo, nomu min fondinto de la lingvo, aŭ kiel vi volas, sed mi petas vin, ne nomu min plu *majstro*; ĉar per tiu morale tro liganta nomo vi malliberigas nian aferon.

'Multaj el vi portas en sia koro la samajn idealojn, kiel mi, kvankam ne ĉiuj en egala formo; sed la mondo devas scii, ke tiu spirita parenceco inter mi kaj vi estas tute laŭvola, ke la esperantismo kaj la esperantistoj ne povas esti respondaj pri miaj personaj ideoj kaj aspiroj, kiuj por neniu el vi estas devigaj. Se mi ion diras aŭ faras, kio ne estas konforma al la gusto aŭ konvinkoj de tiu aŭ alia el vi, mi deziras, ke tio neniun el vi ĝenu kaj ĉiu el vi havu la rajton diri: tio estas tute privata ideo aŭ frenezaĵo de Zamenhof, kaj ĝi havas nenion komunan kun la esperanta movado, en kiu li estas nun persono tute privata. La interna ideo de Esperanto, kiu havas absolute nenian devigon por ĉiu esperantisto *aparta*, sed kiu, kiel vi scias, plene regas kaj ĉiam devas regi en la esperantaj *kongresoj*, estas: sur neŭtrala lingva fundamento forigi la murojn inter la gentoj kaj alkutimigadi la homojn, ke ĉiu el ili vidu en sia proksimulo nur homon kaj fraton. Ĉio, kio estas super tiu interna ideo de Esperanto, estas nur *privataĵo*, kiu povas eble esti *bazita* sur tiu ideo, sed neniam devas esti rigardata kiel *identa* kun ĝi.

'Antaŭ ol mi formetas de mi ĉian oficialan rolon en nia afero, mi ankoraŭ la lastan fojon admonas vin: laboru ĉiam en plena unueco, en ordo kaj konkordo. Ĉiujn dubajn demandojn, kiuj koncernas la tutan esperantan aferon, kaj kiuj ne tuŝas la personan liberecon de ĉiu aparta esperantisto, solvu ĉiam pace, per regula interkonsiliĝo de viaj egalrajte elektitaj delegitoj kaj per disciplina cedo de la malplimulto al la plimulto. Neniam permesu, ke en nia afero regu la principo: 'kiu pli laŭte krias, tiu estas prava'. Per unueco ni pli aŭ malpli frue nepre venkos, eĉ se la tuta mondo batalus kontraŭ ni; per interna malpaco ni ruinigus nian aferon pli rapide, ol tion povus fari ĉiuj niaj malamikoj kune. Ne forgesu, ke Esperanto estas ne sole simpla lingvo, kiun ĉiu el ni uzas nur por siaj propraj bezonoj, sed ke ĝi estas grava *socia problemo*, ke, por atingi nian celon, ni devas konstante propagandi nian aferon kaj zorgi pri tio, ke la mondo havu *estimon* kaj *konfidon* por ĝi. Se en nia afero aperas io, kio ŝajnas al ni malbona, ni povas trankvile ĝin forigi per komune interkonsentita decido; sed ni neniam semu en nia tendaro reciprokan malamon kaj malpacon, kiu nur ĝojigas kaj triumfigas niajn malamikojn. En la unuaj jaroj de nia laborado sur nia standardo estis skribitaj la vortoj 'espero, obstino kaj pacienco'; tio tute sufiĉis, ĉar ke ni, samideanoj, devas reciproke nin estimi kaj helpi, tio por ĉiu estis komprenebla per si mem. En la lastaj jaroj ni bedaŭrinde ofte forgesis tiun devon; tial nun, transirante en la duan gravan periodon de nia historio, en la duan kvaronjarcenton, ni skribu sur nia standardo novan vorton, kaj ĉi tiun vorton ni ĉiam respektu kiel sanktan ordonon; tiu vorto estas "konkordo".'

Post la fino de la lasta kongresparolado, surdiga estis la aplaŭdego.

Dum ĉiuj sekvantaj kunvenoj, Zamenhof vere sidis inter la aŭdantaro, kun Klara. La organiza problemo restis esence nesolvita kaj oni nur akceptis, denove, nebulan rezolucion. Alie la kongreso tre sukcesis. La poloj el Germana kaj Rusa Polujo ĝojis inter la pli feliĉaj aŭstraj poloj. La rusoj, kiuj pro politikaj kaŭzoj timis malvarman akcepton en Galicio, konfirmis la diron de Montesquieu, ke popoloj ne similas al siaj registaroj. Kaj, se kelkaj danoj ektimis antaŭ la polaj kolbasoj kun acida brasikaĵo, tiaj pladoj estis almenaŭ nova travivaĵo.

Antaŭ ol ili revenis al Varsovio, Zamenhof kaj Klara pasigis kelkan tempon en Zakopane, inter la belegaj Tatraj Montoj.

En oktobro *La Progreso* pretendis, ke Zamenhof eksiĝis el ĉefeco, ĉar la Centra Oficejo volis pere de li akiri plenpotencon, kaj, kiam iliaj makiavelecaj taktikoj malsukcesis, Zamenhof, kiu respektis nur la forton, ankaŭ devis eksiĝi. Zamenhof plene ignoris tiun ĉi kolosan kalumnion, kun la majesta pacienco de homo, kiu havis multajn gravajn taskojn, kaj estis kuracisto tro kompetenta por nescii, ke li eble ne disponas multan tempon por ilin fari.

LA VERKISTO

La nura kvanto da volumoj, kiujn Zamenhof verkis dum tiu libera tempo, kiun li iel kreis por si mem, grandparte per ofero de normalaj dormohoroj, estus konsiderinda vivlaboro por profesia verkisto. Tamen ĉiuj estis seriozaj kaj kompetentaj, ĉiam inteligentaj, ofte brilaj.

En 1907 aperis lia traduko el Gogol, *La Revizoro*; ĝi restas en tiu traduko vigla, verva, amuza dramo, tute aktorebla, parolebla. La unua traduko el la Malnova Testamento, *La Predikanto*, jam aperis dum la sama jaro. Por traduki el la Malnova Testamento, Zamenhof uzis la hebrean originalon, kaj precipe la germanan tradukon de Mendelssohn; li ankaŭ helpis sin en dubaj punktoj per rusaj kaj latinaj tradukoj.

En 1908 ne malpli ol kvar libroj aperis en traduko: *Georgo Dandin* el la franca de Molière, *Ifigenio en Taŭrido* el la germana de Goethe, *La Rabistoj* el la germana de Schiller kaj *La Psalmaro*. Por traduki la komedion de Molière, Zamenhof verŝajne uzis la francan originalon: lia traduko enhavas multajn lertajn ekvivalentojn kaj la dialogoj tre taŭgas por geaktoroj; hispanaj esperantistoj prezentis la komedion tre sukcese ĉe la Universala Kongreso en Marsejlo, en 1957. Inter la malfacilaĵoj de tiu traduklaboro estis la tiama manko en Esperanto de tiu riĉa abundo de sakroj, kiun oni trovas en la franca; tial la vorto *diablo* iom monotone ripetiĝas. Ni ŝuldas al sekvantaj verkistoj la nunan plenan taŭgecon de Esperanto kiel lingvo por insulti, blasfemi kaj malbeni elegante aŭ familiare.

Iasence *La Rabistoj* estis eble pli facile tradukebla ol *Ifigenio en Taŭrido*: prozo estas ordinare pli facile tradukebla ol poezio; sed la libro estis multe pli granda, kaj tre plena de forta, drasta, emocia lingvomaterialo, kiu postulas tre zorgan serĉadon de ekvivalentaj esprimoj. Ŝajnus iom strange, ke Zamenhof, preskaŭ tro milda, humila preskaŭ nenormale, preskaŭ superhome sinreganta kaj pacienca, elektis tiun amaran, tempestan dramon, en kiu, laŭ la plej anarkiema tipo de romantiko, la verkisto sensacie portretas la mallumojn de kelkaj homaj animoj, se oni ne scius, ke la dramo estis preferata legaĵo de la 'klerismaj' judoj. Eble la vortoŝtormoj havis por Zamenhof alian valoron; eble la infano, kiun Marko iam tirane disciplinis, restis ie en tiu granda animo, kaj ĝuis tiujn imagojn pri perforto kaj ribelo. Ankaŭ la rusa revolucio de 1905, kun siaj esperoj, elreviĝoj kaj fina amareco de reakcio, eble influis lin tiutempe. La traduko estas vigla, forta kaj drameca; la plej malfortaj partoj estas la versoj, kiuj ne estas eminentaj en la originalo mem; preskaŭ ĉiuj prozaj paroladoj estas bonegaj, ofte kun tre feliĉaj ekvivalentoj. Zamenhof bone reprezentis en Esperanto la ofte krudajn, drastajn germanajn esprimojn, kaj ofte atingis brile trafan koncizecon per lerta uzado de afiksoj; la frazritmoj mem ofte helpas la impreson pri emocio-ŝtormo en la parolanto.

La psalmoj en Esperanto estas ofte tre belaj, kaj bone montras, kiel lerta kaj perceptema estis Zamenhof pri frazritmoj. *La sentencoj de Salomono* sekvis en 1909; dum tiu jaro Zamenhof ankaŭ tradukis du librojn speciale interesajn al judoj: *La Rabeno de Baĥaraĥ*, nefinitan historian romanon pri la vivo de judoj dum la mezepoko, de Heine; kaj *La Gimnazio*, de Sholem Aleichem. Tiujn librojn oni eldonis nur post la morto de Zamenhof. Nek unu nek la alia estas ĉefverko, sed ambaŭ forte memorigas pri la izolo kaj suferado de judoj; la unua pritraktas la angoron serioze, la dua uzas ironian bonhumoron. Al *La Gimnazio* Zamenhof mem aldonis notojn, kiuj klarigis la caristajn leĝajn malhelpojn al la edukado de judoj.

Poste Zamenhof turnis sin al traduko de iom longa romano de granda pola verkistino, Eliza Orzeszkowa. Tiu ĉi nobla, kuraĝa pionirino devenis de la regiono, kiun Zamenhof mem plej amis, kaj pasigis la pli grandan parton de sia vivo en Grodno. Deksesjara, ŝi edziniĝis kun pola nobelo, kiu estis ekzilita al Siberio post la pola ribelo de 1863. En siaj romanoj, ŝi propagandis la klerigon de virinoj, la emancipadon de judoj, kaj – uzante la vualajn literaturajn metodojn, kiujn polaj verkistoj kutime uzadis – polan naciismon; ŝi estis pozitivisto de la pola tipo; ŝi speciale laŭdis devon kaj amon, sed en kadro de realismo. Ŝi komencis verki romanojn en 1866, dudekkvarjara; dezirante helpi la popolon kleriĝi, ŝi starigis presejon en Grodno; sed la registaro malpermesis ŝian entreprenon, fermis ŝian presejon kaj ordonis al tiu ĉi danĝere inteligenta kaj altruisma virino ne eliri el Grodno dum pluraj jaroj.

Ne estis strange, ke Zamenhof admiris ŝiajn verkojn kaj sentis multan simpation al ŝi. En sia *Meir Ezofowicz* ŝi montris la konflikton inter ortodoksa judaismo, kun malutilaj rigidecoj, kaj moderna liberala judaismo: kompreneble tia libro interesis la aŭtoron de hilelismo; sed li decidis traduki alian libron, *Marta*, kaj ricevis la permeson de la aŭtorino. La traduko estas tre leginda, flua, facila, kun multa realisma vervo: precipe la konversacioj sonas tre nature.

Marta, malpli ĝenerale konata ol kelkaj aliaj zamenhofaj tradukoj, rakontas pri Marta Swicka, juna pola vidvino, kiu, post mallonga periodo kiel feliĉa edzino, trovas sin sen vivrimedoj kaj kun filineto. Marta estas virino estiminda: amoplena, inteligenta, rafinita, digna; ŝi montras altajn principojn, honorsenton kaj kuraĝan laboremon; ŝi volas adapti sin stoike kaj sinofere por venki la cirkonstancojn kaj nutri la filineton. Sed ŝi trovas sin en socio, en kiu, kvankam ŝi havas kelkajn elegantajn sciojn taŭgajn al sinjorino en societo rafinita, ŝi scias nenion sufiĉe funde por instrui ĝin; oni preferas virojn por preskaŭ ĉiuj laboroj; kaj socio tute ne helpas virinon en tia situacio. Marta devas foroferi unue sian fieron, poste sian rafinitecon, finfine grandan parton de siaj principoj; ŝi spertas maljustaĵojn, trolaboron, humiliĝojn, korpan mizeron; ŝi trovas, ke la solaj senedzaj virinoj, kiuj vivas komforte sen privata enspezo aŭ vera profesio, estas pagitaj kromvirinoj; kaj, kiam la leganto jam komprenas, ke Marta devos elekti inter malsatmorto por si mem kaj la filineto, kaj iaspeca prostituitiĝo, kiam ĉiuj ŝajnas malamikaj kaj eĉ tiuj, kiuj sentas ian inklinon helpi ŝin, trovas pretekstojn por heziti, ŝi cedas al la tento ŝteli bankbileton kaj mortas en stratakcidento, dum oni postkuras ŝin kiel ŝtelistinon.

La filo de Rozalia, la edzo de Klara, ja sciis, kio estas nobla, altprincipa, lojala virino; ŝajnas, ke lia kompato al ĉiuj, kiujn oni traktadas maljuste, etendiĝis ankaŭ al la viktima sekso. Historio tia, pri kuraĝa kaj persista luktado kontraŭ granda obstakloj, pri heroino tiel kuraĝa, tiel skrupula kaj tiel senhelpa; historio, en kiu brulas protesto kontraŭ maljusteco, opresado, humiligemo, certe vekis multajn eĥojn en la animo de Zamenhof. La leganto sentas, ke li tradukis kun amo.

Zamenhof donacis surskribitan ekzempleron al Eliza Orzesz-kowa kelkajn tagojn antaŭ ŝia morto. La traduko havis kuriozan postan historion. *Marta* jam vekis grandan intereson en Svedujo kaj stimulis tie la virinan movadon; sed la esperanta traduko iris al Ĉinujo kaj estis dufoje tradukita en la ĉinan, kaj al Ja-panujo, kie japana traduko provizis riĉan stokon da argumentoj kaj idealoj por helpi la komenciĝantan emancipiĝo-movadon inter japanaj virinoj. Tiu ĉi okazo estis verŝajne la unua inter multaj, kiam Esperanto servis kiel pont-lingvo por tradukado; ĝi poste rolis tiel sufiĉe ofte, precipe kiel ponto inter centra-eŭropaj kaj malproksim-orientaj landoj.

Ankaŭ en 1910 aperis la *Proverbaro Esperanta*. En 1911 Zamenhof tradukis nur *Genezo*, sed en 1912 aperis *Eliro*, *Levidoj*, kaj ankaŭ *Lingvaj Respondoj* – respondoj al diversaj demandoj pri la korekta uzado de Esperanto. Zamenhof destinis la respondojn ne nur al fakuloj, sed al ordinaraj seriozaj esperantistoj. Ili multloke montras la toleremon, la moderecon kaj la logikan pensmanieron de Zamenhof.

En 1914 eliris la lastaj bibliaj tradukoj, kiuj aperis dum la vivo de Zamenhof: *Nombroj* kaj *Readmono*. Dum la unua mondmilito li fidele daŭrigis sian tradukan laboron kaj sendis maŝinskribitajn netojn al Anglujo, kie Biblia Komitato, elektita dum la Brita Esperantista Kongreso en Leeds, 1909, laboradis super la projekto eldoni la tutan Biblion en Esperanto. Dum la turmentaj lastaj jaroj, Zamenhof, per heroaj fortostreĉoj, sukcesis fintraduki la Malnovan Testamenton. Post multaj malfacilaĵoj, la Esperanta Biblio aperis kiel unu volumo en 1926, ĉe la British and Foreign Bible Society kaj la National Bible Society of Scotland. Oni ne trovos tie la Malnovan Testamenton tute laŭ la traduko de Zamenhof; bone kvalifikita komitato zorge kaj tre detale poluris lian tradukon; sed ili tre alte taksis la laboron de Zamenhof mem, kaj ofte trovis, ke lia traduko lumigis mallumajn lokojn en la hebrea originalo, ĉar lia scio pri la hebrea estis profunda. Li ofte gardis la hebreajn ritmojn kaj vortaranĝojn.

Zamenhof ankaŭ tradukis la fabelojn de Hans Andersen. Certe kelkaj el tiuj malgrandaj majstroverkoj tre plaĉis al lia sentema animo; sed bedaŭrinde li ne scipovis la danan kaj tradukis laŭ germana traduko; tiel la esperanta traduko havas kelkajn etajn ellasitaĵojn kaj neperfektaĵojn. *La Marvirineto* aperis tre frue kaj li represigis ĝin en *Fundamenta Krestomatio*. Eble li laboradis super la *Fabeloj* sporade dum la tuta esperantista vivo. Li postlasis la manuskriptojn, kaj la unua volumo aperis en 1923, la dua en 1926, la tria en 1932; kvara volumo ankoraŭ ekzistas nur en manuskripto. Kvankam neperfektaj kiel tradukoj, la *Fabeloj* estas en modela stilo esperanta.

Kompreneble la plej granda verko de tiu ĉi mirinde aktiva menso estis la lingvo mem. Liaj sekvantaj verkoj konsistis el: la granda amaso da tradukoj; diversaj gramatikaj libroj, lernolibroj kaj vortaroj; la kongresaj paroladoj kaj kelkaj aliaj publikaj paroladoj; multaj artikoloj, kiuj aperis en diversaj esperantaj gazetoj; diversaj traktaĵoj; kaj konsterna kvanto da leteroj. Multaj el tiuj leteroj temis nur pri rutinaj aferoj, kiel ekzemple libromendoj, vojaĝaranĝoj aŭ formalaj dankesprimoj; sed multaj estis taktoplenaj kaj komprenoplenaj klarigoj, admonoj, pacigaj mesaĝoj, persvadoj, konsiloj, konsoloj, kiuj sendube postulis multan tempon kaj pensadon. Ni scias, ke multaj gravaj leteroj ne plu ekzistas: ekzemple, de Beaufront detruis la leterojn, kiujn Zamenhof skribis al li, kaj Cart multe cenzuris la leterojn, kies publikigon li permesis.

Zamenhof multe tradukis poemojn, sed li ankaŭ verkis naŭ originalajn poemojn. Tiuj poemoj estis provoj de la literatura kvalito de la lingvo, aŭ mallongaj elverŝoj el la propra koro: ne eblas pretendi, ke ili estas profundaj artverkoj. Ili prezentas taŭgajn pruvojn, ke oni povas verki versojn en Esperanto kaj uzi metaforojn. Kiel poemoj, ili estas relative primitivaj, escepte eble de unu, kiu, ne estante edifa, estas malofte citita inter esperantistoj. Verki iajn ajn versojn, en lingvo absolute nova, sen modeloj, estas atingo tre stranga, kredeble unika: la naŭ poemoj meritas almenaŭ trarigardon.

Ekzistas kelkaj eseoj kaj unu vere erudicia verketo (de Gaston Waringhien, en *Parnasa Gvidlibro*) pri la esperanta metriko. La regulo, ke ĉiuj esperantaj vortoj estas akcentitaj sur la antaŭlasta silabo, kompreneble kaŭzas grandan abundon da trokeoj kaj amfibrakoj. Jamboj, ebligitaj per unusilabaj vortoj kaj elizioj, ankaŭ abundas. Inter la poemoj de Zamenhof mem, du uzas trokeojn; kvar, amfibrakojn; du, jambojn; unu, miksitan metrikon. Ĉiuj liaj poemoj havas formalajn rimskemojn. Liaj tropoj estas simplaj analogioj kaj iom banalaj metaforoj, escepte, eble, en la lasta poemo; sed la metaforoj tre taŭgas por sia celo – ia publika, porokaza, edifa poezio por la esperanta popolo; kaj, kvankam la poemoj de Zamenhof estas simplaj, ili estas nek fuŝaj nek tedaj.

Lia plej konata poemo, nia himno *La espero*, ne estas granda poemo, sed bone taŭgas kiel himno. *La vojo*, kiu estas preskaŭ dua oficiala himno, ankaŭ havas la necesan simplecon; kaj ĝia iom proverbeca stilo donas al ĝi ĉarmon kvazaŭ folkloran:

Eĉ guto malgranda, konstante frapante,
Traboras la monton granitan.
Se longa sekeco aŭ ventoj subitaj

Velkantajn foliojn deŝiras,
Ni dankas la venton, kaj, repurigitaj,
Ni forton pli freŝan akiras.

Al la fratoj havas teknikajn mankojn, sed ia kelkloke mallerta metriko ja sugestas urĝecon. Mia penso jam estis menciita, same kiel *Ho, mia kor'*; kaj tiuj ĉi pli personaj poemoj ankoraŭ kortuŝas la leganton. *Al la 'Esperantisto'* kaj *Saluto al 'Verda Radio'* estas negravaj porokazaj versaĵoj, kiuj montras ĉefe la bonkoran kuraĝigemon de Zamenhof. *Preĝo sub la Verda Standardo* estas pli grava; ĝi restas kuraĝiga kaj inspira, ĝi enhavas pensojn sendependajn kaj siatempe, sialoke, tre kuraĝajn. Kvankam ĝi ne estas granda poemo, ĝi estas bonega himno.

Plej ofte, la forta krea kapablo de Zamenhof estis direktata al aliaj kreaj laboroj: tradukado, paroladoj, traktaĵoj, helpo al aliaj verkistoj, konsiloj al organizantoj; malsanoj, tro prema laborado kaj maltrankviloj ne helpis al artisma kreado. Sed en 1909 la poemo *Pluvo* aperis en la kataluna esperantista gazeto *Tutmonda Espero*. Iasence ne grava, ĝi tamen estas la sola poemo de Zamenhof, kiu estas kvazaŭ nura poezio, artverko, kiu ne celis edifon, kuraĝigon, propagandon. Ĝi ne estas poemo pri Esperanto; ĝi estas aŭtentika, memstara esperanta poemo:

Pluvas kaj pluvas kaj pluvas kaj pluvas

Sençese, senfine, senhalte,
El ĉiel' al la ter', el ĉiel' al la tero
Are gutoj frapiĝas resalte.

Tra la sonoj de l' pluvo al mia orelo
Murmurado penetras mistera,
Mi revante aŭskultas, mi volus kompreni,
Kion diras la voĉo aera.

Kvazaŭ ia sopir' en la voĉo kaŝiĝas
Kaj aŭdiĝas en ĝi rememoro ...
Kaj per sento plej stranga, malĝoja kaj ĝoja,
En mi batas konfuze la koro.

Ĉu la nuboj pasintaj, jam ofte viditaj,
Rememore en mi reviviĝis,
Aŭ mi revas pri l' sun', kiu baldaŭ aperos,
Kvankam ĝi en la nuboj kaŝiĝis?

Mi ne volas esplori la senton misteran,
Mi nur revas, mi ĝuas, mi spiras;
Ion freŝan mi sentas, la freŝo min logas,
Al la freŝo la koro min tiras.

La amfibrakoj fluas tre lule kaj muzike, delikataj estas la vokalharmonioj; kaj la simboloj ne estas tiel banalaj; kiel – neeviteble – en la etikaj poemoj. Zamenhof certe pensis, ne nur pri la pluvo sur la stratoj de Varsovio, sed ankaŭ pri ia interna sento; la dubsenco estas pli kortuŝa, eble pli artisma, ĉar li ne solvas ĝin.

Ne utilas hipotezadi pri la eblaj artverkoj de Zamenhof; sed tiu krea geniulo kaj arda literaturamanto eble oferis pli por siaj principoj, ol li iam ajn diris.

Por ĝuste taksi la kvanton da literatura laboro, kiun Zamenhof faris dum la vivo, oni devas ankaŭ kalkuli multajn librojn de aliaj, ĉar pri granda kvanto da ili (ne nur la oficiala *Kolekto Aprobita*) li konsilis kaj helpis. Multaj esperantaj verkistoj vizitis lin aŭ sendis manuskriptojn al li: li montris sin tre helpema, afabla, senlaca, en tiu ĉi ĝenerale teda tasko.

Kaj, preskaŭ ĉiunokte, tiu skribmaŝino klakadis, klakadis post la noktomezo. Sur ĝi restis la surskribo de Klara: 'Ni laboru kaj esperu'.

PATRO INTER SIAJ GEFILOJ

Zamenhof estis tiel afabla, ke, kvankam turmente okupita, li atentis tiujn bagatelojn, kiuj povas tre ĝojigi aliajn. Ekzemple, en februaro 1913 li telegrafis al Moscheles por la sepdeka naskiĝdatreveno:

> *Konservu plenege amiko plej kara*
> *viglecon kaj sanon ĝis festo centjara*

ZAMENHOFOJ

Ofte li sendis tiajn salutojn al individuoj aŭ al societoj. Centojn da poŝtkartoj li sendis por kuraĝigi esperantistojn diversmaniere; multaj el ili ŝajnas individue pripensitaj. Subskribokolektantoj tre ĝenis lin en kongresoj; sed liaj skribaĵoj en albumoj ofte montras ian spritecon aŭ personan ĝentilecon. Ĉion li devis fari rapide; sin suferige li laboradis; lia manskribo iĝis malbona kaj en ĝi oni ofte vidas indikojn de rapideco kaj laceco; sed tre bonkore li atentis la sentojn de personoj.

Kvankam li mem, verŝajne, ne multe bezonis tiajn helpilojn, li ankaŭ komprenis, kiel la ordinara persono bezonas konkretajn simbolojn: ritojn, tradiciojn, emblemojn, sakramentojn. Eble dum la frua epoko la esperantistoj kelkfoje iom ridindigis sin pro tro da verdaj steloj, tro da flagoj, tro ofta kantado de sia himno, apartigaj frazoj aŭ moroj; certe tiaj taktikaj eraroj estas nun evitendaj laŭ la kriterioj de la moderna vivo; tamen, tiu ŝajne bagatelema flanko de la movado siatempe havis sian utilecon. La aŭtoroj de mortnaskitaj lingvoprojektoj, la nuraj logikuloj, scienculoj, teoriumuloj, ofte estis, en mallarĝa faka senco, pli bonaj lingvistoj ol Zamenhof; sed ili ne kreis vivantajn lingvojn kaj ne interesigis ordinarajn homojn. Zamenhof, humila, profunde humana kaj esence homeca, donis al ordinaraj homoj ne nur lingvon, sed varman emocian klimaton, instigan etoson; li fondis 'familian rondon'; kaj tiel oni iras al bonaj novaj celoj.

Zamenhof eksiĝis el sia ĉefpozicio en la movado, grandparte, ĉar li volis komplete dediĉi sin al homaranismo sen kompromiti Esperanton. Nova libreto, *Homaranismo*, aperis en Madrido en 1913. Hachette rifuzis eldoni ĝin. Ĉi-foje Zamenhof uzis sian propran nomon. La ĝeneralaj principoj estis tiuj de la antaŭaj verkoj, sed li skribis iom pli detale pri la temo de persona religio:

'La plej altan kaj por mi ne kompreneblan Forton, kiu estas la kaŭzo de la kaŭzoj en la mondo materia kaj morala, mi povas nomi per la nomo "Dio" aŭ per alia nomo, sed mi konscias, ke la esencon de tiu Forto ĉiu havas la rajton prezenti al si tiel, kiel diktas al li lia prudento kaj koro aŭ la instruoj de lia eklezio. Neniam mi devas malami aŭ persekuti iun pro tio, ke lia kredo pri Dio estas alia ol mia.

'Ni konscias, ke la esenco de la veraj religiaj ordonoj kuŝas en la koro de ĉiu homo sub la formo de konscienco, kaj ke la ĉefa por ĉiuj homoj deviga principo de tiuj ordonoj estas: agu kun aliuloj tiel, kiel vi dezirus, ke aliuloj agu kun vi: ĉion alian en la religio mi rigardas kiel aldonojn, kiujn ĉiu homo, konforme al sia kredo, havas la rajton rigardi aŭ kiel devigajn por li dirojn de Dio, aŭ kiel komentariojn, kiujn miksite kun legendoj donis al ni diversgentaj grandaj instruintoj de la homaro, kaj kiel morojn, kiuj estas starigitaj de homoj kaj kies plenumado aŭ neplenumado dependas de nia volo.

'Se mi kredas je neniu el la ekzistantaj revelaciaj religioj, mi ne devas resti en iu el ili sole pro motivoj gentaj kaj per mia restado erarigi la homojn pri miaj konvinkoj kaj herede nutri per senfinaj generacioj intergentan disecon, sed mi devas – se la leĝoj de mia lando tion permesas – malkaŝe kaj oficiale nomi min "liberkreda", ne identigante tamen la liberkredon speciale kun ateismo, sed rezervante al mia kredado plenan liberecon.'

Laŭ aktualaj pensomodoj kaj kristanaj kaj kontraŭreligiaj, oni verŝajne tuj reĵetus la ideojn de Zamenhof kiel nebulajn kaj naivajn: sed eble estus pli saĝe, primediti ilin pli humile. Tiaj konceptoj estus ja modifintaj la sangan historion de la homaro, kredeble en bonan direkton. Ĉu tiaj konceptoj malutilas eĉ hodiaŭ? Ankoraŭ ne ĉesis la suferado de homoj pro maltoleremo, religiaj aŭ ideologiaj persekutadoj; ankoraŭ ne malaperis la tragika insisto de eraremaj homoj kredi sin centprocente pravaj. Kaj la interna vivo de aŭtentika zamenhofa humanisto malhavus almenaŭ du grandajn malhelpojn al evoluado interna: sensignifajn rutinaĵojn kaj sinaprobemajn sintrompojn.

En 1913 Zamenhof pripensis du kongresojn. Li korespondis kun Sebert pri nova Universala Kongreso en Svisujo: unue oni elektis Ĝenevon, sed poste, kiam la organizonto, D-ro Stromboli, subite forlasis la movadon, oni elektis Bernon. Zamenhof deziris aranĝi sendependan kongreson pri homaranismo, kaj atendis entuziasman reagon precipe el Rusujo kaj Ĉinujo. Javal, la plej simpatianta pri tiu ĉi temo, jam mortis: Zamenhof konsultis Bourlet, kiu konsilis lin ne okazigi tian kongreson en Francujo. En junio, Zamenhof estis jam findecidinta, ke ankoraŭ ne estas la ĝusta tempo por pli propagandi homaranismon.

Letero, kiun li iam intencis dissendi al la tutmonda gazetaro, diversmaniere atestas pri lia sendependa pensmaniero kaj lia simple-homa, home-saĝa psikologia perceptemo:

'Pri la personoj, kiuj efektive *kredas*, ke ilia religio estas la sole vera kaj donita de Dio, ni kompreneble ne povas paroli, ĉar ni ne povas kaj ne volas devigi iun forlasi sian kredon; cetere *ili* eĉ tute ne suferas de la dividiteco de la homaro, ĉar la feliĉiga konscio, ke ili solaj havas la veran Dion, riĉe rekompencas eĉ pro la plej grandaj suferoj. Sed ekzistas nun grandega multo da homoj, kiuj de longe jam *perdis* ĉiun kredon je la specialaj dogmoj de tiu aŭ alia eklezio, kiuj tute ne distingiĝas unuj de aliaj per sia persona kredo kaj kiujn sekve la religio tute ne devas disigi – kaj tamen ... eĉ ilin la religio disigas ne malpli ol la kredantojn! La kaŭzo estas jena:

'La plimulto da homoj bezonas por sia vivo ian eksteran reglamentadon, sen kiu ili sentus sin kvazaŭ pendantaj en la aero; ne sole ian konkretan etikan programon, sed ankaŭ iajn morojn, festojn, ceremoniajn aranĝojn en la plej gravaj momentoj de sia vivo kaj ĉe sia morto: ĉion ĉi tion oni povas havi nur tiam, kiam oni estas alskribitaj al ia difinita religia komunumo. Ĉar la transiro al alia religia komunumo postulas konfeson de dogmoj, kiujn la nekredanto ne povas akcepti, tial, ne dezirante fari mensogan agon, la nekredanto restas en tia religia *komunumo*, en kiun blinde kaj sen lia ŝuldo metis lin la naskiĝo. Tio vole-ne-vole devigas lin esti hipokritulo, kaj tiu hipokriteco precipe turmente montriĝas ĉe la eduko de la infanoj, kiuj konstante vidas, ke ilia patro parolas alie kaj agas alie, ke li ĉiumomente faras tion, kion "Dio malpermesis" k.t.p. Kaj pro la ŝajna apartenado al malsamaj religioj kaj sekve pro la malsameco de la moroj kaj aranĝoj de la vivo kaj pro la konstanta kaj sola hereda memorilo pri la malsameco de la deveno – inter la nekredanto de unu religio kaj nekredanto de alia religio ĉiam staras disiga muro.

'Ekzistas personoj, kiuj havas la kuraĝon publike defali de tiu religio, en kiu ili naskiĝis, kaj alskribi sin malkaŝe al komunumo de senreligiuloj, sed ankaŭ per tio ili ne multe gajnas. Kiam ili

forĵetas ĉiujn religiajn morojn, ĉiujn festojn, ĉiun eksteran regla-
mentadon de la vivo, tiam ilia vivo fariĝas tro proza, ankaŭ ĉi tio
precipe sufere montriĝas ĉe la edukado de la infanoj, ĉar infanon
oni ne povas nutri per abstraktaj teorioj – ĝi bezonas eksteraĵon
kaj impresojn. Infano de senreligiulo neniam povas havi en la
koro tiun varmon, tiun feliĉon, kiun al infano de religiulo donas
la preĝejo, la tradiciaj moroj, la posedado de "Dio" en sia koro.
Kiel kruele ofte suferas infano de senreligiulo, kiam ĝi vidas alian
infanon, kun feliĉa mieno irante en la preĝejon aŭ prepariĝantan
por sankta festo, dum ĝi mem, demandante sian patron "Kia estas
nia religio? Kie estas nia preĝejo?", ricevas respondon: "Dio ne
ekzistas, preĝejon ni ne havas".

'Kaj tamen eĉ tiu malkaŝa senreligieco ne multe helpas al la
forigo de la religia diseco inter la homoj, ĉar ligi la homojn povas
nur sameco *pozitiva* sed ne negativa.'

Fakte, multaj el tiuj malsamaj moroj, kiuj forte atentigis
pri sektoj en la Rusa Imperio – malsamaj kostumoj, festotagoj,
dietaj reguloj – ne plu multe gravis en okcidenta Eŭropo. Sed la
psikologiaj perceptoj de Zamenhof estas utilaj. Tiaj malsamaj
moroj, devenante el religioj, ankoraŭ gravas, eĉ ekster la kadro de
la kristanaj eklezioj, ekzemple en Hindujo kaj partoj de Afriko;
kaj oni eble rajtas samtempe pripensi la specialajn morojn, tradi-
ciojn kaj emblemojn, ligitajn kun ideologiaj aŭ naciismaj grupoj.[40]

La preparoj antaŭ la Universala Kongreso inkluzivis peda-

---

40 Ekzemple, ĉe skoltoj, junpioniroj aŭ kelkaj junribelaj grupoj,
kiel la nuntempaj *beatnikoj*, diversaj portantoj de politikaj uniformoj,
en diversaj landoj; oni povus ankaŭ enkalkuli kelkajn kvazaŭ profesiajn
uniformojn.

gogian taskon: enŝtopadon de sufiĉa lingvoscio en la kapeton de la naŭjara Lidja. Dum 1913 Adamo kaj Sofia ambaŭ studis en Lausanne kaj tial povis tre facile viziti Bernon; Lidja, kiu deziregis revidi la gefratojn, ĉiam rifuzadis lerni Esperanton kaj ankoraŭ sciis nur 'Bonan nokton!' kaj 'ĉokolado'. Konduki tian infanon al kongreso estus ĝene kaj malbone ekzemplus; sed Lidja estis tro juna por resti sola en la hejmo: Klara parolis serioze al ŝi, klarigante, ke, se ŝi volas iri al Berno, ŝi devas lerni Esperanton. Tiam Lidja finfine ekstudis ĝin, kaj en ses semajnoj faris mirindan progreson.

Ŝajnas, ke Lidja estis knabino petolema kaj ĉarma, kiu kuraĝis ŝteleniri la iam tabuan studoĉambron de la patro kaj diri: 'Paĉjo, pilkludu kun mi!' Tion Paĉjo gaje faris dum kelkaj minutoj. Estis Lidja, kiu, vespere, post la foriro de la lasta paciento, trotadis ĝoje kun Paĉjo al la superplena leterkesto.

Estis ankaŭ eta Lidja, tiam kvinjara, kiu, kiam la patro festis sian dudekkvinan jubileon kiel kuracisto, subite aperis inter la vizitantoj, en la florornamita salono, por fiere montri la novajn noktĉemizon kaj pantoflojn. Mallongan tempon poste, kiam oni festis la kvindekan naskiĝdatrevenon de Zamenhof, Lidja ĉeestis, dum Grabowski, Belmont, Kabe kaj aliaj gratulis per mallongaj esperantaj paroladoj; sed post nelonga aŭskultado ŝi stariĝis, pepis indigne: 'Pri kio ili babilaĉas? Mi komprenis ne eĉ unu vorton!' Kaj fortrotetis, kaŭzante multajn ridetojn.

Kvankam Lidja estis petolema, ŝi adoris sian patron. Li estis ĉiam preta respondi al ŝiaj demandoj kaj helpi ŝin; ŝi petis lian helpon precipe pri hejmtaskoj de aritmetiko. Malofte li riproĉis ŝin; sed tiuj riproĉoj maloftaj, mildaj, paciencaj, raciaj, tuj larmigis ŝin, kaj multe pli efikis ol la pli severaj riproĉoj de Sofia.

Kiam la kateto de Lidja kaptis sian unuan muson, ŝi kuris entuziasme por rakonti la venkon al la patro. Sendube lia respondo iomete ĉagrenis ŝin: 'Lidja, ĉu vi ne pensas, ke ankaŭ la muso deziras vivi?' Sed lian universalan kompaton ŝi poste bezonis, kiam ĉiuj kristanaj knabinoj ĉe la lernejo, laŭ gepatraj instrukcioj, sisteme turnis la dorsojn al la judaj knabinoj. Ili denove ekflustris tiujn malnovajn mokojn, kiujn eta Lazaro iam aŭdis en Bjalistoko: 'Ajlo ... Malpuraj judetoj ... Ili murdas kristanajn infanojn.' Lidja kuris hejmen, ĵetis la brakojn ĉirkaŭ la kolon de la patro kaj kroĉis sin al li en sufersilento. Ŝi estis judineto; sed Paĉjo manĝis porkaĵojn, precipe ŝinkon ... do Paĉjo devas esti kristano ... sed li neniam preĝis en la belaj varsoviaj preĝejoj ... Post multaj jaroj Lidja elektis sian solvon al la religia problemo.

Antaŭ la kongreso la familio iom ripozis en la germana kuracloko Bad Neuenahr, kaj tie grava perdo frapis Zamenhof. La morto de W. T. Stead, en la tragika ŝippereo de la ŝipo *Titanic*, malĝojigis Zamenhof antaŭ jaro; sed nun venis el Parizo la novaĵo, ke Carlo Bourlet, la gaja, brava, sprita, inteligenta Bourlet, kiu restis lojala, kiam aliaj dizertis, kiu restis lojala spite polemikojn kaj ĵaluzojn, kiu antaŭ nur kelkaj semajnoj korespondadis konfidence kun Zamenhof pri homaranismo, estas morta. Li englutis fiŝoston, kiu kaŭzis absceson en la gorĝo; operacio malsukcesis kaj Bourlet mortis la 12an de aŭgusto, nur kvardeksepjara.

La 15an de aŭgusto Zamenhof jam estis en Parizo, kie li penis konsoli generalon Sebert, kiu perdis sian ĉefhelpanton. La sekvantan tagon li sekvis la florkovritan ĉerkon al la enterigejo en Montrouge, kie li parolis mallonge kaj kortuŝe. Nun, en la amareco de tiu doloro, li parolis klare, subtenis Bourlet kontraŭ la pikemaj enviuloj:

'En Parizo li fondis grupon, kiu per sia bonega organizo kaj vigla laborado baldaŭ fariĝis imitinda modelo por ĉiuj aliaj grupoj esperantistaj en la mondo. Al lia senlaca iniciatado, instigado kaj helpado ni ŝuldas grandan riĉiĝon de nia literaturo kaj aperon de plej gravaj verkoj pri kaj en nia lingvo, al lia iniciato kaj energia laborado ni ŝuldas la fondiĝon de gravaj institucioj, kiel ekzemple la *Internacia Scienca Asocio* kaj aliaj. Li laboris ne sole en sia urbo: por multaj lokoj, kie oni bezonis helpon, aŭ kie aperis ia danĝero por nia afero, Bourlet, la energia helpanto de nia kara generalo Sebert, ĉiam estis preta kun sia laboro kaj helpo. Sed unu el la plej gravaj roloj de Bourlet estis ĉe niaj kongresoj. Ĉiuj aranĝintoj de kongresoj de Esperanto scias tre bone, kiom multe Bourlet laboris por ĉiu kongreso, antaŭ ĝi, dum ĝi kaj post ĝi. En la jaro 1914 Bourlet estis aperonta antaŭ ni kiel rekta kaj senpera organizanto de la kongreso en lia propra urbo, de la kongreso en Parizo, jam antaŭ pli ol unu jaro li komencis plej energian preparadon de tiu kongreso, la kongreso promesis esti grandioza, la tuta mondo esperantista, konante tre bone la organizajn kapablojn de Bourlet kaj lian eksterordinaran energion, atendis tre multe de tiu kongreso kaj prepariĝadis veni en tre grando nombro. Sed ho ve, la senkompata morto diris sian kruelan vorton.

'Mi ne volas plu paroli. Ne ĉiuj esperantistoj scias, kiom multe nia afero ŝuldas al nia kara foririnto. Venos la tempo, kiam ĉiuj esperantistoj ekkomprenos, kiel gravega estis la laborado de Bourlet, kaj tiam, ho ve, tro malfrue ili rekompencos al lia ombro tiun sendankecon, kiun li de kelkaj flankoj suferis, dum li vivis.

'Al la nekonsolebla edzino kaj al ŝiaj gefiloj mi povas certigi, ke en la mondo de la esperantistoj la memoro pri la kara foririnto neniam mortos.

'Vi, ombro de nia kara amiko kaj kunbatalanto, akceptu mian funebran saluton kaj per mi la saluton de tiu afero, por kiu vi tiel multe kaj sindone laboris.'

Dum la revenvojaĝo, Bolingbroke Mudie povis akompani Zamenhof ĝis Charleroi, kaj iom distris lin per ŝakludado kaj konversacio. Zamenhof kredeble restis en Bad Neuenahr ĝis la 23a de aŭgusto, kaj tiudate alvenis Bernon. Tie la sola ceremonio honore al Zamenhof okazis dum la Solena Malfermo, kie René de Saussure, klera kaj sprita, faris la malferman paroladon. Junulino, vestita en svisa nacia kostumo, ceremonie donacis al Zamenhof oran medalon, kiu reprezentis *spesmilon*; *speso* estis tiutempa fiktiva monunuo internacia por esperantistoj; poste venis la *stelo* de Universala Ligo. Alia junulino, same bele vestita, donacis al Klara bukedon da ruĝaj rozoj. La kongresanoj aplaŭdegis, sed Zamenhof diris nur:

'Esperanto ne plu dependas de iu sola homo, nek de sola aro da homoj, por sia sukceso. Homoj povas veni, kaj homoj povas iri, sed Esperanto daŭros, ĝis la idealo pri internacia lingvo, kuniganta ĉiujn popolojn per ligo de komuna komprenado, estos atinginta sian venkan realiĝon por la bono de la tuta homaro.'

La kongreso bone sukcesis, kun 1.015 kongresanoj kaj harmonia etoso; eble la modesteco de Zamenhof finfine hontigis kelkajn ĵaluzemulojn. La sama trupo, kiu en Antverpeno prezentis *Kaatje*, prezentis *Ginevran*, originalan versan dramon de Edmond Privat.

En Berno Zamenhof mem plurfoje penis forigi la personan kulton, sed la suno mem petole kuraĝigis ĝin; rigardanto en galerio, dum la bankedo, vidis, ke sunradio tra alta ronda fenestro kreis aŭreolon ĉirkaŭ la kapo de Zamenhof. Sed la sinteno de Zamenhof mem evidentiĝis iom antaŭ la kongreso, kiam Max Butin, juna, entuziasma esperanta recenzisto, propagandisto kaj ĵurnalisto, vizitis lin en Bad Neuenahr. Zamenhof renkontis la dudekkvinjaran amikon ĉe la stacidomo, regalis lin per glaciaĵo kaj promenis kun li en la arbaro. Dum ili marŝis sur alta, serpentuma vojeto, Butin elprenis notlibron kaj krajonon por noti kelkajn respondojn de Zamenhof. Li faligis sian krajonon, kiu forruliĝis. Zamenhof, kvankam kormalsana, kuris por rekapti ĝin, kaj, kiam Butin protestis, li respondis: 'Ĉu vi forgesis, ke ni estas fratoj?'

Zamenhof probable restis en Berno kun la familio ĝis la fino de aŭgusto; li certe revenis al Varsovio antaŭ la 10a de septembro. Flanka rezulto de la morto de Bourlet estis, ke Hachette ne plu eldonis *La Revuon*, la librojn de la Biblio kaj aliajn esperantajn librojn. Cart, kiu iam estis inter tiuj, kiuj plej indignis pro la monopola kontrakto kun Hachette, tiam provis akiri similan novan monopolon por sia propra Presa Societo. Zamenhof ĝentile rifuzis:

'Mia profesio, donante al mi tre multe da laboro, donas al mi tamen ne sufiĉe da enspezoj, ĉar miaj pacientoj pagas al mi tre malmulte ... Se mi en la lastaj 9-10 jaroj povis vivi sen zorgoj kaj eĉ permesi al mi ĉiujare 5- aŭ 6-semajnan libertempon, por rebenigi mian sanon – tiun povon donis al mi nur la enspezoj, kiujn mi ricevadis de Hachette pro miaj laboroj. Nun, kiam Hachette ne volas plu eldonadi miajn verkojn, mi devas serĉi ian alian rimedon, por kovri mian profesian deficiton (ekzemple rifuzi al mi la por mi necesegan someran libertempon, peni havi pli da pacientoj k.t.p.). Sed ĉar miaj fortoj estas jam terure elĉerpitaj kaj mi jam nun plenumas miajn laborojn nur kun tre granda malfacileco, tial – se mi deziras daŭrigi mian Biblian laboradon – mi devas bedaŭrinde peni, ke tiu laborado donu al mi enspezojn. Ĉu tiajn enspezojn povus doni al mi la "Presa Societo", kiu jam mem estas malriĉa ... pri tio mi tre forte dubas.'

Aliaj problemoj, aliaj doloroj, premis lian koron. Post lia sesjara silentado pri la perfido de la idistaj ĉefoj, li finfine sentis, ke li devas respondi al cinike kalumniaj onidiroj. Tiucela letero aperis en *Ondo de Esperanto*. La lastaj vortoj de tiu ĉi artikolo efikas tragike, kiam oni memoras, ke estis Ludoviko Zamenhof, kiu skribis ilin:

'Kun granda abomeno mi ektuŝis la temon, pri kiu mi volis neniam paroli. Mi ĉiam silentis, ĉar unue mi ne volas entiri min en polemikon kun certa kategorio da personoj, kaj due mi ĝis nun ĉiam esperis, ke la konscienco de tiuj personoj fine eble vekiĝos kaj, se ili ne pentos siajn malbelajn agojn, ili almenaŭ ĉesigos sian konstantan insultadon kaj kalumniadon. Mi petas pardonon, ke mi fine perdis la paciencon kaj diris kelkajn vortojn. Mi antaŭvidas tre bone, kia amaso da koto nun estos ĵetata sur min; sed tiuj sinjoroj faru, kion ili volas.'

En Japanujo estis nigra epoko por Esperanto, kaj oni ĵus pendigis deksep japanajn esperantistojn kiel 'anarkiistojn'. En Hungarujo oni rifuzis al esperantista grupo permeson okazigi propagandan kunvenon, sub la preteksto, ke Esperanto estas ĵargono de ŝtelistoj; kaj, kiam kelkaj ĵurnaloj aperigis protestojn, la policestro senhonte respondis, ke 'estas malpermesite, ke laboristoj lernu lingvon, kiun ne komprenus la labordonantoj'. Oni kelkfoje montris, kiel tiuokaze – kaj kiel kelkaj nesciuloj ankoraŭ montras hodiaŭ –, la plej groteskajn miskomprenojn pri Esperanto.

Tamen la ĝeneralaj perspektivoj por Esperanto kaj eĉ por homaranismo ŝajnis esperigaj: en preskaŭ ĉiu lando pli da homoj lernis Esperanton; la lingvo gajnadis estimon en klerigaj, profesiaj kaj progresemaj rondoj; la ĉiujara universala kongreso estis por multaj homoj la ĉefevento de la jaro; ŝajnis, ke, antaŭ la forpaso de alia kvaroncentjaro, Esperanto vere estos ludinta indan rolon en la interfratigo de la popoloj kaj pacigo de la mondo. Je la komenco de 1914, Zamenhof skribis al Sebert:

'La pasinta jaro estis por ni efektive tre malfeliĉa; tamen ni ne havas kaŭzon por malesperi, ĉar ĝuste tiu fakto, ke malgraŭ la tre gravaj perdoj nia afero trankvile iras sian vojon – tio devas konsoli nin, ke nia afero jam ne dependas plu de apartaj personoj kaj cirkonstancoj. Ankaŭ la konstanta atakado kaj bojado de kelkaj personoj *interne* de nia tendaro ne devas nin timigi, ĉar Vi certe jam delonge rimarkis, ke tiun atakadon la grandega plimulto de la esperantistoj tute ne atentas; la interna malpaco ekzistas nun preskaŭ nur en Parizo; kaj mi esperas, ke ankaŭ tie ĉio pli aŭ malpli frue trankviliĝos.

'Estas vero, ke nia afero ne faras nun grandegan progreson; sed ĝi fortike *vivas*, kaj tio jam sufiĉas. Pli aŭ malpli frue niaj malamikoj laciĝos kaj tiam nia afero denove potence ekfloros.'

'Ni laboru kaj esperu.' Ĉiuvespere la skribmaŝino klakadis: sekvis unu la alian tradukoj el la Malnova Testamento. La plumo daŭre skribis tiujn kuraĝigan poŝtkartojn kaj konsilajn leterojn. Ĉiuvespere Lidja helpis sian paĉjon malplenigi la leterkeston ...

Sed super Sarajevo la nuboj jam amasiĝis ... Ŝtalŝtormego estis venonta.

LA KORO NE PLU ELTENAS

Vere promesplenaj ŝajnis la antaŭpreparoj por la Deka Universala Kongreso en Parizo. Rekorda estis la aliĝinta kongresanaro: 3.739. La organizantoj mendis la grandan Gaumont Palace por la semajno kaj planis tre interesajn postkongresajn ekskursojn. La garantiita kapitalo de la Kongreso atingis la sumon de £2.400; Hachette promesis £80. Naciaj esperantaj asocioj aranĝis grandskalajn karavanojn. Oni esperis prezenti Georgo Dandin *en la traduko de Zamenhof mem, kaj parton de la tragedio* Sokrato *de Charles Richet, tradukitan el la franca. Tre bona kongreslibro enhavis eĉ detalan mapon de Parizo. Dato por la malfermo de tiu grandioza kongreso: la 2a de aŭgusto 1914.*

La 2an de julio, Zamenhof skribis al Cart:

'Dum mia restado en Parizo mi faros verŝajne tre malmulte da vizitoj, ĉar korpe kaj spirite mi estas tre laca. Tamen la blindulojn mi tre volonte vizitos kune kun mia edzino; sed mi petas vin, volu siatempe memorigi min pri tio.'

Li penadis samtempe plani kongreseton, kiu almenaŭ komencos serioze diskuti la homaranismon, en Berno, de la 12a ĝis la 14a de aŭgusto. Kiam oni invitis lin al la fondkunveno de internacia juda asocio en Parizo, li respondis:

'Mi estas profunde konvinkinta, ke ĉiu nacionalismo prezentas por la homaro nur plej grandan malfeliĉon, kaj ke la celado de ĉiuj homoj devus esti: krei harmonian homaron. Estas vero, ke la nacionalismo de gentoj premataj – kiel natura sindefenda reago – estas multe pli pardoninda, ol la nacionalismo de gentoj premantaj; sed, se la nacionalismo de fortuloj estas nenobla, la nacionalismo de malfortuloj estas neprudenta; ambaŭ naskas kaj subtenas unu la alian, kaj prezentas eraran rondon de malfeliĉoj, el kiuj la homaro neniam eliros, se ĉiu el ni ne oferos sian grupan memamon kaj ne penos stariĝi sur grundo tute neŭtrala.

'Tio estas la kaŭzo, pro kiu mi malgraŭ la korŝirantaj suferoj de mia gento ne volas ligi min kun hebrea nacionalismo, sed mi volas labori nur por interhoma justeco *absoluta*. Mi estas profunde konvinkita, ke per tio mi alportos al mia malfeliĉa gento multe pli da bono, ol per celado nacionalisma.'

Zamenhof, tiel preta oferi tiun gentan egoismon, kiun multaj ankoraŭ trovas laŭdinda, estis tro matura por sia epoko: la 28an de junio ekkrakis la fatala pafo en Sarajevo; indigno ekflamis en

Aŭstro-Hungarujo; la grandaj, senkompataj, neraciaj radoj de la diplomatiaj maŝinoj muĝe turniĝis, pli kaj pli rapide; la maŝinoj elreliĝis. La 23an de julio, tute neakceptebla aŭstra ultimato alvenis en Serbujon: la vivo de miloj dependis de leteroj kaj telegramoj, dum diplomatoj faris lastajn panikajn penojn eviti eŭropan militon.

Verŝajne la 28an de julio, Zamenhof, kun Klara kaj Felikso, ekvojaĝis kaj atingis Berlinon, kie ili kredeble vizitis Julian Neisel, nevon de Zamenhof. Felikso rompis al si kruron kaj devis malfruiĝi, sed Zamenhof kaj Klara daŭrigis sian vojaĝon al tiu brilpromesa kongreso de praktike laborantaj pac-amantoj ...

Uniformoj; krudvoĉaj komandoj; ŝtalaj briloj. La 1an de aŭgusto, oni haltigis Zamenhof kaj Klaran en Kolonjo; post la militdeklaro de Aŭstrujo kontraŭ Serbujo, la antaŭan tagon, Germanujo militdeklaris kontraŭ Rusujo. Zamenhof, malamika al neniu, subite iĝis, laŭ la freneza semantiko de politikistoj, 'malamika fremdulo' kaptita en malamika lando. Dum tempeto li daŭre esperis, ke la Kongreso okazos, ke la militdeklaroj signifas nur kelktagan krizon; sed li baldaŭ devis konstati, laŭ la sinteno de deĵorantoj kaj kunvojaĝantoj, ke naciaj malamoj iĝis obsedaj. Li vojaĝis kun Klara al la landlimo kiel eble plej rapide; ĝi jam estis fermita.

Vivo plena de sindetrua sinoferemo, de sindediĉo, de laboregado, de heroa malegoismo, vanis. Vanis miloj da bonvolaj gestoj kaj civilizaj interŝanĝoj sub la verda stelo. Vanis la multjara, malfacila, komplika kunlaborado; nun amo mem ŝajnis tute vana.

Militpsikozo infektis tutan kontinenton. Amindaj homoj kondamnis sin al terura, longa kaj senutila suferado. Ie en Germanujo, kie la pontoj tremis sub la knaranta, senfina, senpenta, senkompata procesio de surradaj mortigiloj; ie sur unu el tiuj peronoj, kie personaj amoj, pro politiko detruitaj, faris lastajn rapidajn adiaŭojn; aŭ ie en homplenega, brueganta vagono ŝarĝita de homa angoro, timego kaj malamo, la granda, varma, pacienca koro de Zamenhof finfine disrompiĝis. Tiel komenciĝis lia multmonata mortiĝado.

Inter militistaj ŝarĝveturiloj, uniformoj, burokratoj, Klara laŭ siaj ebloj flegis sian edzon dum hejmvojaĝo tortura. Ne eblis eĉ skribi aŭ telegrafi al Varsovio. La pakaĵoj perdiĝis en Kolonjo. La sola ebla revenvojo estis tra Germanujo, Danujo, Svedujo kaj suden tra Finnlando: tiu inkubsonĝa vojaĝo daŭris dekkvar tagojn. Zamenhof kaj Klara ne trovis sidlokojn en la ĝisfenestre plenaj vagonoj, sub la kruela suno de brulanta aŭgusto; ili havis nek sufiĉajn subvestaĵojn, nek normalajn manĝaĵojn aŭ trinkaĵojn. Nur meze de aŭgusto ili estis denove en Varsovio, en lando febre ekscitita de esperoj pri pola aŭtonomio. Tiam Zamenhof ankoraŭ ne sciis pri la sorto de Felikso, kaj penis trovi lin pere de Margrethe Noll en Danujo. Estiĝis ĝenerala cenzuro ĉie, kaj Zamenhof ne rajtis plu eĉ korespondi per sia kara lingvo; liaj leteroj devis esti en la franca aŭ germana. Finfine Felikso revenis hejmen, tra Peterburgo; Margrethe Noll vane penadis informiĝi pri la perditaj pakaĵoj.

Ĉar la registaroj de 1914 ankoraŭ ne tiel, kiel tiuj de 1939, perfektigis administraciajn aparatojn por turmenti kaj malhelpi senkulpulojn, Zamenhof kaj Klara almenaŭ iris hejmen sen malliberiĝo aŭ turmentoj plenintencaj. Savis ilin de aresto eble parte la videbla malbonfarto de Zamenhof, eble parte lia internacia renomo. Ofte esperantistoj, laŭ administraciaj vortoj 'malamikaj', helpis unu la alian atingi la hejmojn, kvankam multaj spertis malkomfortajn, danĝerajn vojaĝojn.

Iasence oni eĉ malfermis la Dekan Universalan Kongreson. Kelkaj esperantistoj iris al la Gaumont Palace, elfosis sinjoron Chavet el la laboramaso, kiu minacis dispremi lin, kaj kunvenigis kiel eble plej multe da esperantistoj por improviza kunveno. Chavet, ege emociita, faris ian malferman paroladon por tiu Kongreso, kiu ne okazis; kaj brita esperantisto invitis la Dekunuan Kongreson al Edinburgo en 1915, 'kiam la milito estos finita ...' UEA tuj eklaboris por helpi la malfeliĉulojn sin trovintajn en netaŭgaj lokoj, kiam la milito eksplodis, kaj jam en oktobro estis kontaktiginta multajn disigitajn parencojn.

Malfrue dum tiu somero, Aleksandro Zamenhof vizitis Anglujon kaj permesis al *The British Esperantist* publikigi parton el lia taglibro pri liaj travivaĵoj kiel armea kuracisto dum la rusa-japana milito. Aleksandro vidis tiajn suferojn dum la sieĝo de Port Arthur, ke li decidis, ke li nenial konsentos denove servi en milito ... kvankam li certe sciis, ke la carista registaro ne akceptos la gravecon de konvinkita privata konscienco.

En kelkaj landoj oni persekutis esperantistojn pro suspektoj pri spionado aŭ 'nepatriotismo'; Zamenhof, en tre nelibera lando, devis multon trasuferi kaj timi. Rusaj soldatoj, eĉ surĉevalaj kozakoj, svarmis en Varsovio; multaj rusoj iĝis eĉ pli antisemitaj, ĉar la jida lingvo tre similas la germanan. Rusa ĵurnalo atakis Zamenhof mem kiel 'danĝeran internaciiston'. Rompite, pli kaj pli malsana, en senlima anima doloro, Zamenhof daŭre trolaboris ĉe la malnova skribmaŝino.

Dum la horoj de lia korrompiĝo, iam, kiam li staris ie en homplenega vagono, malsata, soifa, malpurega, mortlaca, mense torturata, sub la aŭgusta suno, aliloke kelkaj homoj trenis el akcidentinta aŭtomobilo frakasitan korpon, iam belan kaj memfidoplenan – la kadavron de Louis Couturat. Estas korfrostiga koincidaĵo, ke Couturat mortis tiel kaj tiam, la 3an de aŭgusto 1914. Louis de Beaufront devis daŭre toleri sian propran societon ĝis la 8a de januaro 1935, kiam li mortis ĉe La Folie, apud Grivesne, post periodo de soleco tiel absoluta, ke oni sciiĝis pri lia morto nur per la poŝtoficeja 'mortinta'-stampo sur letero neliverebla. Tiel pereis granda parto de la sekreto, kiu kunligis tiujn du malfeliĉajn, enigmajn personecojn.

Post la militeksplodo, la kormalsano de Zamenhof daŭre plifortiĝis: pli malfaciliĝis marŝado kaj spirado. La vivkondiĉoj en Varsovio samtempe iĝis pli malbonaj, kun diversaj mankoj, teruraj onidiroj, antaŭtimoj, konstantaj nervostreĉoj. Novaĵoj el ambaŭ frontoj torturis la menson de Zamenhof. Li kiel kuracisto bone sciis pri la realaĵoj de doloro, vundoj, membroŝiroj. Nenia blekado pri gloro povis surdigi lin al dolorkrioj. Vundoj ĉe aŭstroj aŭ germanoj estis al li same turmentaj novaĵoj kiel vundoj ĉe rusoj, poloj, francoj; ĉie la homaj nervsistemoj tre similas.

En aŭgusto 1914, la germanoj ekatakis en Polujo. La rusa generalo Granda Duko Nikolao invadis Galicion dum du rusaj armeoj sub Rennenkampf kaj Samsonov (kiuj tre malŝatis unu la alian) invadis Orientan Prusujon. Tamen la armeo de Samsonov tiel katastrofe malvenkis ĉe la batalo de Tannenberg, ke Samsonov, senesperigite, mortpafis sin sur la batalkampo; Hindenburg kaj Ludendorff venkis Rennenkampf apud la Masuriaj Lagoj kaj forkondukis 125.000 rusajn militkaptitojn. En septembro, Hindenburg iĝis ĉefkomandanto de la germanaj armeoj en Oriento, kaj german-aŭstra ofensivo komenciĝis; baldaŭ germana armeo, sub von Mackensen, atingis Varsovion.

Teruraj estis la antaŭtimoj. La poloj ja sciis, kiel fie germanoj mistraktis polojn en Germana Polujo, kaj dum la unuaj militaj tagoj Kalisz, sen strategia signifo aŭ militaj instalaĵoj, estis terure trarabita kaj bruligita, kaj la germanoj mortigis multajn civilulojn. Tiu barbara ago estis izola, sed sufiĉis por krei pli intensajn malamojn kaj timojn.

Varsovio ne estis urbo facile defendebla; en 1912 oni malkonstruis la malnovajn fortikaĵojn, kun la intenco konstrui ion pli modernan kaj fortan, sed tio restis nur projekto. En la apartamento en Dzika Strato, Zamenhof, kiu tiel forte sentis la suferon de aliaj, ke li ne povis labori kiel ĝenerala kuracisto, kiu estis tiel libera de venĝosoifo, ke li atendis dum ses jaroj, antaŭ ol li eĉ minimume respondis publike al la kalumnioj de Couturat, aŭdis grumbladon, poste orelŝiran tondradon, de proksimiĝantaj kanonoj.

La siberiaj regimentoj – mobilizitaj en la Malproksima Oriento, sed enhavantaj multajn polojn – iris al Varsovio; tie ili tuj, post monatlonga vojaĝo en varvagonoj, ekbatalis kaj tiel heroe rezistadis per fusiloj kaj bajonetoj, sub la muroj mem de Varsovio, ke ili devigis la germanojn retroiri al la landlimo. Oni festis publikan ĝojotagon en Varsovio.

Sed meze de novembro, Turkujo eniris la militon kontraŭ Rusujo; kaj la rusoj restis preskaŭ sen municioj, tiel ke iliaj kanonoj, teknike pli bonaj ol la germanaj, estis preskaŭ senutilaj. Oni urĝe fabrikis grenadojn kaj aliajn municiojn en improvizaj laborejoj en Varsovio, sed tre primitive. Oni batalis en trancêoj dum kruelaj frostoj; poste okazis vintra stagnado; fruprintempe oni batalis denove en Orienta Prusujo kaj Karpatoj, sed Varsovio ŝajnis provizore sekura.

Dume, suferado kaj elĉerpiĝo tute frakasis la neniam fortikan korpon de Zamenhof. La 22an de novembro 1914, Klara devis noktomeze veki Adamon (nun kuraciston), kiu flegis sian morte palan patron dum brustangina spasmo. Por la unua fojo Adamo aŭdis sian stoikan patron ĝemi pro dolorego; sed Zamenhof malpermesis lin voki pli spertan kuraciston; oni ne veku kuraciston nenecese ... la doloro pasos ... Adamo malobeis (kaj poste ricevis patran riproĉon) kaj telefonis al D-ro Kunig; Zamenhof devis pasigi kelkajn tagojn en la lito. Post tiu ĉi epizodo Adamo transprenis la matenan okulistan laboron kaj Zamenhof dediĉis nur du posttagmezajn horojn ĉiutage al pacientoj. Dum la matenoj li laboris pri esperantaj aferoj, kaj tial povis enlitiĝi je normala horo. Li tamen daŭre maltrankviligis sian familion per sia tro persista laborado ĉe la skribotablo. Ĉiutage Klara elpelis lin por promenado, sed estis nenio, kio tentus lin eksteren, en tiu malbela, homoplena, senarba juda kvartalo.

Iel Zamenhof sukcesis sendi malgrandan esperantan broŝuron el Varsovio al Anglujo; esperanta kaj angla tekstoj aperis en *The British Esperantist*, kun peto, ke aliaj gazetoj represu ĝin: ĝi estis la politika testamento de Zamenhof *Post la Granda Milito: Alvoko al la Diplomatoj*.

Zamenhof spitis danĝeron kaj uzis sian propran nomon. Li komencis:

'Terura milito ekkaptis nun preskaŭ la tutan Eŭropon. Kiam finiĝos la grandamasa reciproka buĉado, kiu tiel forte malhonoras la civilizitan mondon, kunvenos la diplomatoj kaj penos reordigi la rilatojn inter la popoloj. Al vi, al tiuj estontaj reordigantoj, mi nun min turnas.

'Kiam vi kunvenos post la plej ekstermanta milito, kiun iam konis la historio, vi havos antaŭ vi eksterordinare grandan kaj gravan taskon. De vi dependos, ĉu la mondo havu de nun fortikan pacon por tre longa tempo kaj eble por ĉiam, aŭ ĉu ni havu nur kelktempan silenton, kiun baldaŭ denove interrompas diversaj eksplodoj de intergentaj bataloj aŭ eĉ novaj militoj ...

'Ĉu vi komencos simple refaradi kaj flikadi la karton de Eŭropo? Ĉu vi simple decidos, ke la terpeco A devas aparteni al la gento X kaj la terpeco B al la gento Y? Estas vero, ke tian laboron vi devos fari; sed ĝi devas esti nur negrava *parto* de viaj laboroj;

gardu vin, ke la refarado de la karto ne fariĝu la tuta *esenco* de viaj laboroj, ĉar tiam viaj laboroj restus tute senvaloraj, kaj la grandegaj sangaj oferoj, kiujn la homaro elportis, restus vanaj.

'Kiom ajn vi volos kontentigi la popolojn, kiom ajn justaj vi penos esti kontraŭ diversaj gentoj, vi nenion atingos per refarado de la karto, ĉar ĉiu ŝajna justeco koncerne unu genton estos samtempe maljusteco koncerne alian genton. La nuna tempo ne estas simila al la tempo antikva: sur ĉiu disputebla peco da tero laboris kaj verŝis sian sangon ne *unu* gento, sed ankaŭ aliaj gentoj; kaj se vi decidos, ke tiu aŭ alia terpeco devas aparteni al tiu aŭ alia gento, vi ne sole ne faros agon justan, sed vi ankaŭ ne forigos sur tiu terpeco la kaŭzon de estonta batalado.'

Kion do Zamenhof konsilis al la diplomatoj?

'La sola efektive justa decido, kiun vi povas fari, estas: laŭte proklami kiel oficialan, firme interkonsentitan kaj plene garantiitan decidon de ĉiuj eŭropaj regnoj la sekvantan elemente naturan, sed ĝis nun bedaŭrinde ne observatan principon: *ĉiu lando morale kaj materiale plene egalrajte apartenas al ĉiuj siaj filoj.*' Zamenhof pliklarigis tiun principon, kiun li longe kredis, kaj faris alian proponon, kiu en 1915 ŝajnis eĉ pli neordinara: 'Plej bone estus, se anstataŭ diversaj grandaj kaj malgrandaj eŭropaj regnoj ni havus iam proporcie kaj geografie aranĝitajn "Unuigitajn Ŝtatojn de Eŭropo". Sed se nun estas ankoraŭ tro frue, por paroli pri tio, oni devas almenaŭ per oficiala kaj interkonsentita akcepto de la supre dirita principo forigi tiun grandegan malbonon, tiun senfinan fonton de konstantaj bataloj, kiun prezentas la identigado de lando kun gento.

'Kiam la supre dirita principo estos oficiale fiksita per garantiita decido de ĉiuj eŭropaj regnoj, tiam malaperos la ĉefa kaŭzo de militoj kaj de konstanta reciproka timado kaj senfina armiĝado, ĉar tiam oni jam neniam kaj nenie povos diri, ke "la patrujo estas en danĝero". Oni scias ja tre bone, ke la vortoj "patrujo en danĝero" ne signifas, ke iu volas deŝiri parton de nia patrujo kaj ĵeti ĝin en la maron, aŭ ke iu volas rabi por si la havon de ĝiaj loĝantoj, sed plej ordinare tiuj vortoj signifas simple: "Minacas danĝero, ke sur ia terpeco, kie ĝis nun *mia* gento estis mastro kaj aliaj homoj estis nur pli aŭ malpli tolerataj, morgaŭ eble alia gento fariĝos mastro kaj mia gento estos nur tolerata"'.

La forigo de ĉiu opresado kontraŭ minoritatoj forigus la kaŭzon de intergentaj konfliktoj:

'Mi scias tre bone, ke la malamo inter la gentoj ne malaperos *subite*, en unu tago, kian ajn aranĝon la diplomatoj farus. Sed por tio poste laboros jam personoj *privataj*, per predikado, edukado, alkutimigado ktp; de vi, diplomatoj, ni atendas nur, ke vi donu al ni la eblon tion fari. Reciproka malamo inter la diversaj gentoj de la homaro ne estas io natura, kiel ne estus natura ia reciproka malamo inter la diversaj familioj de unu gento: la malamon kaŭzas nur – krom la facile forigebla reciproka nekomprenado kaj rekonado – la ekzistado de gentoj premantaj kaj gentoj premataj, la blinda egoismo, fiereco kaj kalumniemeco de la unuaj, la natura reagemeco de la lastaj. Estas facile interfratigi homojn liberajn kaj egalrajtajn, sed estas nefareble interfratigi homojn, el kiuj unuj rigardas sin kiel rajtajn mastrojn super la aliaj.'

Zamenhof deziris, ke oni forigu gentajn nomojn de landoj, kaj ke oni starigu konstantan Tut-Eŭropan Tribunalon, kiu juĝos en malfacilaj kazoj; lia alvoko finiĝis:

'Sinjoroj diplomatoj! Post la terura eksterma milito, kiu starigis la homaron pli malalten ol la plej sovaĝaj bestoj, Eŭropo atendas de vi pacon. Ĝi atendas ne kelktempan interpaciĝon, sed pacon konstantan, kiu sola konvenas al civilizita homa raso. Sed memoru, memoru, memoru, ke la sola rimedo, por atingi tian pacon, estas: forigi unu fojon por ĉiam la *ĉefan kaŭzon* de la militoj, la barbaran restaĵon el la plej antikva antaŭcivilizacia tempo, *la regadon de unuj gentoj super aliaj gentoj.*'

Sendube multaj, kiuj legis la alvokon de Zamenhof en 1915, kredis lin naiva. Nuntempe ne estas facile moki. Parto de liaj deziroj plenumiĝas; la cetero ŝajnas pli realigebla sopiro.

En majo la aŭstroj kaj germanoj komencis novan ofensivon ĉe la orienta fronto kontraŭ la rusoj, tiam preskaŭ senhelpaj pro manko de municioj, kanonoj kaj eĉ vestaĵoj. Ĝis la fino de junio, la ofensivo penetris preskaŭ cent mejlojn en la sudo; multaj rusoj estis militkaptitaj. Dua granda ofensivo komenciĝis la 1an de julio; denove la germanoj atingis Varsovion; denove Zamenhof, sidante en la propra hejmo, aŭdis la tondradon de kanonoj; aerŝipo bombardis la urbon kaj bombo falis en Dzikan Straton. Dum teruraj tagoj, ekde la 4a ĝis la 7a de aŭgusto, la germanoj per batalado konkeris Varsovion kaj la ofensivo plueniris al Vilno.

La ordinara vivo, en urbo okupita de malamikaj soldatoj, neeviteble estas malagrabla, timiga kaj humiliga; tamen, Varsovio en 1915, post la batalo, havis relative normalan vivon: ne estis ia teror-orgio; la germana registaro volis akiri bonvolemon ĉe la poloj, kaj, la 5an de novembro 1916, la aŭstra kaj germana imperiestroj eĉ proklamis sendependan Polujon, aliancan kun ili. La carista reago al tiu ĉi sufiĉe inteligenta diplomatia manovro estis ukazo de la 25a de decembro, per kiu la caro promesis polan aŭtonomion post la milito.

Klara kaj aliaj familianoj, kredante, ke translokiĝo al pli agrabla kvartalo eble helpos la sanon de Zamenhof kaj tentos lin al promenoj, aranĝis translokiĝon al 41, Królewska Strato, al apartamento, kiu superrigardis la Saksan Ĝardenon. Zamenhof, kiu diradis, ke li estos feliĉa, se li povos dediĉi la tutan restantan vivon al Esperanto, vere povis tiutempe multe pli dediĉi sin. Li petis la esperantajn gazetojn publikigi anoncon, ke li deziras vendi siajn kopirajtojn; sed, kvankam tiu anonco aperis plurfoje, la rezulto estis negativa – eĉ se kelkaj esperantistoj iam penis kredigi, ke liaj kopirajtoj tre riĉigas Zamenhof.

Kelkaj germanaj esperantistoj inter la okupantaj soldatoj vizitis Zamenhof; tiaj frataj gestoj kuraĝigis lin. Ankaŭ stimulis lin novaĵoj pri la Dekunua Kongreso en San Francisco, en aŭgusto 1915, kun nur 163 kongresanoj, sed iom da konstrua laboro. Sed kiam la amata prezidanto de B. E. A., Harold Bolingbroke Mudie, mortis en januaro 1916, ĉar rapidvagonaro koliziis kun la aŭtomobilo, en kiu li veturis, Zamenhof profunde sentis la perdon de tia amiko. Ĉiusemajne li aŭdis pri junuloj mortigitaj, ofte pri la morto de junaj esperantistoj. Boirac perdis sian dudekkvarjaran filon. Kiam Privat en decembro 1916 vizitis Zamenhof en Varsovio, li trovis lin iom pli bonfarta; sed iu ajn ekscitiĝo aŭ laceco tuj kaŭzis palpitacion; kaj Zamenhof parolis konstante pri la junaj militviktimoj. Multfoje li diris: 'Kial ili mortis, ne mi?' Multfoje li ripetis la karan nomon de Bolingbroke Mudie. Privat penis konsoli lin, dirante, ke li estos bezonata post la milito, kaj ke la venonta kongreso devos esti en Polujo, por ke Zamenhof ne havu lacigan vojaĝon. La estonteco estis kompreneble grava temo en iliaj konversacioj: Zamenhof avertis Privat, ke li ne tro esperu pri la venonta liberigo de multaj premataj gentoj, kiuj, liberigite, rifuzos al aliaj tiujn rajtojn, kiujn ili iam postuladis por si mem. Neniam estos vera harmonio en la homa familio, ĝis ĉiuj familianoj estos liberaj kaj ekzistos iaspeca suverena mondregistaro.

Zamenhof penis aranĝi sian provkongreson de homaranoj en Berno, kaj pretigis cirkuleron, kiu proponis kiel daton 'malfrue en decembro 1916'; poste li devis forstreki tiun ĉi daton kaj post lia morto iu familiano trovis la dokumenton kun trema surskribo, 'Post la milito ...'

Kiam pro malsano Zamenhof ne kapablis labori, li kuŝadis sur la sofo en la studĉambro, kelkfoje dum la tuta tago. Muziko iom konsolis lin: Adamo ludis por li violonĉelon, dum Lidja akompanis ĉe la fortepiano. Se Zamenhof estis sufiĉe sana por eliri, la filino aŭ unu el liaj nevinoj eskortis lin en fiakro al la Lazienski-Parko. Persiste, kiam li estis sufiĉe forta, li dediĉis kelkajn horojn ĉiutage al tradukado; sed la manko de kontakto kun eksterlandaj geamikoj multe deprimis lin. La vizitanto, kiu plej konsolis lin, estis Grabowski, kiu tiutempe laboris super traduko de *Sinjoro Tadeo* de Mickiewicz; tiu traduko ankoraŭ restas klasika. Grabowski, belvoĉa, ofte laŭtlegis partojn de la traduko al Zamenhof. La verva, elokventa konversacio de Leo Belmont ankaŭ tre plaĉis al Zamenhof; kaj Odo Bujwid, eminenta ne nur kiel esperantisto, sed ankaŭ en scienca kaj socia laboroj, ofte vizitis lin. Inter aliaj afablaj vizitantoj troviĝis amika 'malamiko', Majoro Neubarth, germana komandanto ĉe la haveno en Varsovio. Sed Zamenhof ne povis vidi sian filinon Sofian, kiu laboris kiel kuracistino en Ĥarkovo.

Brustanginaj spasmoj iĝis tiel oftaj, ke Zamenhof ne povis sufiĉe dormi; tiu ĉi turmento igis lin eĉ pli nervoza; D-ro Kunig insiste petis, ke li ĉesigu la fumadon, kaj li multe penadis tion fari; sed li trovis, ke nun li ne povas labori sen cigaredoj. Tiu nervturmentado iĝis tiel suferiga, ke li komencis fumi denove, dirante, ke li preferas pli fruan morton ol senutilan plilongigon de la vivo. Sed dum periodo iranta proksimume de oktobro 1916 ĝis februaro 1917, li fartis iom pli bone kaj inklinis plani pri la estonteco. En marto la caro abdikis, kaj lirikeca komento de *Ondo de Esperanto* adiaŭis la carismon tiel:

'Ĉu tio ne estas sonĝo? Ĉu efektive ni estas liberaj civitanoj? Ĉu efektive jam plu ne ligas niajn brakojn kaj krurojn la katenoj, kiuj dum jarcentoj malhelpis nin libere spiri, libere pensi, libere disvolviĝi? Jes, ni estas liberaj!' Frue en aprilo 1917, ankaŭ la vetero pliboniĝis ...

Kaj venis la sankta vendredo, kiam majoro Neubarth renkontis en tramo Grabowski malĝojegan. Zamenhof estis denove tre malsana. El Kopenhago malfrue atingis lin sciigo pri la morto de Aleksandro, kvankam la familianoj estis sukcesintaj kaŝi la polajn ĵurnalojn, kiuj menciis ĝin. Aleksandro, vokite denove en la armeon, konvinkite, ke li devas ne soldatiĝi, sed apartenante al lando, kie ne ekzistis aranĝo por konsciencaj militrifuzantoj, solvis sian netolereblan moralan problemon per sinmortigo.

Zamenhof certe kapablis iom imagi la internajn suferojn de sia plej amata frato. Brustanginaj spasmoj sekvis unu la alian terure rapide kaj torturadis lin. Li apenaŭ povis skribi; la kuracisto devis malpermesi fumadon; li povis nur kuŝi sur la lito. Poste, venis tempo, kiam la kuracisto devis malpermesi al li horizontalan kuŝadon, sed timis eĉ konduki lin el la ĉambro, kie la mortanto povis konstante vidi sian liton. Tagon post tago, nokton post nokto, sidante en brakseĝo, li travivis tiujn intensegajn kordolorojn, tiujn senĉesajn dolorojn de superlacaj muskoloj. Dum tiuj lastaj tagoj, tiu hometo, kiu aspektis tiel neimpona, spartane retenis ĉiujn plendojn, obeante ankoraŭ al sia principo ne suferigi aliajn. Li diris nur, unufoje, ke, se li devas nun morti, li deziras morti rapide.

La 14an de aprilo, D-ro Kunig trovis lin ŝajne iom pli forta: Zamenhof surprizis lin per sia gajeco, rakontis amuze pri siaj strangaj sonĝoj kaj esprimis esperon, ke la venontan nokton li povos kuŝiĝi. Proksimume je la kvina kaj duono vespere, Klara envenis kaj Zamenhof petis permeson kuŝi sur la sofo dum kelkaj minutoj. D-ro Kunig konsentis; Klara rapidis por helpi la edzon al la sofo. Sed ne necesis. Zamenhof estis morta.

Sur lia skribotablo kuŝis kvarpaĝa papero, kun la lastaj notoj, kiujn li verkis per krajono, skizante iun artikolon:

'Ĉio, kion mi nun skribas, naskiĝis en mia kapo ne nun, sed antaŭ kvardek jaroj, kiam mi havis la aĝon de 16-18 jaroj; malgraŭ ke mi de tiu tempo multe meditis kaj legis diversajn sciencajn kaj filozofiajn verkojn, miaj tiamaj pensoj pri Dio kaj pri senmorteco preskaŭ tute ne ŝanĝiĝis.

'Dum en la mondo scienca mi perdos ĉian estimon, mi samtempe en la mondo de kredantoj trovos neniam kompensan simpation, verŝajne nur atakon, ĉar *mia* kredo estos tute alispeca ol *ilia* kredo ... Estos pli prudente, se mi silentus, sed mi ne povas.

'Mia patrino estis religia kredantino, mia patro ateisto. En mia infaneco mi kredis je Dio kaj je senmorteco de l' animo en tiu formo, en kiu instruas mia denaskiĝa religio. Mi ne memoras tute precize, en kiu jaro de mia vivo mi perdis la religian kredon; sed mi memoras, ke la plej altan gradon de mia nekredado mi atingis ĉirkaŭ la aĝo de 15-16 jaroj. Tio estis ankaŭ la plej turmenta tempo de mia vivo. La tuta vivo perdis en miaj okuloj ĉian sencon kaj valoron. Kun malestimo mi rigardis min mem kaj la aliajn homojn, vidante en mi kaj en ili nur sensencan pecon da viando, kiu kreiĝis, oni ne scias pro kio kaj oni ne scias por kio, kiu travivas en la eterneco malpli ol plej malgrandan sekundeton, baldaŭ forputros por ĉiam, kaj dum ĉiuj venontaj senfinaj milionoj kaj miliardoj da jaroj ĝi neniam plu reaperos. Por kio mi vivas, por kio mi lernas, por kio mi laboras, por kio mi amas? Ĉar estas ja tiel sensenca, senvalora, tiel ridinda ...

'Mi eksentis, ke eble morto ne estas malapero ...; ke ekzistas iaj leĝoj en la naturo ...; ke io min gardas al alta celo ...'[41]

---

41 N.B. - [Tiu ĉi] zamenhofa teksto [...] aperas kiel en *Vivo de Zamenhof* de E. Privat; sed tiu teksto ne estas tute sama kiel ĝia trans-skribo kaj partaj fotokopioj aperintaj en *La Praktiko*, dec. 1961, paĝoj 172-174, dank' al E. Privat mem. Interesatoj bonvolu mem kompari.

MORTINTA KAJ SENMORTA

En normalaj cirkonstancoj, reprezentantoj de la Movado en multaj landoj estus ĉeestintaj la enterigon de Lazaro Ludoviko Zamenhof, sed nenormalaj kaj kruelaj estis la cirkonstancoj; kaj precipe la pacientoj de tiu humana okulisto grandigis la enterigan procesion de tiu unua esperantisto.

La 16an de aprilo, je la 3a posttagmeze, tiu procesio eliris la domon 41 Królewska Strato: tiuj familianoj, kiuj tiutempe povis ĉeesti; la varsoviaj esperantistoj; multaj malriĉaj, dankemaj pacientoj. Majoro Neubarth kaj alia germano reprezentis alilandajn esperantistojn. Malrapide la procesio iris tra la Saksa Placo, Wierzbowa Strato, Bielańska Strato, Nalewski Strato, Dzika Strato, memorplena; kaj tra Gesia Strato ĝis Okopowa Strato kaj la

Juda Enterigejo. La nigra serpento multfoje plilongiĝis dum tiu lastomaĝa irado.

Leo Belmont paroladis dum horo, pole, pri Zamenhof kiel 'modela viro, amema patro, perfekta frato, dediĉita amiko, konscienca kaj sinoferanta kuracisto, civitano eksterordinare nobla, plej dolĉa homo'. Plurfoje dum la parolado larmoj haltigis Belmont. Grabowski parolis esperante, dum la funebrantoj staris silentaj, sub la pluvo, ekster la sinagogo. Tie Neubarth promesis, ke la germanaj esperantistoj restos fidelaj; li ne antaŭsciis la amaran ironion de tia promeso, la venontan germanan tragedion.

Inter la unuaj kondolenc-mesaĝoj, kiuj atingis la polan esperantistaron, estis unu, kiu estis kvazaŭ simbolo de la potenco de Esperanto por trarompi la artefaritajn murojn de milita malamikeco: dek du rusaj esperantistoj, kiuj estis tiutempe en militkaptitejo en Hammerstein, tamen sukcesis sendi poŝtkarton al Varsovio – pere de la redaktoro de *Germana Esperantisto*.

La unua tomboŝtono estis tre simpla, multe pli malgranda kaj simpla ol ekzemple la monumento de la patro: sur ĝi estis ĉizita nur la nomo, la mortodato kaj (pole) la vortoj *Kreinto de Esperanto*. Iom poste oni kolektis monon inter la tutmonda esperantistaro por starigi pli grandan kaj dignan monumenton. Ĝi ankoraŭ staras; sed pli grava Zamenhofmonumento troviĝas en homaj mensoj. Al publika memorkunveno en Anglujo, en majo 1918, H. G. Wells sendis mesaĝon, kiu priskribis Zamenhof tiel: 'Unu el la plej noblaj specimenoj de tiu internacia idealismo, kiu estas la natura donaco de la judaro al la homaro'. La juda verkisto Israel Zangwill sendis longan leteron al tiu sama kunveno, kaj skribis: 'Se li deziris forigi la malbenon de Babelo, estis por alvenigi la pacon de Jerusalemo'.

H. G. Wells estis esence sennacieca; Zangwill estis mem judo. Sed la maljuna servantino de la Zamenhof-familio estis pola rom-katolikino, kaj tamen dum la tuta restanta vivo gardis en sia ĉambro fotaĵon de Zamenhof sub sia krucifikso. Ŝi kutimis montri tiun bildon al vizitantoj kaj klarigi: 'Li neniam pekis'.

Kaj, dum memora diservo en la Harcourt preĝejo, Londo-no, la 6an de majo 1917, Paul Blaise, belga esperantisto, tiu-tempe rifuĝinto, legis el la ankoraŭ nepublikigita Zamenhof-traduko de *Jesaja* kelkajn frazojn kortuŝe konvenajn al la vivo de Zamenhof mem kaj al lia morto.

En septembro mortis ankaŭ Emile Boirac, perdinte sian edzi-non pro subita malsano, siajn du filojn pro milito. Sed eĉ dum la milito, la laborado de la esperantistoj daŭris, ofte kun kortuŝaj epizodoj de interfratiĝo sur la batalkampo, kun strangaj neniel atenditaj renkontiĝoj. Feliĉe la oficejo de UEA estis en neŭtrala Svislando: *Esperanto* reaperis en 1915 kaj Hodler bonege laboris por rekontaktigi familiojn, kiujn la milito disigis. Antaŭ la fino de la milito, UEA faris 200.000 tiajn servojn; ĝi ĉiutage plusendis 200 ĝis 300 leterojn. Hodler mortis en marto 1920, nur tridekjara; li postlasis grandan testamentaĵon al UEA, kaj kortuŝan krajon-skribitan noton, kiu esprimis sian lastan deziron: pri bona, un-uigita mondorganizo esperantista.

Universalaj kongresoj de Esperanto okazis, post la unua

mondmilito, ĉiujare ĝis la eksplodo de la dua. Klara Zamenhof, 'la Kontinuantino', ĉeestis la kongresojn en Prago (1921), Helsinki (1922), Nurnbergo (1923) kaj Vieno (1924); en Vieno ŝi estis jam grave kaj dolorige malsana pro kancero, kaj mortis en novembro de la sama jaro. Ŝia lasta esprimita deziro estis, ke oni enterigu ŝin apud la edzo.

Sekvis kongresoj en Ĝenevo (1925), Edinburgo (1926), Danzigo (1927), Antverpeno (1928), Budapeŝto (1929), Oksfordo (1930), Krakovo (1931), Parizo (1932), Kolonjo (1933), Stokholmo (1934), Romo (1935), Vieno denove (1936), Varsovio (1937), Londono (1938) kaj Berno (1939).

La oficiala Esperanto-Movado – UEA kaj filiiĝintaj landaj asocioj – ĉiam penis gardi sian neŭtralecon pri politiko kaj religio; kaj reala neŭtraleco ofte postulis, ankoraŭ ofte postulas, multan kuraĝon, taktikan lertecon, perceptkapablon kaj justemon. Tia sinteno estas la sola, kiu taŭgas por movado celanta varbi homojn en ĉiuj landoj, sub ĉiaj reĝimoj kaj de la plej diversaj opinioj. Ia ajn ekskluziveco malpligrandigus la valoron de Esperanto por interkomprenigi diversopiniajn homojn. Tamen, nun ekzistas diversaj neneŭtralaj esperantaj organizoj, laborantaj por siaj apartaj religiaj, politikaj aŭ socimoralaj celoj. Plej grava estas verŝajne Sennacieca Asocio Tutmonda. Eugène Adam, franca esperantisto, kiun ni kutime konas kiel 'Lanti', tre inteligenta aŭtodidakta manlaboristo, kiu lernis Esperanton en ambulanctaĉmento sur la okcidenta fronto dum la unua mondmilito, fondis SAT en 1921. Ĝi estas klaskonscia laborista esperanta asocio, celanta sennaciecan edukadon; ĝi ne ligas sin kun iu aparta partio, sed la ĝenerala etoso estas maldekstrema. Iam SAT oficiale malpermesis samtempan anecon al SAT kaj al UEA; sed nun estas afero de ĉies privata konscienco. Hodiaŭ SAT havas du altnivelajn, seriozajn gazetojn kaj siajn proprajn internaciajn kongresojn; ĝi eldonas librojn kaj faras multan utilan klerigan laboron; ankaŭ diversaj landaj filioj eldonas proprajn esperantajn-laboristajn gazetojn, kaj okazigas enlandajn kongresojn. La tuta Movado estas ŝuldanto al SAT pro la preparado kaj eldonado de la *Plena Vortaro*, ankoraŭ la plej bona esperanta vortaro aĉetebla kaj valorega klerigilo por ĉiuj esperantistoj.

Dum la intermilitaj jaroj, oni uzis Esperanton pli kaj pli por internaciaj rilatoj; ĝi iĝis 'lingvo klara' por telegramoj; oni faris multajn esperantajn elsendojn el multaj radiostacioj, instruis Esperanton en kreskanta nombro de lernejoj, uzis ĝin por diversaj propagandaj, informaj, fakaj kaj komercaj celoj.

Nia literaturo grandparte iris al matureco, kiam grupo de brile talentaj kaj celkonsciaj esperantistoj en Budapeŝto fondis, en la tria dekono de nia jarcento, literaturan skolon vere gravan. Jam ekzistas multaj imponaj esperantaj tradukoj, sed la vasta plimulto de la originalaj verkoj antaŭ 1922 iom odoris je diletantismo. La Budapeŝta Skolo finfine enkondukis kvazaŭ profesiajn kriteriojn.

La plej brila stelo en tiu grava konstelacio estis Kolomano[42] Kalocsay, kuracisto, kiu ekde 1924 estas ĉefkuracisto en budapeŝta hospitalo. Li estas viro digna kaj alta, kun impona beleco iom

---

42 *Hungare: Kálmán.*

mefistofeleca kaj neordinare bela voĉo. Li esperantistiĝis en 1911 kaj baldaŭ montris talentojn kiel aktoro, deklamartisto kaj verkisto. Li dediĉis sin serioze al tradukado, originala verkado kaj al la redaktado de *Literatura Mondo*, vere altnivela literatura gazeto. Li tradukis: hungarajn popolkantojn; poemojn de Petőfi; *La tragedio de l' homo* de Madách, alian dramon de Karinthy; la *Romaj elegioj* kaj *La Taglibro* de Goethe; eble lia plej konata kaj plej genia traduko estas *Infero* de Dante. Li ankaŭ tradukis arthistorion kaj diversajn verketojn; traduk-adaptis *Ezopan saĝon*; tradukis tutan antologion de poemoj el la plimulto de la kulture gravaj naciaj lingvoj (*Eterna bukedo*) kaj la plimulton de la poemoj en la modela *Hungara Antologio*. Kalocsay montris sin tradukisto miraklece lerta. Lia klereco estas konsterne ampleksa kaj profunda; mirindaj estas lia scio kaj teknika lerteco pri prozodio; eksterordinare nuancita, eltrovema kaj varia estas lia elektado de vortoj kaj sone kaj sence. Sed tiu teknika magiisto ne estas nur inkulo.

Li ja verkis du beletristajn studojn, sed kiel originala poeto li evidentigas, ke fajron sentas li interne. Liaj plej belaj originalaj verkoj troviĝas en du volumoj: *Streĉita kordo* estas ĝis nun nia plej valora poezia klasikaĵo, kaj influis multajn aliajn esperantajn poetojn; *Izolo* estas bedaŭrinde tre malofta libro, ĉar ĝi estis presita en 1939 sed neniam estis normale disvendita. En tiuj du libroj la leganto finfine povis trovi ne iun, kiu verkis esperantajn versaĵojn pli bonintence ol talente, sed aŭtentikan krean artiston, seriozan poeton, kiu verkas esperantlingve. Dum kelka tempo, la granda valoro de liaj verkoj restis iom vualita malantaŭ bagatelaj, pedantaj, eble kelkfoje ĵaluzmotivitaj disputoj pri la taŭgeco aŭ netaŭgeco de kelkaj neologismoj; sed, kiam la polvonubo estis alteriĝinta, jen, videblaj por ĉiuj, poemoj indaj de la eŭropaj tradicioj – romantikaj, sed kun la salo de maturaj ironio kaj realismo, kun tiu vireca forto kaj viva drasteco ofte troveblaj en la hungara poezio. Kredeble la plej granda atingo de Kalocsay estis, ke post liaj laboroj neniu ĝuste informita persono povas argumenti, ke Esperanto ne havas literaturon aŭ ne taŭgas por poezio.

La alia ĉefo de la Budapeŝta Skolo estis Julio[43] Baghy, unu el la plej amindaj personoj en nia Movado. La genio de Kalocsay preskaŭ fortimigas, majesta, himalajeca, senspira. La malsimila genio de Julio Baghy allogas kiel hejma kameno, varmigas, konsolas. Lia dolĉa personeco, sparkema, impetema, sed tre amikeca, sincera, komprenema, malegoisma kaj karitata preskaŭ kiel tiu de Zamenhof mem, estas eble lia plej perfekta artverko. Dum kelkaj jaroj Baghy estis profesia aktoro, ĝis la unua mondmilito tute fiaskigis lian karieron, kaj li suferadis dum ses jaroj kiel militkaptito en Siberio. El tiuj teruraj jaroj, kiuj por ĉiam difektis lian sanon, naskiĝis du el la plej bonaj romanoj ĝis nun verkitaj en Esperanto: *Viktimoj* kaj *Sur sanga tero*. Li verkis siajn unuajn poemojn en militkaptitejo, kie li instruis Esperanton al diversnaciaj militkaptitoj: Tiberio Morariu karesnomis lin 'la Alaŭdo de Siberio'. Poste Baghy verkis aliajn romanojn, unuaktajn dramojn,

---

43 *Hungare: Gyula.*

lirikajn kaj kelkfoje longajn poemojn, novelojn kaj lernolibrojn. Li estis inter la ĉeforganizantoj de la hungara esperanta movado; li multe vojaĝis por instrui Esperanton; kaj dum jaroj li dediĉis sin – malriĉa, konstante suferanta – preskaŭ tute al Esperanto. Antaŭ ne longe, malsana, maljuna, korŝire maldika kaj laca, li verkis la belegan triaktan dramon *Sonĝe sub pomarbo*, kiu arde jesas al la vivo, kvankam li verkis ĝin dum tempo de infera angoro. Li daŭre verkas poemojn kaj artikolojn.

Baghy estas artisto ne tiel perfektiĝinta kiel Kalocsay; li kapablas kelkfoje verki kvazaŭ malatente, aŭ fali de sia korvarmige kuraĝa tenereco al ia pli dubinda sentimentaleco; sed li restas alia verkisto profesieca, altkriteria. Li speciale – kaj kun granda malegoismo – konsideris komencantojn, kaj pluraj liaj verkoj, inter ili la nobla kaj bela romaneto *La verda koro*, estas legmaterialo por komencantoj. Kaj lia genio pri amikeco igis lin esperantista mito dum vivo.

Aliaj anoj de la Budapeŝta Skolo inkluzivas: Ferenc Szilágyi, bona verkisto ĉefe de noveloj, kiu nun loĝas en Svedujo kaj tie redaktas la tre bonan revuon *Norda Prismo*; Károly Bodó, bonega proztradukisto; Ludoviko Totsche (Tárkony), unu el niaj plej fruaj seriozaj beletristoj; László Halka, konata precipe kiel tradukisto kaj propagandisto; Imre Baranyai ('Emba'), bona proleta verkisto;[44] kaj nuntempe Sándor Szathmári, forta kaj pensiga satiristo. La grandaj francaj esperantistoj Gaston Waringhien kaj Raymond Schwartz iasence apartenas al la sama skolo. *Literatura*

---

44 'Emba' mortis en 1962.

Mondo estis la nomo ne nur de gazeto, sed ankaŭ de kultura eldonejo, kiu ĝis 1939 eldonis grandan serion de esperantaj libroj, altnivelaj laŭ literaturaj kriterioj kaj ankaŭ bonaspektaj.

Same kiel la Budapeŝta Skolo grave pioniris sur la literatura kampo, Andreo Cseh pioniris sur la kampo de lingvoinstruado, serioze esplorante la demandon pri instrumetodoj. Andreo Cseh estis hungara pastro, kiu nun loĝas en Nederlando kaj tute dediĉas sin al Esperanto.[45] Homo eksterordinare ĉarma, verva kaj sprita, bona psikologo, instruisto aplomba kaj ruza, li ellaboris la Csehmetodon, rektmetodan sistemon por instrui Esperanton sen lernolibro, rapide, kaj al homoj ne tre kleraj. Li instruis laŭ sia metodo en Estonujo, Francujo, Germanujo, Hungarujo, Latvujo, Nederlando, Polujo, Rumanujo kaj Svislando; li ankaŭ instruis instruistojn, parte en intensivaj Cseh-seminarioj en la kadro de la universalaj kongresoj. La Cseh-metodo ne estas la sola valora instrumetodo por Esperanto, sed estas grava pedagogia eltrovaĵo kaj multe influis ankaŭ lernolibrojn. Inter liaj disĉiploj estis Lidja Zamenhof, Margarete Saxl, kiu ellaboris utilan daŭrigan kurson; Julio Baghy, Tiberio Morariu, Sigismund Pragano, iasence nia nuna misiisto Tibor Sekelj; kaj la *Praktika Kurso* de Szilágyi estas preskaŭ Cseh-metode verkita, por aŭtodidaktoj.

Cseh tiel aranĝis sian materialon, ke la lernantoj mem induktas la gramatikajn regulojn. Li insiste nomas la lecionojn 'konversacioj' kaj multe spicas ilin per ŝercoj kaj surprizoj. La metodo ne uzas nacian lingvon; kaj ĝi ebligas amasinstruadon.

---

45 Post 1919 lia naskiĝregiono iĝis rumana teritorio.

Multaj instruistoj, kiuj ne uzas la Cseh-metodon, ĉerpis el ĝi utilajn metodojn por klarigi apartajn punktojn. Sed restas farendaj multaj esploroj pri instrumetodoj rilate al Esperanto.

Ekde 1889 la gramatiko de la lingvo restadis nemodifita. Oni kompreneble enkondukis multajn novajn radikojn, necesajn por scienco, tekniko kaj aliaj fakaj aferoj, aŭ por distingigi pli delikatajn nuancojn. Oni ankaŭ kreis multajn bezonatajn novajn vortojn per kunmetado de radikoj kaj afiksoj. La historio jam forte malpravigis tiujn, kiuj profetis, ke la Internacia Lingvo disfalos en dialektojn: male, literaturo, gazetoj, radio-elsendoj, universalaj kongresoj kaj nun sonbendoj pli kaj pli unuigas kaj plene internaciigas la uzadon de la lingvo. Nun ekzistas kelkaj esperantaj bibliotekoj seriozaj, kiuj taŭgas por lingvaj, literaturaj aŭ biografiaj esplorantoj, ekzemple, la Biblioteko de Universala Esperanto-Asocio, la Biblioteko de Brita Esperanto-Asocio, la esperanta fako ĉe la Biblioteko de la Pariza Komerca Ĉambro, la Internacia Esperanto-Muzeo en Vieno ktp.

En 1929 Johano Dietterle eldonis belan, utile redaktitan unuvoluman kolekton de la originalaj verkoj de Zamenhof, kun ĉiuj leteroj tiutempe haveblaj[46].

Zamenhof mortis, longe suferinte, perdinte multajn iluziojn, preskaŭ ĉe la rando de senespero. Sed lia verko tiel postvivis, ke estas neeble priskribi ĉiujn grandajn evoluojn de nia literaturo, nia internacia kulturo, nia movado.

---

46 La ĉefa manko ĉe tiu klera kaj valorega verko estas indekso; sed ĉiu, kiu iam faris indekson, ja scias, kiel laciga kaj tedega estas tiu tasko.

En 1933, informita persono devis konstati, ke Esperanto estas lingvo plene vivanta, vigla, kun grandaj literaturaj ebloj, kun organizoj, kiuj donis al ĝi jam praktikan utilecon multe pli ol oni kredus laŭ nura statistiko, kun grandaj psikologiaj avantaĝoj; kaj eĉ pli ol la atingoj la latentoj estis vastaj.

Sed en 1933 Hitler kaj la nazioj ekregis en Germanujo.

NIGRA SVASTIKO, VERDA STELO

Esperanto kaj esperantismo enhavis aŭ implicis preskaŭ ĉion plej ma-
lan al naziismo. Se iam ajn dum la mondhistorio iu reĝimo estis speco
de kolektiva psikozo, tragedio ne de teruraj rimedoj celantaj celojn
eble aprobindajn, sed de celoj en si mem vivneaj kaj kontraŭkulturaj,
estis tiu inkubsonĝa reĝimo, kiu montris sin furioza kontraŭ ĉio racia,
humana, krea kaj progresema, kiu plenintence kultis arogantecon,
perforton, vastskalan sklavigon kaj frenezan kruelecon.

Esperanto estis kreita de judo. Ĝiaj celoj estis internaciismaj,
parte sennaciismaj, homaranaj kaj pacigaj; ĝia psikologia direkto
celis al la forigo de antaŭjuĝoj, al matura toleremo, al mildaj mo-
roj kaj raciemo. Ĝi enhavis kelkajn slavajn elementojn kaj multajn
slavajn adeptojn. Ĝiajn adeptojn ie ajn oni ne tre facile trompis

per oficiala propagando, ĉar seriozaj esperantistoj ofte havas senperajn eksterlandajn kontaktojn. Esperanto helpas al ĝenerala kulturo kaj klerigo, precipe inter homoj, kiuj alie ne povus, pro sociaj maljustecoj, klerigi sin; kaj la kulturo de esperantistoj estas internacia, kun etoso tute mala al la groteska, troigita, kvazaŭ patologia naciismo trovita ĉe faŝismo. Diktatoroj, ĉiuspecaj tiranoj ofte komprenas la signifon kaj valoron de Esperanto tre bone, bedaŭrinde pli bone ol la esperantistaro mem; multaj el ni ne amas kaj vartas Esperanton tiel logike, konsekvence kaj strebeme, kiel ĝiaj malamikoj ĝin malamas kaj subpremas.

Multaj noblaj pioniroj esperantistaj troviĝis en Germanujo dum la frua epoko; nun, dum kelka tempo, la nigra svastiko, kiun la nazioj ŝtelis de la mildaj hinduoj kiel simbolon, venkis la senkulpan verdan stelon. Dekreto de Martin Bormann en junio 1936 malpermesis Esperanton kaj ĉiujn Esperanto-organizaĵojn en Germanujo. Simila sorto trafis Esperanton en ĉiuj landoj, kiujn la nazioj poste invadis kaj opresis. La abomena Gestapo (hitlerana polico firenoma pro kruelego) vizitis multajn germanajn esperantistojn, kelkfoje arestis kaj pridemandis ilin; konfiskis esperantajn librojn kaj dokumentojn kaj diversmaniere suferigis la posedantojn. Nazioj publike bruligis esperantajn librojn, same kiel ili bruligis librojn de grandaj verkistoj, politikistoj kaj psikologoj: en la flamojn falu ĉio, kio celas iom liberigi la homan spiriton!

Teo Jung, dediĉita redaktoro de *Heroldo de Esperanto*, plurfoje ricevis viziton de gestapanoj; en 1936 li forlasis preskaŭ sian tutan havaĵon kaj rifuĝis en Nederlando, kie, post periodo de grandaj malfacilaĵoj, li denove ekredaktis la gazeton. Post la germana invado de Nederlando, gestapanoj denove pridemandis lin. Du lastaj, defiaj, multobligitaj numeroj de *Heroldo* aperis la 1an de decembro 1940 kaj la 15an de marto 1941; sed en aprilo 1941 la nazioj eklaboris por sisteme kaj plene detrui la esperantan movadon en Nederlando: ili konfiskis librojn – inkluzive privatajn kolektojn –, konfiskis la havaĵojn de esperantistaj societoj kaj persekutis esperantistojn. Dum kelkaj angoraj tagoj Jung bruligis ĉiujn siajn dokumentojn, kiuj povus utili al la Gestapo; por protekti siajn geamikojn, li eĉ kopiis kelkajn valorajn leterojn, kun modifoj. Kaj iom pli poste, tiu kuraĝa lojalulo, kiel multaj esperantistoj en la okupitaj landoj, devis malaperi, kaj, kaŝite, atendi la releviĝon de la stelo.

Kelkaj germanaj esperantistoj montris grandan kuraĝon post la detruo de la movado: ili kontrabandis kontraŭreĝimajn broŝurojn al eksterlando, kaŝante ilin en turistaj broŝuroj kaj eĉ, ironie, en naŭzaj antisemitaj figazetoj. SAT-ano ankoraŭ ŝatata kaŝdistribuis kontraŭreĝimajn poemojn germanlingvajn. Unu esperantisto instruis Esperanton en la koncentrejo mem de Dachau. En okupita Nederlando, iu instruis nian lingvon en la koncentrejo de Amersfoort, kredigante, ke ĝi estas la itala.

Kiam en 1938 naziaj trupoj marŝis en Aŭstrujon, ankaŭ tie la esperanta movado portempe mortis. Hugo Steiner iris al la Internacia Esperanto-Muzeo, kiun li fondis, kaj trovis, ke la Gestapo tuj fermis ĝin kaj ŝtelis la kason. Ili poste traserĉis la hejmon de Steiner, konfiskis multajn trezorojn, kaj arestis lin; li restis en malliberejo dum tri monatoj, kaj diris post la milito, ke feliĉe li ĉiam estis en bona societo, ĉar tiutempe oni arestis nur eminentajn personojn. Li instruis Esperanton al siaj ĉelkunuloj. Liberigite, li restis sub observado ĝis 1945. Feliĉe, oni nur metis la havaĵon de la Muzeo sub sigelon, kaj ne detruis ĝin tute. Sed amiko kaj helpanto de Steiner, Gustav Weber, pereis, aŭtentika martiro por Esperanto. Pro la 'krimo' de amika kontakto kun franca esperantisto, kiu laboris kiel deportito en Vieno, oni sendis Weber al koncentrejo en Mauthausen, kie, post la kutimaj neimageblaj suferegoj, li mortis, nur dekkvar tagojn antaŭ la alveno de la venkintaj alianculoj.

UEA en Ĝenevo sukcesis ion fari por helpi la rifuĝintojn de teroro: ekzemple, ĝi helpis kelkajn polojn atingi Britujon, kaj savis kelkajn rumanajn esperantistojn. Multfoje malhelpis tiajn humanajn servojn ne nur la intence malhumana sinteno de la nazioj, sed ankaŭ burokratismo ĉe pli liberaj registaroj.

Hitler speciale malamis Esperanton, ne nur kiel ion pacigan, humanigan kaj klerigan, sed kiel 'judan lingvon'; en *Mein Kampf* li diris, ke la judoj penos starigi universalan lingvon, por pli facile regi la mondon. La faŝista reĝimo en Italujo ne estis draste antisemita, kaj Mussolini ne malpermesis Esperanton. Dum kelkaj jaroj, per kompromisoj kaj diskreteco, la itala movado sukcesis vivadi sub faŝismo kaj eĉ inviti universalan kongreson al Romo en 1935. Tiaj kompromisoj estis sendube malagrablaj al la konsciencoj de multaj italaj esperantistoj, sed savis la italan movadon. Sed oficiala malamikeco kreskis; sub nazigermana influo, oni devigis la Italan Esperantistan Federacion elpeli siajn judajn anojn. En 1939 la itala esperantista gazeto – kvarpaĝa bulteno, kiu aperis sesfoje ĉiujare en eldonkvanto de 1.000 ekzempleroj – estis malpermesita 'por ŝpari paperon'! Nikolao Hovorka, aŭstra esperantisto, Cseh-instruisto, poeto, estis arestita en 1938 kaj suferadis en Dachau ĝis 1942. Helmi Dresen, konatan estonan esperantistinon, la nazioj murdis en 1941. Esperantistoj el Germanujo, Aŭstrujo, faŝista Hispanujo, poste el aliaj konkeritaj landoj, rifuĝis al Usono, Sudameriko aŭ Britujo.

En Polujo, Leo Belmont mortis en kelo, post la bombardo de lia hejmo. Jakob Shapiro, ĉefdelegito de UEA en Polujo, estis mortigita en Bjalistoko. Multaj aliaj polaj esperantistoj mortis en gettoj, aŭ pro troa laborado sen sufiĉa nutrado. Bulgaraj esperantistoj amase martiriĝis pro kontraŭfaŝistaj aktivecoj; almenaŭ unu estis bruligita vivanta. En Hungarujo la faŝistoj mortpafis doktoron Jószef Takács, gravan esperantistan pioniron. La hungara esperantisto Elek Tolnai pereis kun sia bofratino Roszi Göndör en koncentrejo, sed antaŭ la morto instruis Esperanton en la koncentrejo mem. Inter laboristmovadaj esperantistaj martiroj en Hungarujo dum tiu epoko troviĝis konataj nomoj: Katerina Hámán, György Killián, Sándor Fürst, Gyula Kulich. Franca esperantisto sin mortigis pro doloro pri sia patrujo; alia en la sama urbo estis denuncita kaj mortpafita. Guy Borel, filo de la eminenta franca esperantisto Emile Borel, terure suferis ĉe la Gestapo, ĉar li estis ano de la franca rezistmovado; li finfine mortis survoje al Dachau. Salo Grenkamp mortis en koncentrejo en

1943. Multegaj viktimoj pereis en Jugoslavio: reprezentu ilin tie ĉi tiu blinda jugoslava esperantisto, kiu mortis kun la patrino en Mauthausen je dato nekonata. Neeme Ruus, estona esperantisto, iama ministro, kiu multe korespondis kun Hans Jakob dum la milito kaj penis savi la Zamenhof-familion, malaperis en 1944 kaj oni kredis lin murdita de la nazioj.

Ĉeĥa esperantisto, rezistmovadano, estis dum longa tempo torturita antaŭ pafmortigo; Antonín Slavík, ĉeha esperantisto, kiu multe helpis pri la uzado de Esperanto por radioelsendadoj, estis arestita en 1939, mortkondamnita kaj mortpafita en Berlino en 1943. Alia ĉeha esperantisto, sendite al Auschwitz kun la edzino, tute malaperis el homaj arkivoj. Post la milito, en *Esperanto*, oni povis legi multajn anoncojn kaj informpetojn, de kiuj estas tragike tipa la peto de ĉeha esperantisto pri liaj naŭjara filino kaj sepjara filo, 'deportitaj al Auschwitz, kaj nenio pli estas konata'. Fidela esperantisto mortis pro plena elĉerpiĝo, dum li faris punlaboron; alia mortis pro disenterio en Auschwitz; alia estis mortpafita kiel garantiulo ...

Kaj korfrostiga estis la sorto de la gefiloj de Zamenhof.

En 1939 Adamo Zamenhof daŭre loĝis 41 Królewska Strato, kuracis tie la klientaron de la patro kaj ankaŭ laboris en okulokliniko 9 Dzika Strato. Oni jam renomis (en 1937) parton de tiu strato Zamenhof Strato. Adamo kaj lia edzino Wanda havis filon, Ludovikon, tiam lernejanon. Wanda estis okulistino kaj helpis sian edzon. Adamo jam verkis diversajn valorajn studojn pri oftalmologio, ekzemple gravan traktaĵon pri astigmatismo;

li estis inter la unuaj oftalmologoj en Eŭropo, kiuj faris la operacion kontraŭ glaŭkomo. La tuta familio scipovis Esperanton kaj la varsovia esperantista societo *Konkordo* kutimis kunveni 9 Dzika Strato.

Sofia iĝis kuracistino, fakulino pri internaj malsanoj kaj pediatrio; ankaŭ ŝi loĝis 41 Królewska Strato. Adamo iĝis ĉefo de la oftalmologia fako en la granda varsovia hospitalo Czyste, kie Wanda helpis lin kaj Sofia laboris en sia fako; kaj en 1939, pro siaj sciencaj esploroj, Adamo iĝis docento ĉe la universitato de Varsovio.

Lidja ricevis universitatan diplomon pri juro en Varsovio, sed, poste, dediĉis sian vivon plene al Esperanto. Ŝi tradukis *Quo vadis?* de Sienkiewicz kaj kelkajn aliajn klasikajn polajn verkojn; ŝi fariĝis Cseh-instruistino kaj laboris tiel en pluraj landoj; ŝi faris diversajn propagandvojaĝojn. Tre simpatia al la homaranismo de la patro, ŝi solvis sian religian problemon per aniĝo al bahaismo. Abdul Baha, unu el la persaj fondintoj de tiu minoritata religio, mem laŭdis Esperanton kaj konsilis, ke bahaistoj lernu ĝin. Tiu religio, pli etika ol eklezia, estas nek pseŭdoekzotika ĉarlatanaĵo, nek nura eskapismo, sed religio ĝenerale progresema kaj humana: malpermesante alkoholon, tabakon kaj narkotaĵojn, ĝi tamen ne ordonas asketismon, sed predikas: 'Ne senigu vin de tio, kio estis kreita por vi'. Ĝi instruas pri kriterioj de pureco, higieno kaj mensa sano, kiuj estas progresemaj en mezorienta lando; ĝi laboras 'por universala paco kaj interfratiĝo'; ĝi predikas, ke estas ĉies devo serĉi la veron, sed ke oni ne rajtas trudi la veron al tiuj, kiuj ne volas ĝin akcepti; kelkaj veroj estas eternaj, sed kelkaj instruoj taŭgas nur por la bezonoj de iu epoko. La socio devas iri en la direkton de pligrandiĝanta libereco. Egaleco ne eblas, sed malbonaj estas ekstremoj de riĉo kaj malriĉo; egalrajtaj estas la du seksoj; ia utila laboro estas universala devo. Perforto estas peko; oni ne rajtas venĝi; kaj bahaistoj rifuzas militservi. Ne ŝajnas stranga, ke religio tiel boncela kontentigis la filinon de Zamenhof; sed oni ankaŭ rimarkas, kiel forte ĝiaj mildaj doktrinoj kontrastas al naziismo kaj ĉiuspecaj faŝismoj.

Per tragika tempospaca hazardo, Lidja en 1939 loĝis ĉe la familio, ĵus reveninte al Varsovio post longa vojaĝo en Usono.

Nokte, la 25an de septembro 1939, germana bombo trafis la hejmon en Królewska Strato kaj ĝi forbruliĝis ĝis la tero. Adamo laboris en la hospitalo; la aliaj familianoj forkuris el la flamanta domo, en kiu ĉiuj trezoroj de la Zamenhofoj – leteroj, manuskriptoj, libroj, personaj memordonacoj, medaloj – tuj detruiĝis.

Dokumentoj ekzistas, kiuj pruvas, ke la naziaj planoj inkluzivis ekstermon de ĉiuj judoj en Polujo, poste en tuta Eŭropo, kaj uzadon de la poloj kiel sklavoj, dum germanoj bezonos ilian laboron. Poste oni mortigos ankaŭ la polojn. Sed, eĉ kun tia plano de amasbuĉado, la nazioj speciale atentis la Zamenhof-familion por ĝin neniigi. Meissinger, ĉefo de la Gestapo en Varsovio, ricevis el Berlino detalajn instrukciojn, ke li malliberigu la familion. Nazioj arestis Adamon ĉe la hospitalo, poste arestis Wandan, Sofian kaj Lidjan; finfine la Gestapo trovis la dekkvaran nepon,

Ludovikon, ĉe la onklo, Henriko Minc, sed (pro motivo nekonata) forkondukis nur la onklon. Adamo Zamenhof kaj Henriko Minc restis en la fifama nazia malliberejo, iam pola malliberejo por politikaj arestitoj en Daniłowiczowska Strato, ĝis la 29a de januaro 1940. Oni kredas, ke tiun tagon ili estis forkondukitaj al la kutima mortpafejo ekster la urbo, Palmiry, kaj mortpafitaj en amasmortigo. Tie nun staras tri tre grandaj ŝtonaj krucoj kaj honortombejo; kaj sur multaj anonimaj memorŝtonetoj oni vidas la stelon de Davido, la hebrean emblemon.

Wanda, Sofia kaj Lidja restis en la malliberejo Pawiak ĝis la 5a de marto 1940, kaj tiun tagon liberiĝis, sen pridemandado. Sed en 1941 ĉiuj polaj judoj, kiuj postvivis orgion de persekutado, de la plej krudaj, naŭzaj humiligoj kaj malĉastigoj, de profanadoj de judaj sanktaĵoj, forbruligoj de sinagogoj kaj hebreaj bibliotekoj, nepriskribeblaj torturoj, vipadoj, murdoj, estis pelitaj en la gettojn. Tiuj gettoj estis la plej malbonaj kvartaloj de la grandaj urboj. 400.000 judoj estis tiel enŝtopitaj en la Varsovian Getton, ke ili devis loĝi po ses aŭ eĉ ĝis dek tri en unu ĉambro; poste la Getto estis izolita per murego. Inter tiuj 400.000, tiel kondamnitaj al malsato, malpureco kaj deviga perdo de la homa digno, troviĝis Sofia, Lidja, Wanda kaj la juna Ludoviko.

La esperantistoj penis helpi la Zamenhof-familion, sed vane. UEA sendis kelkajn helppakaĵojn; kaj dum kelka tempo restis espero, kiu poste perdiĝis, ke Lidja povos iri al Usono. Karto, kun la dato Warschau den 25. VI. 1941, de Lidja al Hans Jakob, dankis pro pakaĵoj; fotokopio de tiu ĉi mesaĝo aperis en *Esperanto*. Komence de

1942 tiuj help-penadoj daŭris; sed la april-junia numero de *Esperanto* estis la lasta, kiu aperis dum la militaj jaroj, kaj baldaŭ komunikiĝo iĝis neebla.

En aŭgusto 1942, Sofia, Wanda kaj Ludoviko estis denove arestitaj, kaj kondukitaj el la Getto al la *Umschlagplatz* (transirigejo) por envagoniĝi kaj vojaĝi al Treblinka. Survoje al tiu vagonaro, Wanda sukcesis forŝteliri kun la filo kaj kaŝi sin. Ŝi poste ŝanĝis la nomon al Zaleska kaj restis kaŝita, en tre suferigaj vivkondiĉoj, ĝis la fino de la milito. La heroa ruzeco kaj nevenkebla eltenado de unu patrino tiel pri unu detalo venkis la grandan, senkompatan kaj moderne ekipitan terormaŝinon: rektliniaj heredantoj daŭre portas la nomon Zamenhof. Sed senkulpa, aminda Sofia, kiu kredis, ke tiu vagonaro portos la judojn nur al la orientaj provincoj, diris, ke, kiel kuracistino, ŝi povos helpi aliajn; kaj senproteste ŝi iris al Treblinka. Ekzistas historio, pri kies vereco estas nefacile certi, ke iu pola esperantisto aŭ eble sveda esperantisto proponis specialan helpon al Lidja, kaj ke ŝi sinofere rifuzis pro altruisma motivo. Povas esti; sed la terura certa fakto estas, ke post du monatoj Lidja, amata de la tutmonda esperantistaro, sekvis sian fratinon en la senrevena vojaĝo al Treblinka.

Treblinka estis *Vernichtungslager* – neniigejo. Tien homoj konstante vojaĝis, sed malmultaj vivantoj troviĝis tie. La nazioj sendis tien nur judojn kaj ciganojn, unue el Polujo, poste el aliaj konkeritaj landoj. Dek tri gaskameroj staris pretaj, por sufoki la alvenintojn per karbona monoksido; la kremaciejo staris preta, por cindrigi per unu fojo 2.500 kadavrojn. Speciala stabo laboris, ordigante kaj sendante al Germanujo oron, juvelojn, virinajn vestaĵojn kaj aliajn uzeblajn objektojn, kaj hararojn por remburi meblojn. La minimuma proponita kvanto da murditoj en Treblinka antaŭ la fermiĝo de la 'primitiva kaj nesufiĉe grandskala' ekstermejo en 1943 estas 731.600; la maksimuma kalkulo estas multe pli alta.

En 1946 restis: subtera koridoro; kelkaj fundamento-ŝtonoj; kelkaj bruligitaj fostoj, iom da pikildrato, parto de vojo; deponejo, kiu enhavis diversajn mastrumilojn kaj kofron; kaj odoraĉo de putro, kiu haladzis super tiu sableca tero, tiel plena de homaj cindroj, homaj ostoj kaj pecetoj de homa histo. Tie juda psikologo, Adolf Berman, vidis sur la kampoj kraniojn, ostojn, kaj dekmilojn da etaj ŝuoj. Ie en tiu tero, kiun krimegoj genocidaj por ĉiam venenis, kuŝas la materiaj restaĵoj de Sofia Zamenhof kaj Lidja Zamenhof.

Ankaŭ Ida Zimmermann, vidva fratino de la Majstro, kuŝas ie en Treblinka. Wanda Zamenhof vivis ĝis 1954, kiam ŝi mortis en stratakcidento. Ludoviko nun estas inĝeniero kaj kompetenta esperantisto; li transdonis la nomon al du filinetoj.

Kelkajn tagojn post la fino de la mondmilito en Eŭropo, kelkaj polaj esperantistoj iris al la amaso da rompitaj ŝtonoj, kie iam staris la hejmo de Zamenhof; kaj super tiu monumento de detruo kaj senespero flirtis en puriga postmilita venteto – denove la verda flago de la espero.

Esperanto preskaŭ malaperis en multaj landoj pro la milito, kaj post la milito devis rekomenci. Esperantistoj, kiuj

postvivis, eliris siajn kaŝejojn, liberiĝis el koncentrejoj, reko-
mencis sian laboron. Hugo Steiner reaperis kaj reorganizis
la Muzeon en Vieno; la unua postmilita numero de *Heroldo
de Esperanto* aperis la 14an de aprilo 1946, kaj tiam, je la
mortotago de Zamenhof, portis portreton de la martira Lidja.
La unua postmilita Universala Kongreso de Esperanto okazis en
Bern en 1947.

La unuaj postmilitaj numeroj de *Esperanto* publikigis korŝirajn
listojn de mortaj aŭ malaperintaj esperantistoj. Eble la plej terura
parto estas la litanie ofta frazo: 'Dato nekonata ... dato nekonata
... dato nekonata ...' En neniigejoj kaj torturejoj oni ne rajtis havi
eĉ la homdignan privilegion de oficiala mortodato. UEA multe
serĉis kaj ofte trovis perditajn parencojn, rekunigis disigitajn
familiojn; sed multaj malaperis por ĉiam.

Estas tro frue, por detale diskuti la sintenon de la sove-
trusa kaj aliaj komunistaj registaroj al Esperanto, ĉar multaj
bezonataj faktoj estas ankoraŭ nehaveblaj; multajn onidirojn
estas ankoraŭ neeble konfirmi aŭ refuti. Ni povas jene resumi la
konatajn faktojn. Frue, Esperanto tre sukcesis en Soveta Unio.
Ekde proksimume 1937 ĝis la morto de Stalin, oficialaj rondoj
konsideris Esperanton 'burĝa internaciismo kaj kosmopolitismo',
kaj ĝi falis sub severan malaprobon. Eĉ kelkaj gvidantoj inter
la 30.000 rusaj esperantistoj estis malliberigitaj aŭ ekzilitaj. Sed
post la morto de Stalin, la perspektivo pliboniĝis. *Nuntempe
Esperanto* kaj esperanta movado kreskas kaj viglas en Polujo,
Hungarujo, Bulgarujo kaj Jugoslavujo – kie la ĝenerala nivelo es-

tas elstare alta; iom da esperantista laboro estas farebla ankaŭ en Ĉeĥoslovakujo, Rumanujo kaj Albanujo; la situacio iom pliboniĝas en Orienta Germanujo, kie ĝi ankoraŭ estas multe pli malfacila ol sub aliaj komunistaj registaroj. Esperanto kreskas ankaŭ en Norda Vietnamujo kaj en Ĉinujo. Ekzistas nun tre grandaj kursoj kaj grupoj en Soveta Unio. Esperantistoj el komunistaj landoj denove komencas viziti Universalajn Krongresojn; la Zamenhofa Centjara Universala Kongreso okazis en 1959 en Varsovio, kaj estis la plej granda Universala Kongreso okazinta post 1924.

Ekde la fino de la dua mondmilito, Esperanto progresis sur multaj kampoj. Kvankam multaj esperantistoj, pro persona malriĉeco aŭ valutaj reguloj, ne povas aniĝi al UEA, la Asocio havas jam pli ol 33.000 membrojn kaj preskaŭ 3.000 Delegitojn en proksimume okdek landoj. UEA estas en Konsultaj Rilatoj kun UNESKO, kiu en 1954 voĉdonis por rezolucio favora al Esperanto. Preskaŭ 100 revuoj, gazetoj kaj bultenoj aperas regule en Esperanto, krom multaj nur regionaj bultenoj; radio-elsendoj esperantaj plimultiĝas; kaj Esperanto eniras la temaron de pli kaj pli da lernejoj.

Ankaŭ nia literaturo vigle evoluas, kun altnivelaj gazetoj kiel ekzemple *La Nica Literatura Revuo*, *La Suda Stelo*, *Norda Prismo*, *Monda Kulturo* ktp; la kriterioj de recenzistoj kaj de libroj plialtiĝas paralele. Aparte menciinda estas la apero de la Skota Skolo, kiu estas kvazaŭ heredantaro de la Budapeŝta Skolo kaj konsistas el William Auld, John Dinwoodie, John Francis kaj Reto Rossetti. Precipe Auld estas nova lumo sune grava; lia *La*

Infana Raso estas verŝajne ĝis nun la plej altnivela kaj kulture matura poezia verko aperinta en Esperanto, kaj liaj tradukoj, same kiel kelkaj tradukoj de Dinwoodie kaj Rossetti, estaj brilaj, trafaj kaj poluritaj kiel tiuj de Kalocsay. Tre vigla literatura laboro nun okazas en multaj landoj, evoluoj speciale interesaj, en Brazilo, Japanujo kaj Jugoslavujo; kaj, kvankam profetado estas inter la plej riskoplenaj sportoj, la verkinto riskas profeti, ke baldaŭ la nomo de Baldur Ragnarsson donos al izolita Islando aparte honoran famon en nia literaturo.

Novaj eldonejoj aperis: plej gravaj ŝajne estas Stafeto (Eld. J. Régulo, Kanariaj Insuloj), Koko (Danujo) kaj Kultura Kooperativo (Brazilo). UEA eldonas gravajn librojn ankaŭ tre belformatajn. Sed eble la plej bela kaj fieriga atestaĵo pri nia nuna literatura kulturo estas la granda *Esperanta Antologio*; en unu volumo ĝi bildigas ne nur la amplekson, sed la maturiĝon kaj profundiĝon de nia poezio.

La laboro por Esperanto, la progreso de Esperanto estas multflankaj; kaj, neeviteble, ĉiu esploranto emfazos tiujn kampojn, sur kiu li trovas la florojn plej interesajn al si mem. Alia, ekzemple, pli emfazus la valoron de Esperanto por sciencistoj aŭ por religiaj aferoj. Sed la tuta venko, kun ĉiuj flankoj, sur ĉiuj kampoj, estas ne nur venko de la ofte tre noble sindediĉinta esperantistaro, sed ankaŭ giganta postmorta venko de nia malgranda, malforta, malsana kaj altruisme heroa iniciatinto Lazaro Ludoviko Zamenhof.

Nun nur la plena detruo de la terglobo povos plene meti punkton al lia biografio. Sed la nuna libro finiĝu per epizodo, kiun la verkinto mem vidis ĉe la Universala Kongreso en Majenco 1958 kaj neniam forgesos. Ĝi ŝajnas plej pura specimeno de la zamenhofa spirito.

Ĉeestis, kompreneble, multaj germanoj, en homoplena halo. La noblakora, sincera urbestro de Majenco fakte memorigis nin, kun profunda bedaŭro, pri la malbonaj faroj de la nazioj. Sur la estrado estis la nepo Ludoviko Zamenhof, kiu intencis saluti. Kie estis Sofia? Lidja? Ida Zimmerman? Kie kuŝis Adamo, lia patro? Kaj en kiaj kondiĉoj viriĝis tiu bela, digna, serena heredanto, kiu venis malrapide al la pupitro de la salutantoj? Supre brilis la verda stelo de 'la sola flago en la tuta mondo, neniam makulita per homa sango', sed kio pri la tero de Palmiry kaj Treblinka?

Kaj la nepo salutis nin ĉiujn, kaj inter ni centojn da germanoj:

'Estis tradicio en antaŭaj Kongresoj, precipe en tiuj antaŭ la milito, kiam la Zamenhoffamilio estis laŭlitere pli multnombra, ke iu familiano salutu la Kongreson je la nomo de la familio. Mi mem havis la honoron fari tion plurfoje. Hodiaŭ mi volas fari ŝanĝon, kaj, anstataŭ saluti vin je la nomo de la familio de Zamenhof, mi volas saluti vin ĉiujn, kunvenintajn en tiu ĉi Kongreso, kiel la grandan familion de Zamenhof, en la plej nobla senco de la vorto.'

DANKO

Mi tre kore dankas al D. B. GREGOR, kiu tre atente tralegis la presprovaĵojn de tiu ĉi biografio kaj plibonigis la libron per multaj konsiloj fontantaj el lia granda klereco kaj profunda amo al la vero. Mi ŝuldas al li specialan dankon, ĉar li korektis ĉiujn miajn citaĵojn el la verkoj de Zamenhof mem, el la plej aŭtentikaj tekstoj, laŭ siaj propraj erudiciaj esploroj. – M. B.

La patro, Marko Zamenhof

La patrino, Rozalia Zamenhof

Ludoviko Zamenhof, 1875

Ludoviko Zamenhof, 1878

Ludoviko kaj Klara Zamenhof

Ludoviko Zamenhof en sia studĉambro

Portreto de Felix Moscheles, 1907

La lasta foto, 1916

Printed in Great Britain
by Amazon